Vergessene Pfade
Fränkische Schweiz

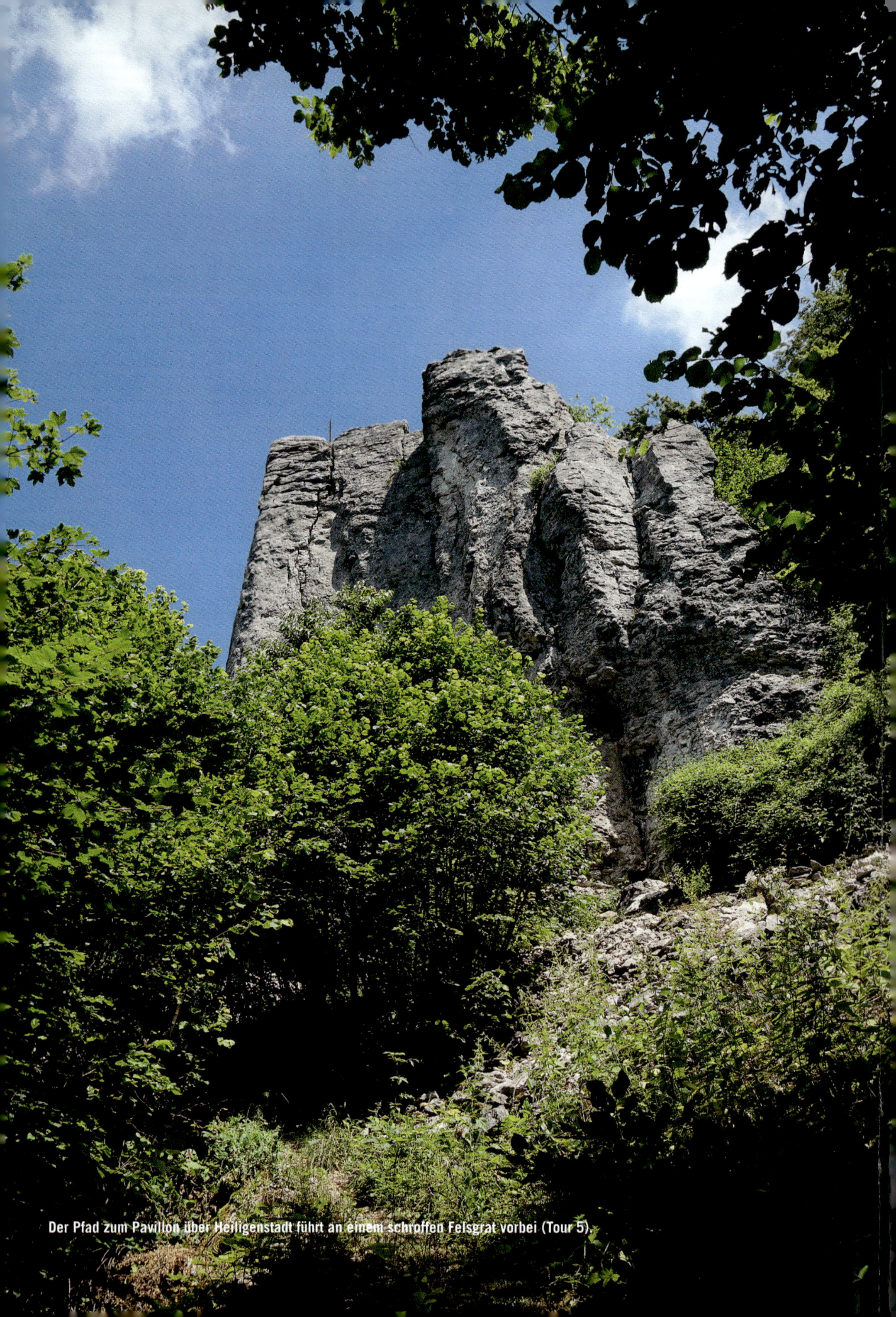

Der Pfad zum Pavillon über Heiligenstadt führt an einem schroffen Felsgrat vorbei (Tour 5).

Bernhard Pabst

Vergessene Pfade
FRÄNKISCHE SCHWEIZ

33 stille Touren zu verborgenen Naturschönheiten

Mit Hersbrucker Schweiz

BRUCKMANN

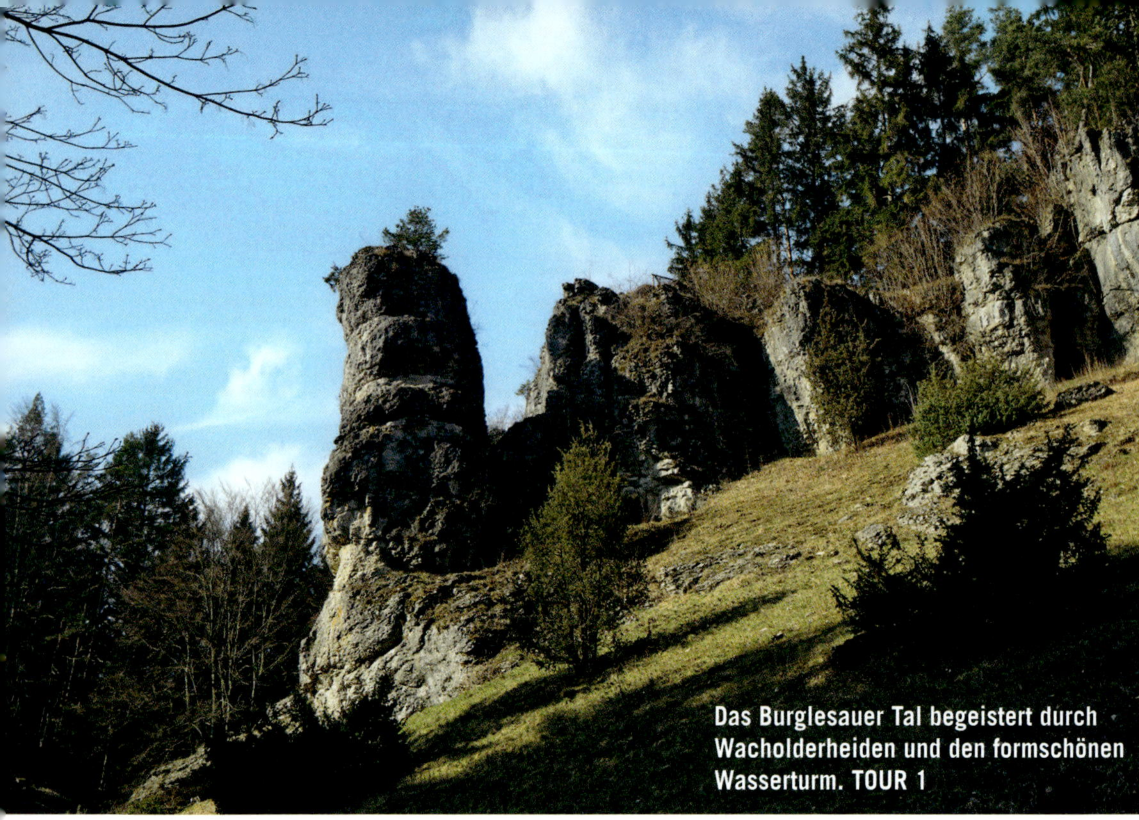

Das Burglesauer Tal begeistert durch Wacholderheiden und den formschönen Wasserturm. TOUR 1

Inhalt

Mit dem richtigen Partner ist die Wanderung durchs Klumpertal viel bequemer (Erdkröten auf TOUR 14).

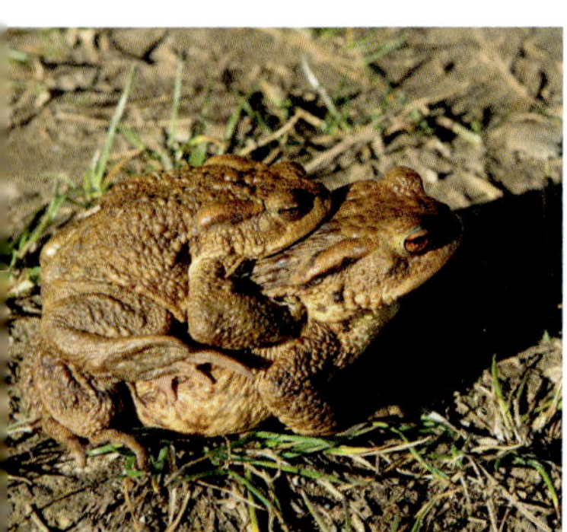

DIE TOUREN

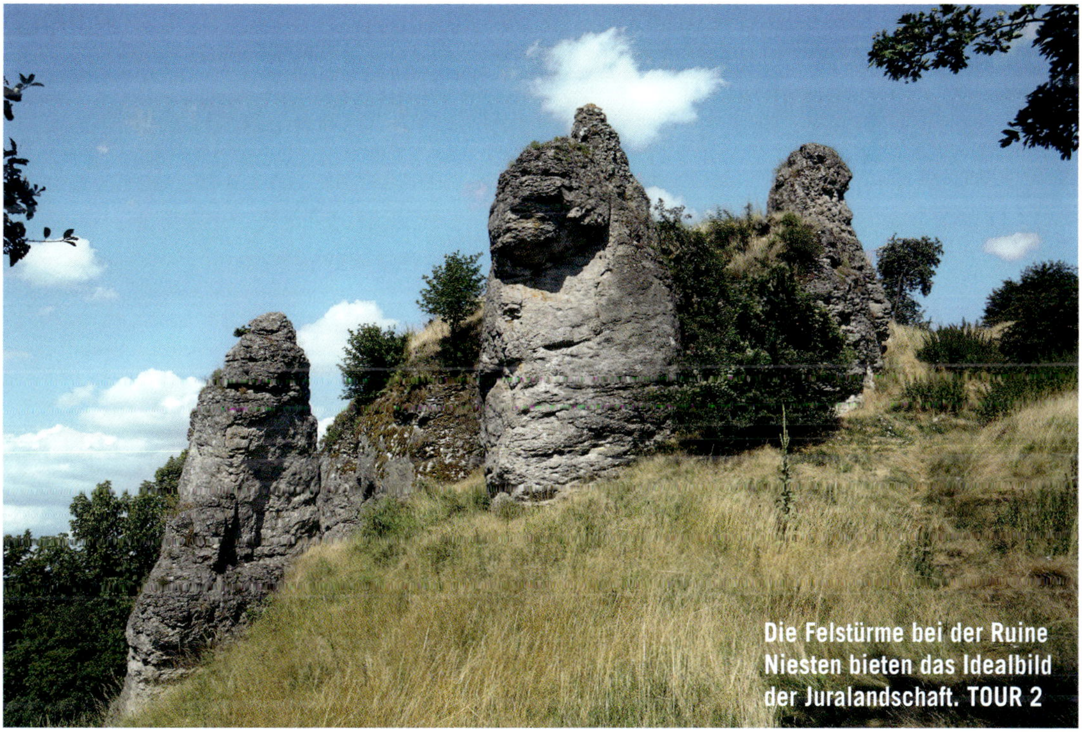

Die Felstürme bei der Ruine Niesten bieten das Idealbild der Juralandschaft. TOUR 2

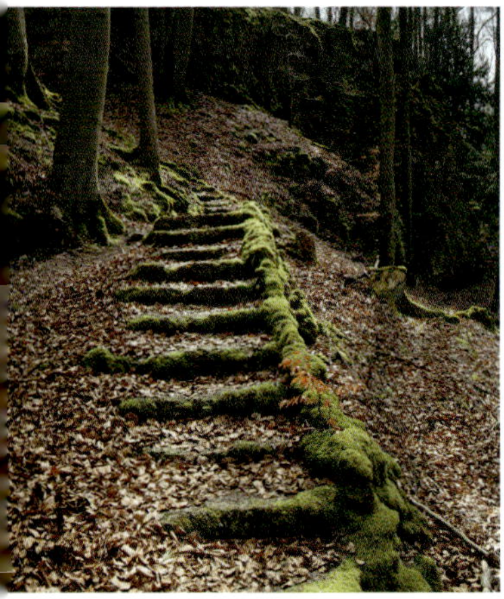

Über den Schloßberg führen vergessene Wege des 19. Jahrhunderts. TOUR 12

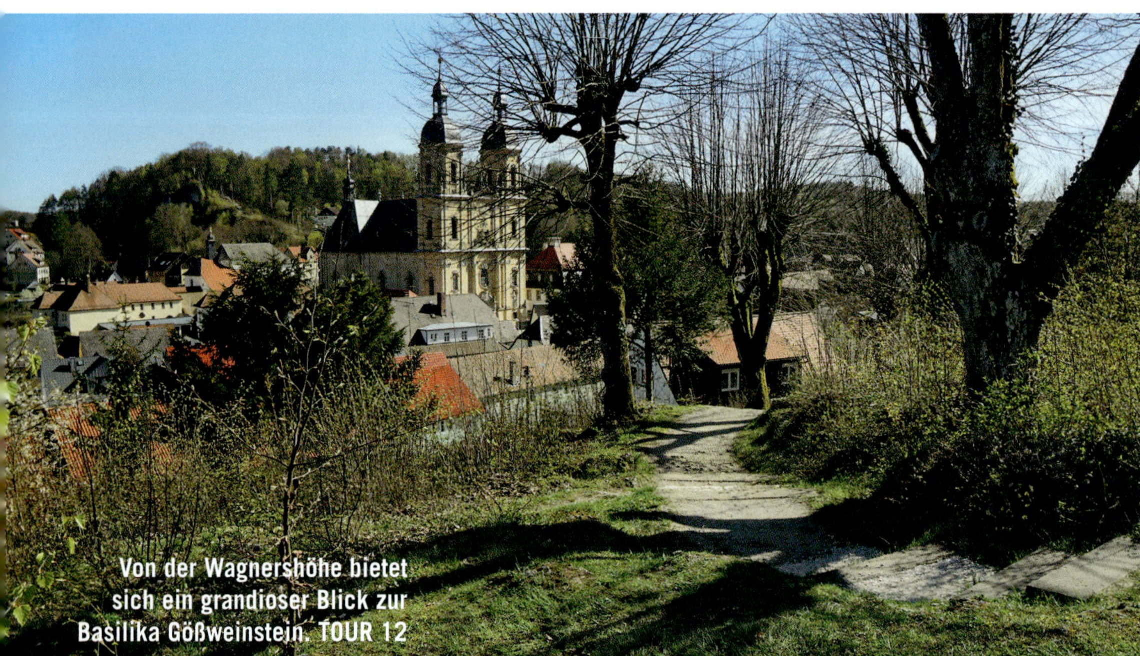

Von der Wagnershöhe bietet sich ein grandioser Blick zur Basilika Gößweinstein. TOUR 12

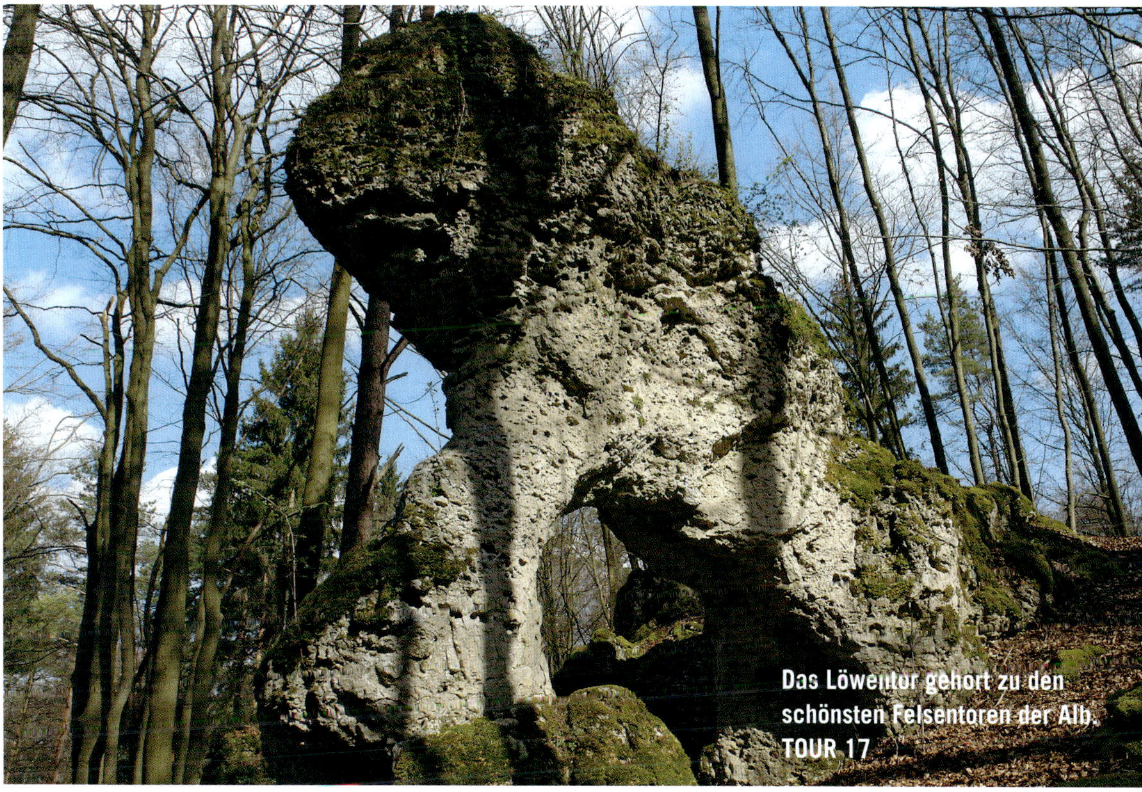

Der Schwalbenschwanz ist ein fliegendes Juwel der Bergkuppen (hier TOUR 30).

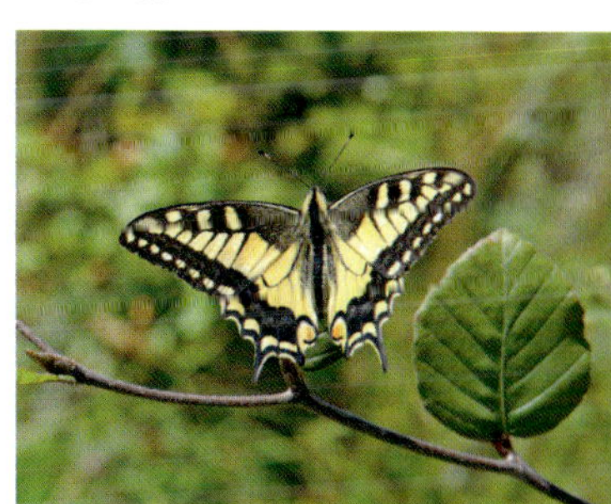

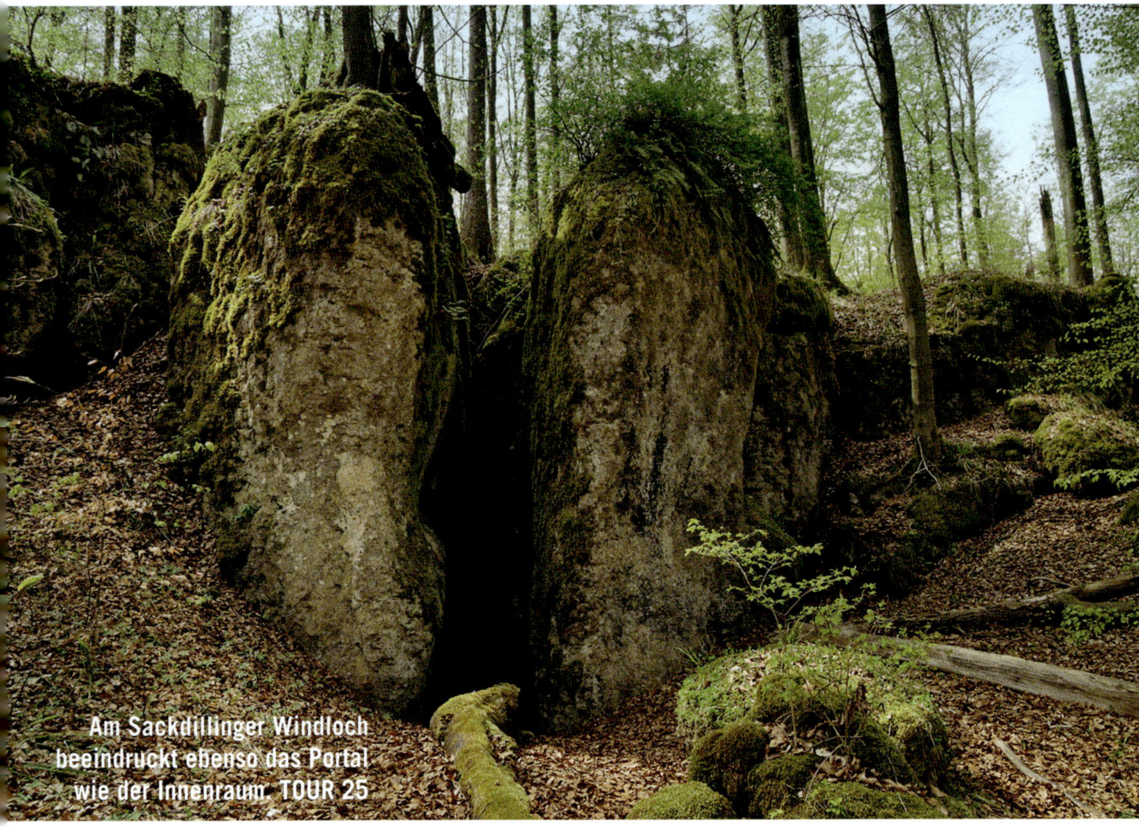

Am Sackdillinger Windloch beeindruckt ebenso das Portal wie der Innenraum. TOUR 25

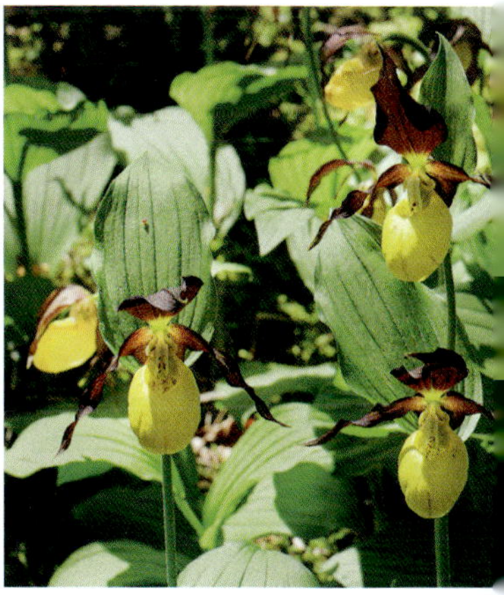

Juwel im Pflanzenreich der Hersbrucker Alb ist der seltene Frauenschuh. TOUR 33

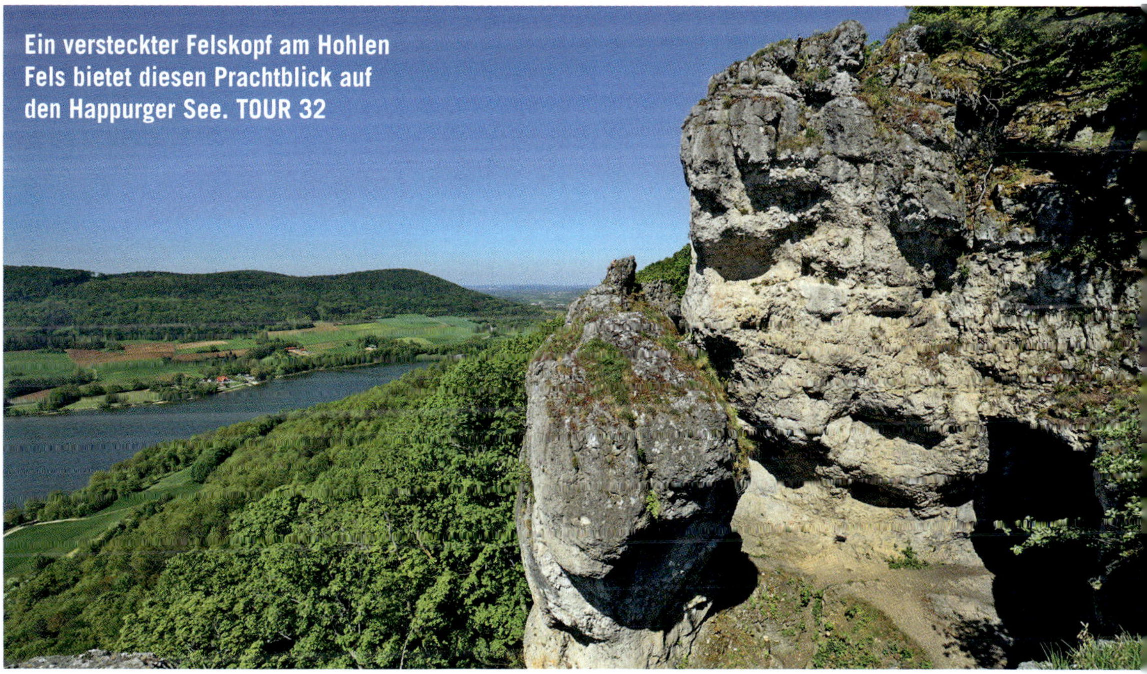

Ein versteckter Felskopf am Hohlen Fels bietet diesen Prachtblick auf den Happurger See. TOUR 32

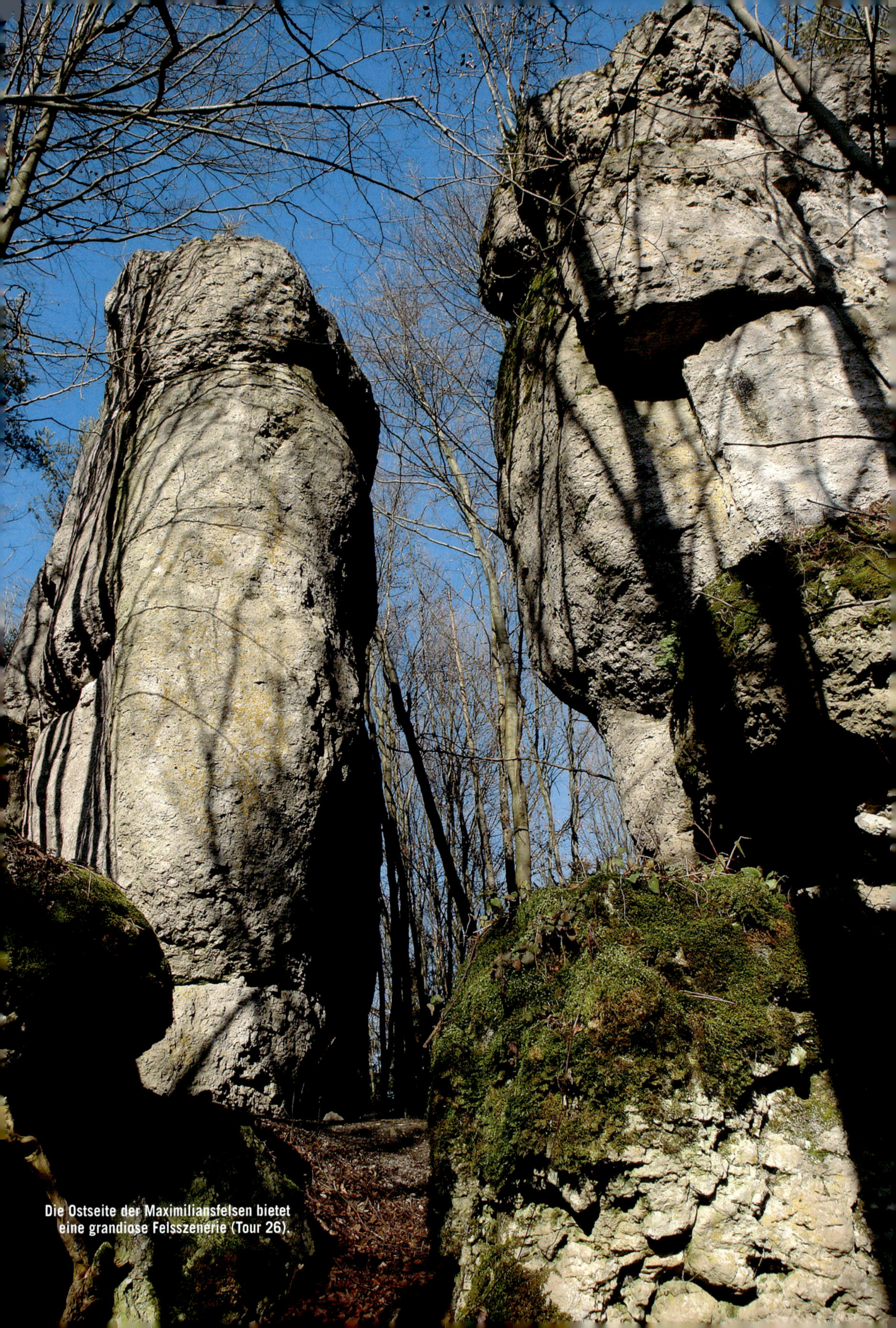

Die Ostseite der Maximiliansfelsen bietet eine grandiose Felsszenerie (Tour 26).

Vorwort

Wenn man knapp fünf Jahre nach Erscheinen bereits die fünfte Auflage eines Buches vorbereiten darf, besteht genug Anlass, voller Dankbarkeit Rückschau zu halten: Dankbar für die große Zahl der Leser, die sich für die verborgenen Naturschätze der Fränkischen und Hersbrucker Schweiz interessierten, für die zahlreichen überaus positiven bis begeisterten Leserbriefe, Kundenrezensionen und Erfahrungsberichte im Internet und nicht zuletzt für einzelne Hinweise auf jüngste Veränderungen, die (neben eigenen Beobachtungen) in diese Neuauflage Eingang fanden.
Dankbar aber auch für die ungeheure Freude, die mir das Unterwegssein in dieser einzigartigen Karstregion in den vergangenen fast 35 Jahren geschenkt hat und – bei der Begehung der hier beschriebenen Routen wie bei Neutouren – immer wieder schenkt. Immer noch stoße ich Jahr für Jahr abseits der markierten Wege auf verborgene, oft überwältigende Naturschönheiten, von denen kein Führer, keine Karte etwas ahnen lässt. Ihr Reichtum ist so groß, dass selbst mein 2020 erschienener zweiter Wanderführer ihn noch lange nicht ausschöpfen konnte.
Die wilde und bizarre Seite der Frankenalb hat in den vergangenen drei Jahren nicht nur viele neue Freunde gefunden, sondern es gibt erfreulicherweise auch Anzeichen, dass ihr Wert von den offiziellen Stellen wieder stärker erkannt wird: An verschiedenen Orten hat man begonnen, die größten Wunder dieser Landschaft durch Rückschnitt des Waldes wieder zur Geltung zu bringen (s. Tour 32).
Doch auch wir Wanderer sind gefordert, damit die wilde Schönheit dieser Region zukünftigen Generationen unversehrt erhalten bleibt. Auch wenn unbekannte Tropfsteinhöhlen bewusst aus dem Programm dieses Führers herausgenommen wurden, will ich hier zuerst an den Höhlenschutz erinnern: Allzu viel ist hier schon durch menschliche Unvernunft unwiederbringlich zerstört worden. Daher sollte jeder penibel darauf achten, an den erhaltenen Schönheiten nicht die geringsten Spuren zu hinterlassen. Gleiches gilt für die Standorte seltener Pflanzen: Hier gilt es, strikt auf den Wegen zu bleiben und den Fuß nur auf Stellen zu setzen, die keinerlei Vegetation aufweisen.
Doch nun ist es Zeit, denen zu danken, die bei der Entstehung dieses Buches wertvolle Hilfe geleistet haben: besonders den Mitgliedern meiner Familie, allen voran meiner Schwester Angela, die mich auf zahlreichen Wanderungen begleitet haben, und Michael Fleischmann vom Höhlenkataster Fränkische Alb, der mir hilfsbereit Auskunft über Namen und Nummern vieler sonst nirgends verzeichneter Karstgebilde gab.
Allen Lesern wünsche ich unvergesslich schöne Erlebnisse in der wilden Fränkischen und Hersbrucker Schweiz.

Bernhard Pabst
Eckental, im Frühjahr 2022

Einleitung

Die formenreichste Karstlandschaft Mitteleuropas

Die nördliche Frankenalb, bekannt als Fränkische und Hersbrucker Schweiz, gilt als die felsen- und höhlenreichste Region Deutschlands außerhalb der Alpen. Ihre Besonderheit, ja Einzigartigkeit macht aber ein anderer Faktor aus: ihr immenser Formenreichtum. Nirgendwo sonst in Mitteleuropa wird der Wanderer, gerade wenn er die ausgetretenen Pfade verlässt, auf eine solche Vielfalt stoßen: auf Höhlenruinen, die an verfallene gotische Kathedralen erinnern, auf elegante, fast zerbrechlich wirkende Felsbögen, auf geheimnisvolle, sogar sich verzweigende Felstunnel, auf Höhlen, deren Hallen durch Fenster in der Decke in ein mystisches Licht getaucht werden, auf Felsfluchten mit gewaltigen Überhängen, die der Schwerkraft zu spotten scheinen, auf teils bizarr gezackte, teils kantige Türme und schlanke Nadeln – um nur einen kleinen Ausschnitt aus dem unerschöpflichen Repertoire der Natur zu nennen.

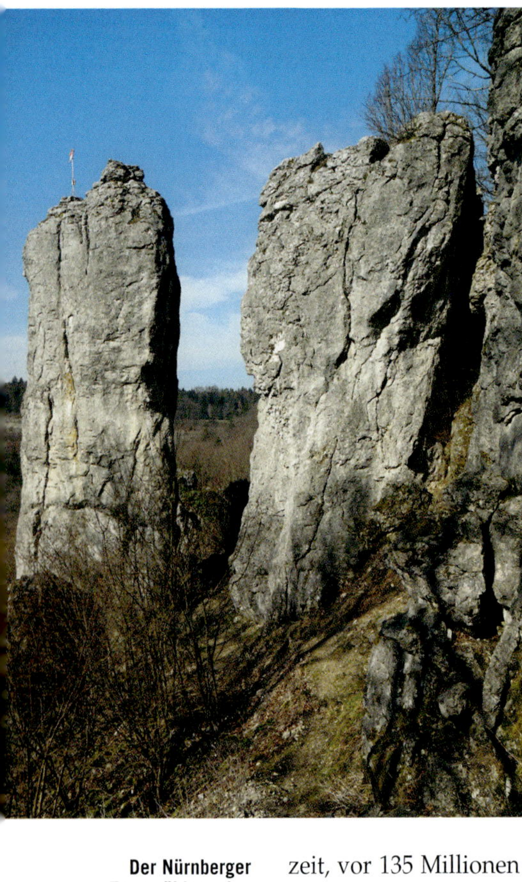

Der Nürnberger Turm zählt zu den imposantesten Felsgebilden der Alb.

Grundlage dieser Vielfalt ist eine unvorstellbar lange Geschichte, in der Korrosion (chemische Lösung des Gesteins) und Erosion alle ihre formenden Kräfte entfalten konnten. Die Basis wurde im Zeitalter des Jura gelegt: Nachdem sich im Jurameer Tone (Schwarzer Jura oder Lias) und Sandstein (Brauner Jura oder Dogger) abgelagert hatten, bildeten vor 160 bis 150 Millionen Jahren in der Phase des Weißen Jura (Malm) Kieselschwämme zusammen mit Mikroorganismen mächtige, kuppelförmige Kalkriffe aus. Durch Zufuhr von Magnesium wurden diese in Dolomit umgewandelt, sodass wir heute das seltene Phänomen eines Dolomit-Karstes vor uns haben. Daneben bildeten sich aus abgestorbenen Meeresorganismen Kalkbänke von bis zu 200 m Mächtigkeit. Die Verkarstung setzte sehr früh ein: In der Unterkreidezeit, vor 135 Millionen Jahren, wurde der Meeresboden gehoben und im subtropischen Klima entstanden gewaltige Höhlensysteme. In der Kreidezeit brachte ein neuer Meeresvorstoß eine Überdeckung mit tonigen und sandigen Ablagerungen.

Nach deren Abtragung folgte im Tertiär und Quartär eine zweite Verkarstungsphase. Folge ist die Formenvielfalt und der Reichtum an Karstgebilden auf allen Höhenstufen: Wir können heute hoch an den Hängen und auf Bergkuppen Höhlen und deren bizarre Reste wie Felsentore und Felstunnel bestaunen. Ihre Zahl ist so hoch wie sonst nirgends in Deutschland: Von derzeit rund 3800 im Höhlenkataster

Fränkische Alb (der auch den Südteil bis Nördlingen erfasst) verzeichneten Objekten entfallen fast 2800 auf unser Gebiet (die Katasternummern der besuchten Höhlen sind im Register aufgeführt).
Ein weiteres Karst-Phänomen sind die malerischen Trockentäler. Sie entstanden dadurch, dass der Karstwasserspiegel immer weiter absank, wodurch die Quellen stetig talabwärts verlegt wurden. In manchen von ihnen findet man Tummler oder Hungerbrunnen, ehemalige Quellen, die nach der Schneeschmelze oder nach Wolkenbrüchen wieder aktiv werden. Besonderer Schmuck mancher Bachtäler sind Kalktuffbildungen: Stufen oder ganze Wände aus porösem Sinter lassen eine Folge kleiner Wasserfälle entstehen (s. Tour 4). Auf den Hochflächen stößt man auf Dolinen, durch den Einsturz unterirdischer Hohlräume entstandene Krater.

Eine Landschaft wird entdeckt

Menschen haben in der Frankenalb schon in der Steinzeit Spuren hinterlassen, als Höhlen und Abris (Felsüberhänge) als Wohnung oder Rastplatz umherziehender Jäger dienten. Später legten die Kelten Höhensiedlungen an und schützten sie mit Ringwällen (s. Tour 32). Im Mittelalter entstanden durch die Zersplitterung der Herrschaftsbereiche Burgen auf allen geeigneten Felskuppen; man zählt an die 100, oft nur als malerische Ruinen erhalten. Zeugnisse des Lebens einfacher Leute sind die vielen Mühlen an den Flüssen. Lange Zeit fand das »Land im Gebirg« kaum Beachtung, erst im späten 18. Jahrhundert traten seine Naturschätze ins Bewusstsein weiter Kreise: Als Initialzündung gelten der Beginn der Höhlenforschung durch Pfarrer Friedrich Esper (erste Veröffentlichung 1774) und die Pfingstreise der Dichter Heinrich Wackenroder und Ludwig Tieck (1793). Sie feierten die Gegend um das Wiesenttal als Inbegriff der romantischen Landschaft. Im 19. Jahrhundert wurde dann der Begriff Fränkische Schweiz geprägt. Heute verwendet man ihn für das gesamte Einzugsgebiet der Wiesent und ihrer Nebenflüsse, während die südöstlich anschließende Region, deren Hauptfluss die Pegnitz ist, als Hersbrucker Schweiz bezeichnet wird. Geologisch und landschaftlich bilden beide eine Einheit, sodass sich kaum eine Trennlinie angeben lässt; es hat sich aber eingebürgert, dafür den Verlauf der A 9 zu verwenden.

Geschützte Natur

Beide Regionen wurden zusammen mit dem Veldensteiner Forst 1972 zum »Naturpark Fränkische Schweiz – Veldensteiner Forst« erklart. Er zählt zu den größten Naturparks in Deutschland und dient dem Schutz der Karstlandschaft und der einzigartigen Fauna und Flora. Die Höhlen bieten seltenen Fledermausarten ein Winterquartier, Wanderfalke und Uhu nisten an den Felsriffen, der Schwarzspecht in dichten Wäldern. Die glasklaren Bäche sind der Lebensraum der Wasseramsel und auch der markante Feuersalamander braucht sie zur Fortpflanzung. Zahlreich sind die Schmetterlinge vertreten: Auf Bergkuppen trifft man den prächtigen Schwalbenschwanz an, in Wäldern und auf Lichtungen Nagelfleck, Schillerfalter, Kleinen Eisvogel und Kaisermantel, auf Wiesen den Schachbrettfalter.

Außergewöhnlich auch die Flora: In den lichtdurchfluteten Buchenwäldern findet im März/April ein Blütenfest statt. Märzenbecher und Leberblümchen bilden v. a. im Norden der Region ganze Teppiche, weiße und gelbe Buschwindröschen blühen massenhaft im Wiesenttal, auf Magerrasen entfaltet die Küchenschelle ihre Pracht. Im Frühsommer sind die Orchideen mit vielen Arten vertreten, darunter der seltene Frauenschuh, etwas später blüht im lichten Wald die Türkenbundlilie. Groß ist im Sommer die Artenvielfalt auf ungedüngten Wiesen.
Eng mit dem Naturschutz hängt eine große Zukunftsaufgabe zusammen: die Pflege der Kulturlandschaft und der Erhalt ihrer Vielfalt. Das Problem ist dasselbe wie in vielen Mittelgebirgen: Durch den Rückgang der Beweidung hat der Wald stark an Fläche und (durch das Ende der Waldweide) an Dichte zugenommen. Wo die Romantiker eine Felsenlandschaft mit einzelnen Büschen und Wacholdern erlebten, bedeckt heute vielerorts dichter Wald die Hänge. Nur in wenigen Gebieten, besonders rings um Pottenstein, stellenweise bei Großenohe, Oberailsfeld, Burglesau und im Kleinziegenfelder Tal, hat sich der ursprüngliche Landschaftscharakter erhalten.
Vor einigen Jahren hat man daher ein Programm zur Fels- und Hangfreistellung gestartet. Seine Wirkung blieb jedoch auf wenige Orte, v. a. in den Haupttälern, beschränkt. In den Wandergebieten erfolgte die Umsetzung nur punktuell und oft wenig nachhaltig. So bildet gegenwärtig der Signalstein bei Sorg, in allen Führern als einer der schönsten Aussichtspunkte gerühmt, nur mehr eine Plattform zur Betrachtung der Baumkronen. Seit 2018 werden jedoch an manchen Orten neue Anstrengungen unternommen (s. Tour 32). Andernorts kann man aus der Not eine Tugend machen, indem man bewaldete Karstgebiete dann besucht, wenn die Buchen kein oder wenig Laub tragen: Dann erstrahlt die Formenvielfalt in schönstem Licht.

Vergessene Pfade ...

... gibt es in der Fränkischen und Hersbrucker Schweiz in großer Zahl. Oft sogar im Wortsinn: An vielen Orten (im Finstergraben, im Klumpertal u. a.) trifft man auf streckenweise gut erhaltene alte Wege mit Steinstufen und Randbefestigungen, aber ohne Markierung. Auch einst weithin berühmte Naturdenkmäler wie das riesige Baumfurt-Felsentor bei Burggaillenreuth und das ebenso eindrucksvolle Sieghardtstor über Doos sind in Vergessenheit geraten. Heute ist das Erstere nur auf einem nicht ganz gefahrlosen Pfad zu erreichen und muss daher leider in diesem Band fehlen, zum Letzteren führt noch ein deutlicher Weg (s. Tour 9), jedoch weist keine Wegtafel auf das Naturwunder hin.
Selbst in jüngster Zeit hat sich die Zahl der vergessenen Pfade noch vergrößert. So gehörten die gewaltigen Nordabstürze des Mannsbergs mit ihren Türmen, Kesseln und Felsentoren ein Jahrhundert lang zu den Schaustücken des berühmten Exkursionspfads im Sackdillinger Forst. Erst vor wenigen Jahren hat man die Instandhaltung aufgegeben, das Gebiet zum »Naturwaldreservat« erklärt und die Markierung auf die nahe Forststraße verlegt, wo außer Schotter und Waldrändern nichts zu sehen ist. Ebenso erging es dem Grünpunkt-Weg bei Vorra, der früher über die Kleine Wacht, einen der spektakulärsten Aussichtspunkte der Alb, und das imposante

Massiv der Großen Wacht führte. Auf unserem Programm steht natürlich jeweils die alte Route (s. Tour 26 und 30). Noch viel zahlreicher sind aber jene Naturdenkmäler, die nie wirklich entdeckt wurden. Der Grund liegt im Landschaftscharakter und in den geologischen Verhältnissen: Die spektakulärsten fossilen Karstgebilde liegen hoch oben an den Talhängen und in den Dolomitknocks der Kuppenalb. Die Mehrzahl der Wanderwege verläuft dagegen im Grund der Täler oder über die Albhochfläche. Nur an einzelnen Stellen, etwa bei Streitberg, Burg Rabenstein, am Langen Berg und am Steinberg bei Königstein führen heute Wanderwege direkt an den Felsgebilden vorbei. Die meisten Naturdenkmäler sind dagegen nur auf Pfaden ohne Markierung zu erreichen. Erstellt man eine Liste der eindrucksvollsten oberirdischen Naturwunder der Frankenalb, so ist nur knapp ein Drittel durch markierte Wege erschlossen. So kommt es, dass wir auf Tour 9 drei spektakuläre Naturdenkmäler besuchen können, die sicher zu den Top Ten gehören – und keines liegt an einer markierten Route. Und es gibt wohl keine Region in Mitteleuropa, in der man auf einer Wanderung gleich neun eindrucksvolle Felsentore besichtigen kann, ohne einen markierten Weg zu benutzen (s. Tour 17).

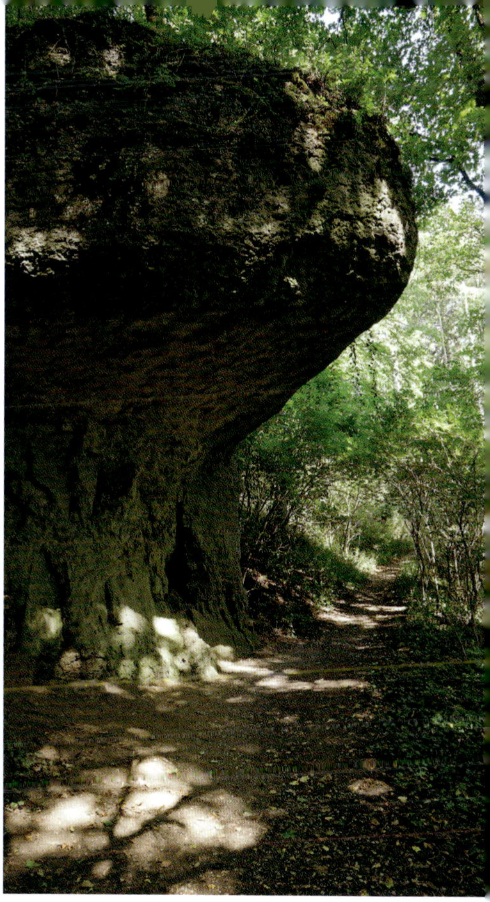

Der Promenadenweg bei Burg Rabenstein zeigt die Felsbegeisterung der Romantik.

Praktische Informationen

Konzeption der Touren und Beschreibungen

Jede Tour unserer Auswahl muss folgende Kriterien erfüllen:

- eine neue, als Ganzes noch nirgendwo sonst beschriebene Route
- mindestens ein eindrucksvolles Naturdenkmal (meistens aber mehrere), das abseits markierter Wege liegt, in keinem anderen Wanderführer behandelt und in der Regel in keiner Karte verzeichnet ist
- eine rasche Abfolge spektakulärer Naturschönheiten ohne lange Zwischenstrecken
- eine naturnahe Wegführung weitestgehend ohne geteerte Wege und Straßen

Die Beschreibungen sind auf Wegstrecken ohne Markierung so detailliert gehalten, dass man sich auf dem verzweigten Netz der Forstwege und Pfade nicht verlaufen kann. Bei markierten Passagen werden alle wichtigen Angaben über den Wegverlauf geboten. Markierungen werden, wie in Franken üblich, in einem Wort wie »Gelbstrich« benannt, wobei »-strich« den waagrechten Strich bezeichnet; für den senkrechten werden Formen wie »Rot-Senkrecht« verwendet. Da sich an manchen Wegen bis zu sechs Markierungen tummeln, wird meist nur die für die Tour relevanteste genannt, auf weitere mit »u. a.« hingewiesen.

Markierungsangaben gelten generell für den gesamten folgenden Wegverlauf bis zur Nennung einer neuen Markierung bzw. zum Hinweis auf den Beginn eines nicht markierten Abschnitts. Aus Platzgründen waren einige wenige Abkürzungen geboten: Neben den Kurzformen der Himmelsrichtungen (N, S, O, W, NW, SW etc.) steht »Mk.« für Markierung, »Ww.« für Wegweiser. Besonders wichtige Abzweigungen sind in Text und Kartenskizze mit identischen Zahlen gekennzeichnet, sodass eine schnelle Orientierung möglich ist. Angaben über Höhendifferenzen beziehen alle (durch Täler und Senken bedingten) Gegenanstiege mit ein und spiegeln so die konditionellen Anforderungen wider.

Beste Jahreszeit

Ideal für den Besuch der Frankenalb sind jene Perioden, in denen die fehlende, noch spärliche oder schon schüttere Belaubung die Felsformationen im besten Licht erstrahlen lässt, konkret: der zeitige Frühling (März bis Mitte/Ende April) und der Spätherbst (Mitte Oktober bis Ende November). Zudem kann man in beiden ein Farbenfest der Natur genießen: Im Frühjahr leuchten die Frühblüher in den Buchenwäldern und die Küchenschellen auf den Magerrasen, im Volksmund »Osterglocken« genannt. Ein Osterurlaub in der Region gehört zum Schönsten, was der Wanderer um diese Zeit unternehmen kann – zudem lässt sich auch die Farbenpracht eines lokalen Brauches bewundern: die bunt geschmückten Osterbrunnen. Im Spätherbst begeistert der Farbenzauber der Laubwälder. Im Sommer haben v. a. Touren zu Aussichtspunkten oder durch pittoreske Täler großen Reiz.

Anforderungen

Alle Touren können von geübten Wanderern mit durchschnittlicher Kondition problemlos begangen werden. Die genannten Gehzeiten entsprechen dem Zeitbedarf von Wanderern, die mit mittlerem Tempo unterwegs sind und dabei die Schönheiten der Landschaft genießen. Pausen und die Besichtigung der Naturwunder (v. a. der Höhlen) sind nicht mit eingerechnet. Die drei Schwierigkeitsgrade beziehen sich auf die Beschaffenheit des Geländes und der Wege/Pfade:

- ● **Leicht:** Wanderungen auf guten, nur mäßig steilen Wegen und problemlos zu begehenden Pfadspuren
- ● **Mittel:** Wanderungen mit steileren und felsigen Wegstrecken, die eine gewisse Trittsicherheit erfordern
- ● **Anspruchsvoll:** Wanderungen über felsiges Terrain und auf schmalen Pfaden in Steilhängen, für die eine hohe Trittsicherheit nötig ist

Allgemein stellen Touren auf vergessenen Pfaden höhere Anforderungen an den Orientierungssinn als solche auf markierten Wegen, doch sollten bei genauem Studium der Beschreibungen keine Probleme auftreten.

Anreise

Grundsätzlich wurde darauf geachtet, dass sich möglichst viele Touren mit öffentlichen Verkehrsmitteln durchführen lassen. Allerdings sind die Verhältnisse sehr unterschiedlich: Im Norden der Fränkischen Schweiz gibt es zu einigen Orten keine brauchbare Busverbindung. In der zentralen und südlichen Fränkischen Schweiz besteht dagegen, v. a. auf den Linien Ebermannstadt–Pegnitz, Forchheim–Trubachtal–Gößweinstein und Ebermannstadt–Heiligenstadt, ein gutes Angebot. Noch besser ist dieses in der Hersbrucker Schweiz, wo sich neben der Bahnlinie Hersbruck–Pegnitz auch die Busse in die Seitentäler gut nutzen lassen. Alle behandelten Gebiete gehören zum Verkehrsverbund Großraum Nürnberg. Daher braucht man nur die Website www.vgn.de zu konsultieren. Die Nutzung des Angebots kann sich lohnen: Wer zu zweit oder als Familie unterwegs und kein passionierter Frühaufsteher ist, kann mit der 9-Uhr-Mobicard für etwas über 110 Euro die gesamte Region 31 Tage lang erkunden, ausgenommen ist nur die Zeit Mo–Fr 6–9 Uhr.

Gefahren

Exponierte Passagen sind zwar seltener als im Hochgebirge, doch ist zu bedenken, dass sich die meisten Aussichtspunkte auf senkrechten oder überhängenden Felsen befinden und oft kein Geländer aufweisen. Besondere Vorsicht erfordern die Schachthöhlen: Den schaurigen Blick in den Abgrund kann sich nur der erlauben, der sicheren Stand hat oder durch andere gesichert ist (bei Kindern evtl. durch eine Reepschnur).

Als objektive Gefahren sind neben den bisweilen heftigen Sommergewittern v. a. die Zecken zu nennen. Daher sollte man sich über Infektionsrisiken (häufiger Borreliose als FSME) und Impfmöglichkeiten (nur gegen FSME) informieren. Hier nur zwei Ratschläge zur Risiko-Verringerung: Wanderungen auf schmalen Pfaden durch Waldgebiete sollte man – auch aus anderen Gründen (s. o.) – in die Zeit von Mitte Oktober bis Anfang April verlegen, in der Zecken nicht oder wenig aktiv sind. Im übrigen Teil des Jahres sind Vorsichtsmaßnahmen (geschlossene Kleidung, Absuchen bzw. Abbürsten der Kleidung und/oder Haut nach jeder Berührung mit Gräsern und Büschen) hilfreich.

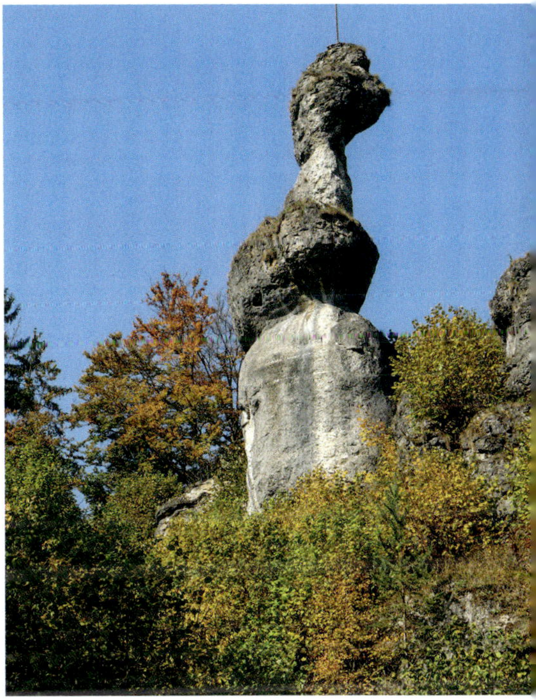

Die Form des Weiherstaler Männchens bei Schüttersmühle ist einzigartig.

Ausrüstung

Neben der üblichen Wanderausrüstung (griffige Schuhe, Wetterschutz etc.) sollten Taschenlampen zum Equipment gehören. Ohne künstliches Licht bleibt der Reiz der zahlreichen Höhlen verborgen. Bewährt haben sich Handlampen mit 20 bis 40 Einzel-LEDs. Wichtig ist, dass in einer Gruppe jeder eine Lampe mit sich führt bzw. dass der Einzelwanderer noch eine Zweitlampe (jeweils mit frischen Batterien) dabeihat – nur so ist ein sicherer Rückweg gewährleistet.

Karten

Gerade auf vergessenen Pfaden ist das Mitführen einer detaillierten Karte zu empfehlen. Wer den exakten Wegverlauf im Gelände nachvollziehen will, kommt um die Amtliche Topographische Karte Bayern im Maßstab 1:25 000 nicht herum. Bei den Geländeformen (Felsmassiven etc.) ist sie recht genau, bei Wegmarkierungen bisweilen lückenhaft. Erstaunlich sind Fehler in der Beschriftung (so heißt auf Blatt F 10 die Durchgangshöhle »Hohle Kirche« irrtümlich »Hohe Kirchfelsen«). Ungünstig ist der Blattschnitt: Aufgrund starker Überlappungen braucht man insgesamt acht Blätter (das relevante Blatt ist unter dem Kürzel ATK25 zu jeder Tour angegeben).

Brauchbar sind auch die Karten im Maßstab 1:35 000 des Appelt-Verlags (v. a. das Blatt »Hersbrucker Schweiz« besticht durch genaue Geländezeichnung) und des Fritsch-Verlags. Blätter im Maßstab 1:50 000 (Fritsch, Kompass u. a.) taugen nur zur Übersicht.

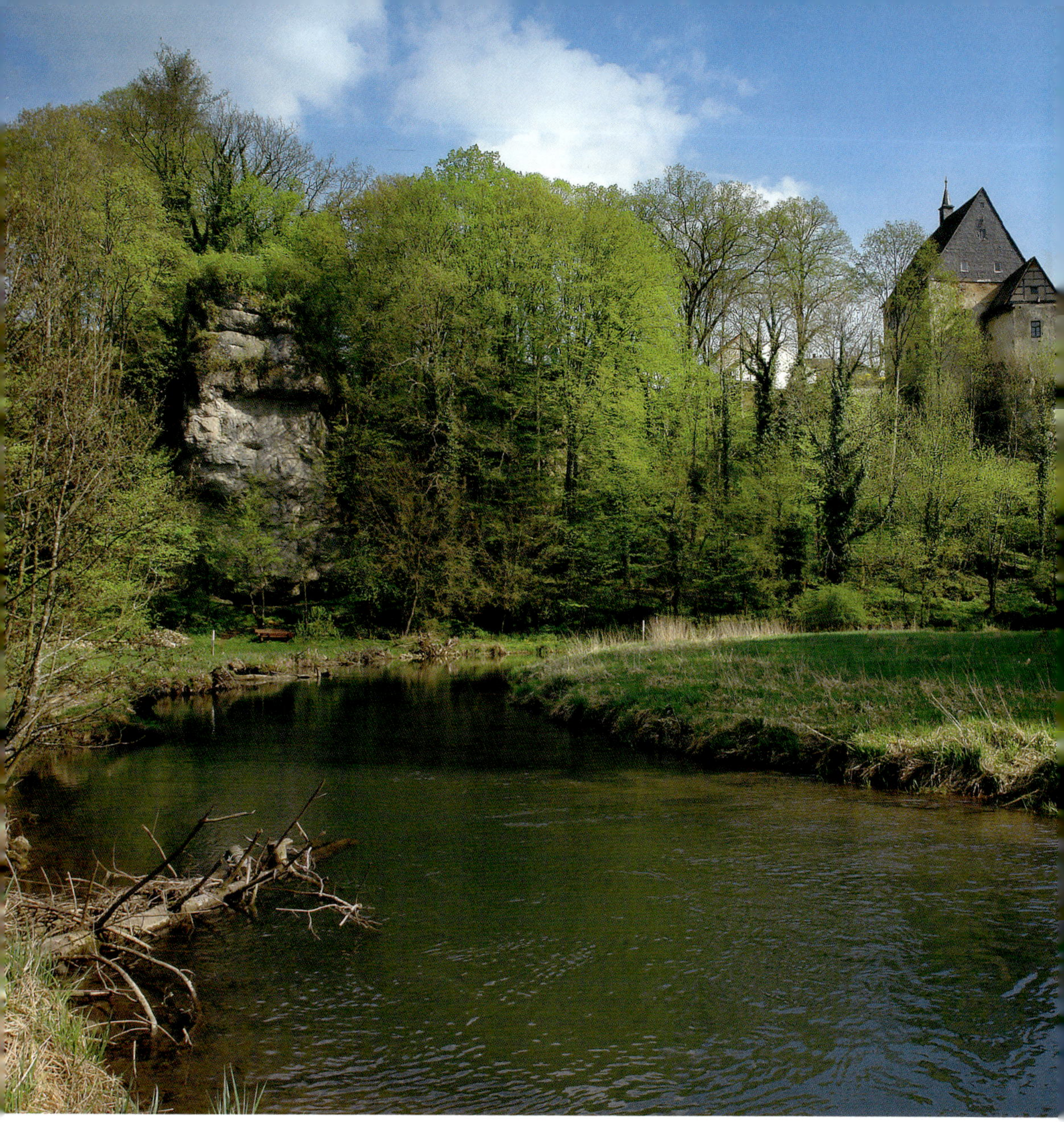

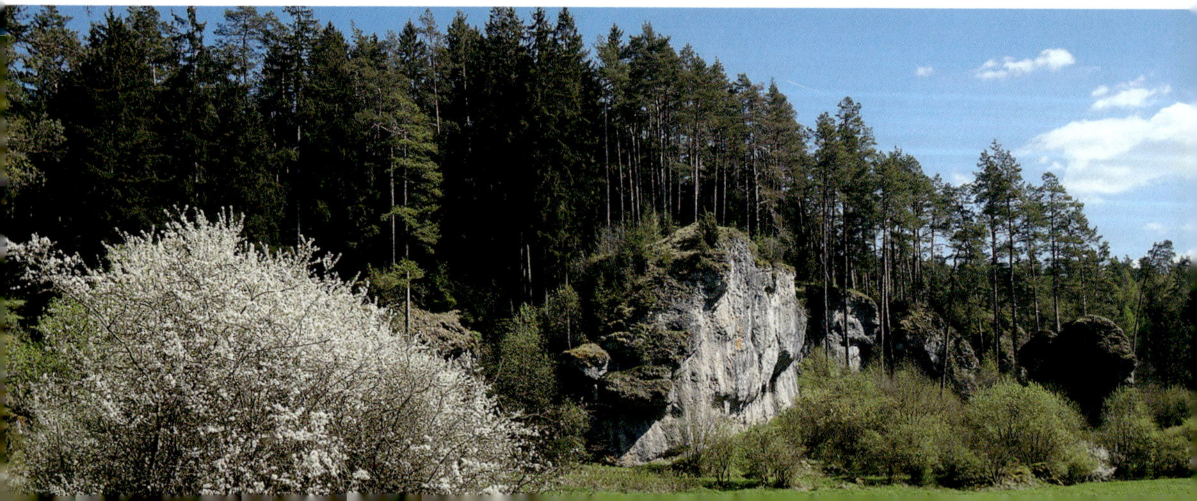

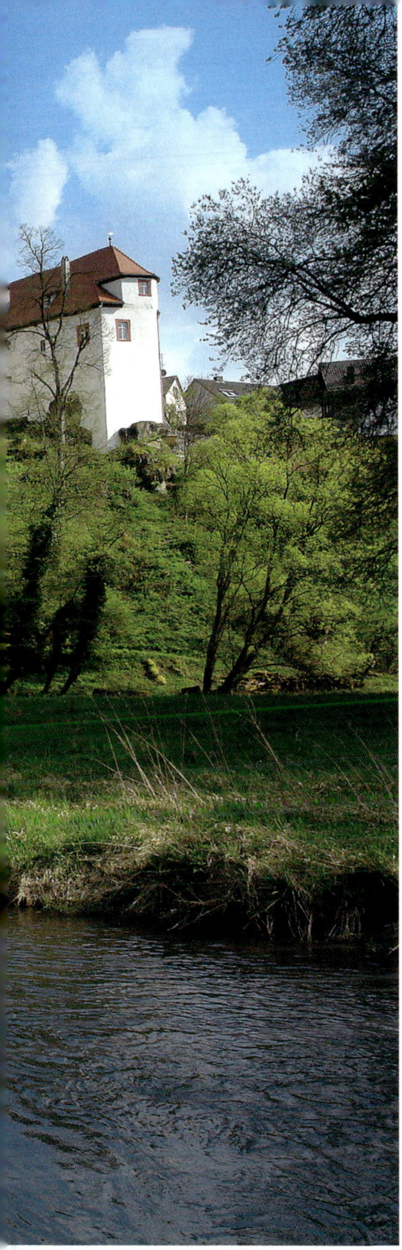

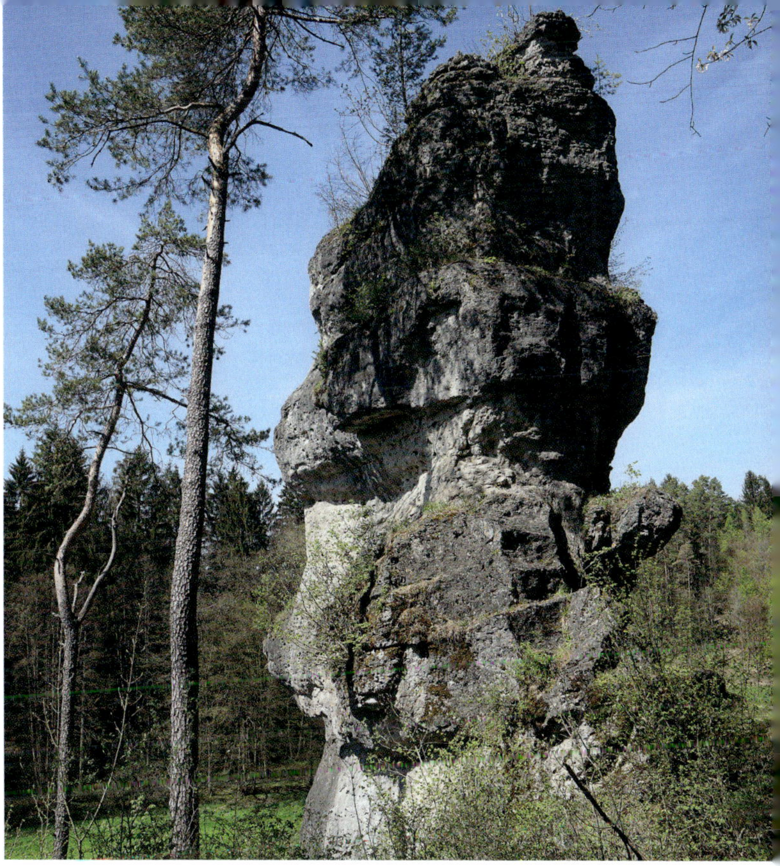

Touren in der nördlichen Fränkischen Schweiz

Unter Schloss Plankenfels fließt die Wiesent durch ein unberührtes Tal (o. li.). Der Säukirchner Turm wacht über dem Oberen Tal bei Krögelstein (o. re.). Die Form des Quackenschlosses begeisterte schon die Maler der Romantik (u. re.). Großen Reiz haben die Trockentäler, hier mit Kuhleutner Wand (u. li.).

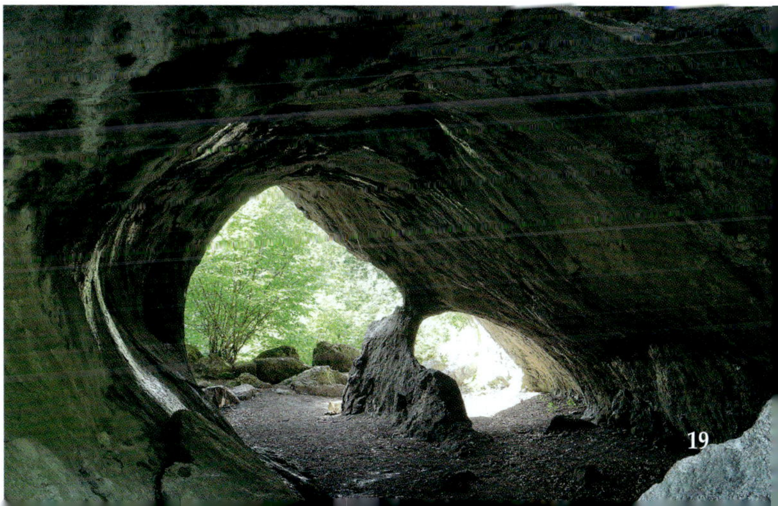

1 Im Land der großen Türme

Hoch über Burglesau, Würgau und Stübig

Mittel 15 km 530 Hm 4:45 Std.

Tourencharakter
Wanderung mit größeren Höhenunterschieden zu imposanten Felsketten und -türmen an den Talhängen, über die Albhochfläche und durch ein Tal mit Magerrasen. Meist auf guten, bisweilen steilen Wegen; kurze, problemlose Passagen auf Steigen und Pfadspuren.

Ausgangs-/Endpunkt
Burglesau (365 m); mehrere Parkmöglichkeiten im Ortsbereich (GPS: 49.995864, 11.080228)

Anfahrt mit ÖPNV
Derzeit keine Anreise mit ÖPNV möglich

Höchster Punkt
Büchig (am Weg Würgau–Burglesau, 535 m)

Gehzeiten
Zur Civettawand 0:30 Std. – Nürnberger Turm 1:05 Std. – Wasserturm (Burglesauer Tal) 1:15 Std. – Burglesauer Wand 0:30 Std. – Stübiger Türme 0:35 Std. – Rückweg 0:50 Std.

Beste Jahreszeit
Ganzjährig reizvoll (außer bei Schneelage), in den Waldgebieten um Civettawand und Stübiger Türme bieten Frühjahr und Spätherbst Vorteile.

Einkehr
In Burglesau, unterwegs keine

Karte
ATK25 D09 Scheßlitz

Im Nordwesten ragen die Randberge der Frankenalb steil über den malerischen Tälern um Burglesau auf. Besonderen Reiz erhält die Landschaft durch die wilden Felsformationen, die in einigen der höchsten und formschönsten Türme des Frankenjuras gipfeln.

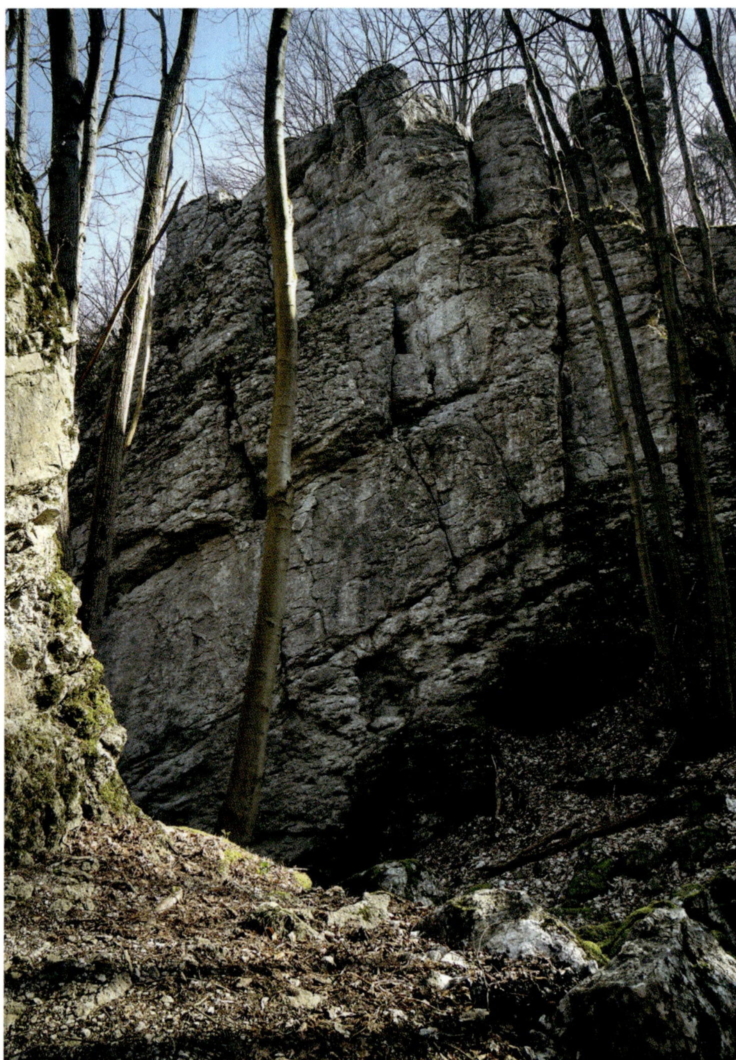

Die Civettawand beherrscht den Felskessel im Süden von Burglesau.

Unsere Tour führt vom Felskessel südlich von Burglesau hinüber ins Tal von Würgau mit der imposanten Felsgruppe um den Nürnberger Turm und dann durch ein schönes Trockental zur bizarren Felsenwelt um die Burglesauer Wand und zu den riesigen Stübiger Türmen.

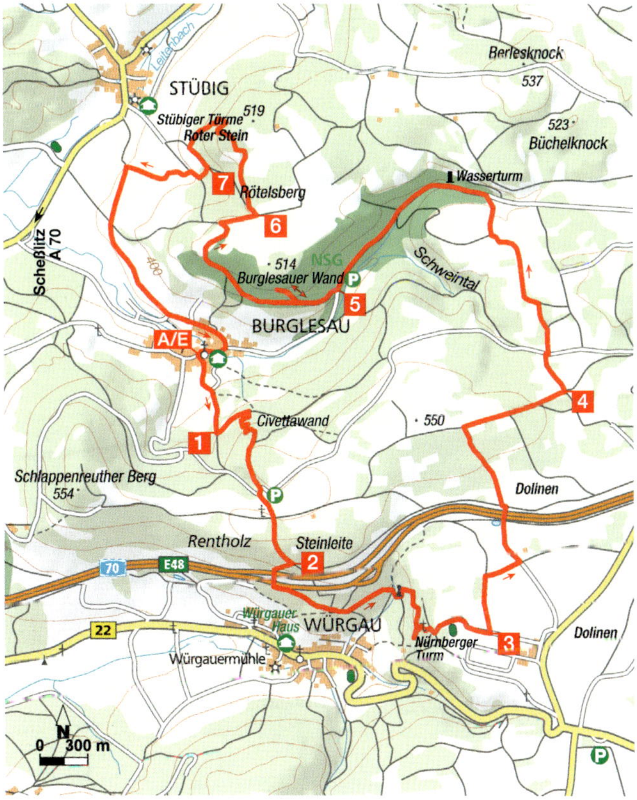

Zur Civettawand In Burglesau biegen wir (vom Ortseingang her) direkt vor der Kirche rechts in einen anfangs geteerten Weg ein, der bald als Hohlweg durch eine kleine Sandsteinschlucht emporführt. Bei einer Abzweigung am Rand einer Wiese ❶ gehen wir nach links an dieser entlang, dann an ihrem Ende rechts auf einem Forstweg bergauf. Wo oberhalb eine Felsgruppe sichtbar wird, biegen wir weglos rechts ab und wandern am Fuß der Felsen rechtshaltend durch den Wald. Zuletzt steigen wir weglos zwischen bemoosten Felsen durch den mäßig steilen Hang zur rechten Seite des ersten großen Blocks empor.

Vor uns öffnet sich ein imposanter Felskessel um die dreigipflige Civettawand. Nach der Erkundung gehen wir zum obersten Felsen, dem Gipfelstürmerblock, hinauf und finden hinter ihm eine Rinne, durch die wir nach links auf gutem Steig aufsteigen. Auf halber Höhe kann man linkshaltend einen Abstecher zum Gipfel der Civettawand mit Prachtblick über das Burglesauer Tal unternehmen.

Zu den Würgauer Felsen Zurück auf dem Steig, geht es steil zur Hangkante empor und dann auf breiterem Weg nach S zu einer Kuppe und jenseits zu einer Teerstraße hinab. Ihr folgen wir kurz nach rechts und schwenken dann links auf einen gepflasterten Weg ein (Mk. Wappensymbol). Bei einer Abzweigung am Waldrand biegen wir auf den ersten Weg nach rechts ab, gehen bei der folgenden Wegteilung auf dem mittleren der drei Wege geradeaus in den Wald (Mk. grüner Doppelstrich, Rotstrich) und dann leicht bergab. Bald heißt es: »Augen auf!« An einem Baum mit der Rotstrich-Mk. ist noch das Wort »Würgau« zu lesen (neben einem orangen Punkt) ❷: Genau hier zweigt scharf rechts ein Pfad ab, der, an bizarren Felsen vorbei, steil bergab und nach einer Kehre

Nebelsteinhöhle

In den Würgauer Felsen (links oberhalb der Senke südlich der Fiechtlwand) befindet sich die Nebelsteinhöhle C32. Sie war früher im Sommer frei zugänglich, bei meinem letzten Besuch jedoch mit einem Vorhängeschloss versperrt. Sollte sie wieder geöffnet sein, lohnt der tiefe Gang mit seinen malerischen Fließfacetten einen Besuch.

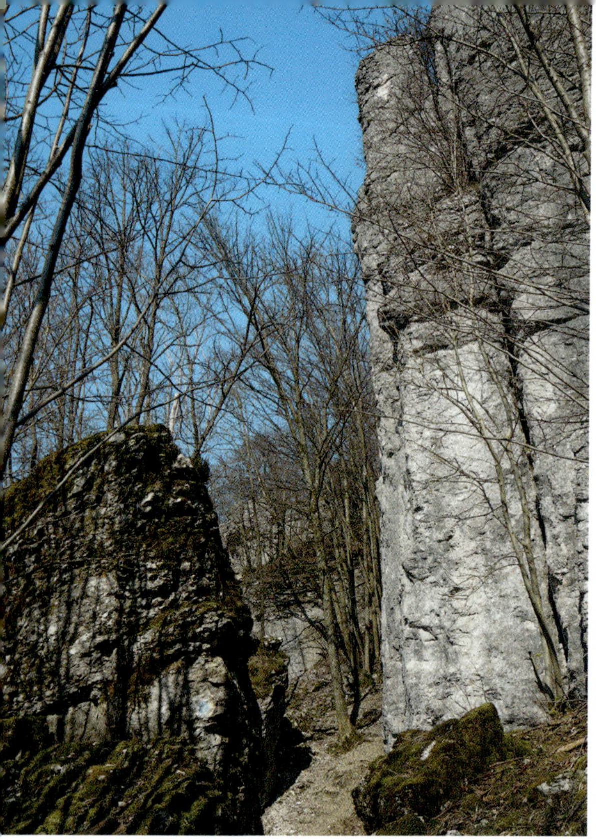

unter der Hängebrücke der A70 hindurchführt. Jenseits geht es auf breitem Fahrweg nach links zum Würgauer Haus des DAV hinüber. Hinter der Hütte beginnt ein schmaler Weg, der nahezu eben durch den Hang nach O und zuletzt sanft zum parkähnlichen Gelände des »Heldenhains« mit Gefallenendenkmal hinabführt, das von einem Bach mit Sinterstufen durchflossen wird.

Wir steigen hier am Gegenhang zur Mariengrotte hinauf, halten uns kurz links und finden dann den Weg, der uns nach rechts schräg durch den Steilhang zu den Würgauer Felsen emporführt. Der Mk. Blaupunkt folgend, wandern wir an einer der imposantesten Felsketten des Frankenjuras entlang, passieren Fiechtl- und Edelweißwand und kommen zuletzt, rechtshaltend auf dem unteren Weg, an der Talseite des riesigen Nürnberger Turms vorbei. Danach gehen wir mit der Mk. Blaupunkt noch etwas weiter bis zur malerischen Felsklamm zwischen Bamberger Turm und Würgauer Wand.

Von hier kehren wir zum Nürnberger Turm zurück, steigen aber nun rechtshaltend zu seiner Bergseite auf und dann weiter nach rechts, an der Bayreuther Wand entlang und zuletzt in Kehren zur Hochfläche empor. Faszinierend der Rückblick über die Felsen talaus. Oben erreicht man linkshaltend das große Gipfelkreuz und rechts unterhalb einen Aussichtspunkt mit prachtvollem Tiefblick.

Entlang der Würgauer Felsen (rechts die Fiechtlwand) führt ein malerischer Weg.

Höhenwanderung ins Burglesauer Tal Wir gehen von hier ein Stück Richtung Hochfläche und treffen auf einen Fahrweg, auf den wir nach rechts einbiegen. Bei einer Wegteilung halten wir uns links und gelangen zu einer Umspannstation. Wir gehen ca. 120 m an ihr entlang und biegen dann vor einem gelben Häuschen scharf links in einen Feldweg ein ❸, der uns zu einem Waldstück hinüberführt. Dort biegen wir nach rechts, bei der nächsten Wegteilung nach links: Ein gepflasterter Weg führt uns zur A70 und unter ihr hindurch. Jenseits geht es auf einem Schotterweg zum Wald empor und immer geradeaus durch ihn hindurch. Am Waldrand gegenüber biegen wir rechts auf den mit Gelbstrich markierten Fahrweg ein und folgen ihm einige Zeit. Vor einer großen Stromleitung zweigen wir links auf einen Feldweg ohne Mk. ab ❹, queren einen Schotterweg und gehen geradeaus auf einem begrünten Weg weiter, dann bei einer Gabelung nach links durch den Wald und am anderen Waldrand entlang. Bei einer weiteren Verzweigung halten wir uns links. Der Weg überquert nun eine Senke, vereinigt sich mit einem an-

Die Burglesauer Wand bildet mit Piz Beppo, Backschüssel und Fellhorn ein imposantes Ensemble.

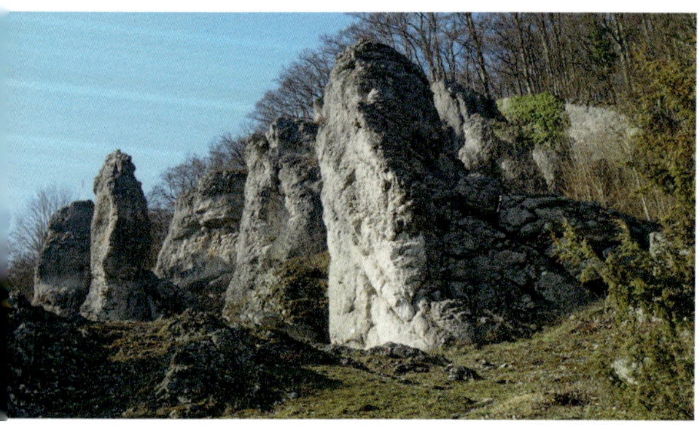

deren Weg und führt erst geradeaus, dann in weiten Kurven ins Burglesauer Tal hinab, wo uns malerische Wacholderheiden begrüßen. Wir wandern nun nach links auf dem Teersträßchen bergab durch eines der schönsten Juratäler, vorbei an Magerrasen mit bizarren Felsgruppen, aus denen der markante Wasserturm herausragt.

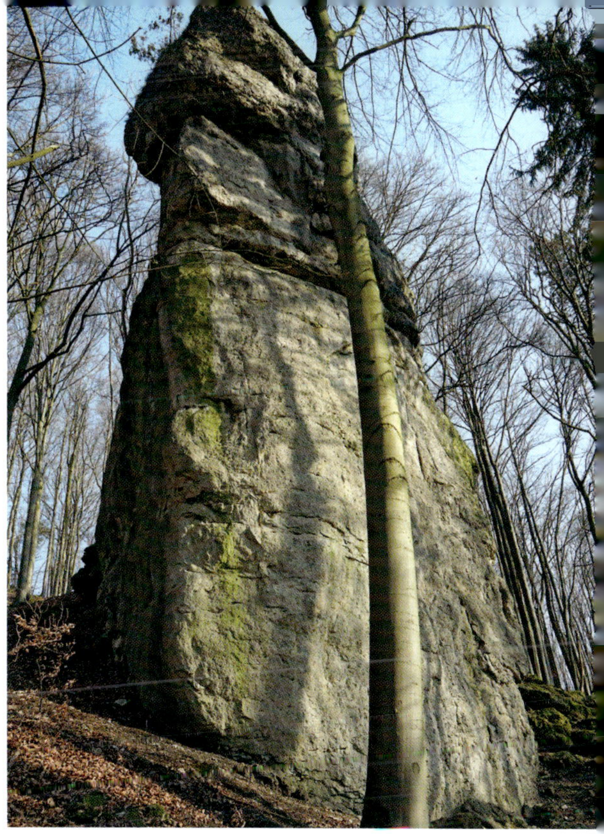

Im Abendlicht wird klar, warum der Kleine Stübiger Turm auch Kleiner Roter Stein genannt wird.

Burglesauer Felsen und Stübiger Türme Kurz nach einem Parkplatz am linken Rand biegen wir rechts ab 5 und steigen auf einem Forstweg zu einer Bergwachthütte empor. Von hier führt uns ein Steig nach rechts über schöne Magerrasen zu den bereits sichtbaren Felsen hinauf: Drei bizarre Vortürme bilden zusammen mit der hohen Burglesauer Wand ein einmaliges Ensemble.

Zur Hütte zurückgekehrt, steigen wir auf dem Forstweg weiter auf (rechts die imposante Felsgruppe um Dreitorspitze und Stephansturm), überqueren eine Kuppe und erreichen, bei einer Verzweigung linkshaltend, einen (anfangs) gepflasterten Weg. Ihm folgen wir kurz nach rechts, biegen aber schon bald links auf einen begrünten Fahrweg ab 6 und wandern zum Wald hinüber.

Am Waldrand wählen wir den rechten Weg (Mk. blaues Viereck) und gelangen an einer Waldwiese entlang zu einem Jägerstand. Von hier führt ein Pfad nach links zuerst eben durch den Wald, dann zur Gipfelkuppe (mit Jägerstand) oberhalb der Stübiger Türme. Wir gehen bis zum Ende der Kuppe und steigen dann linkshaltend den mäßig steilen Hang zur Bergseite des Großen Turms hinunter. Rechts von ihm führt ein steiler Pfad zur gewaltigen Talseite mit imposanten Überhängen hinab und dann leicht steigend zum eleganten Kleinen Stübiger Turm hinüber.

Nach Burglesau zurück Von hier steigen wir auf schmalem Steig schräg durch den Hang nach SW ab, dann auf breiterem Weg zum Waldrand hinunter. Hier geht es mit der blauen Mk. nach links am Waldrand entlang, dann noch ca. 100 m in den Wald hinein, bis rechts ein Fahrweg abzweigt 7, der uns steil bergab führt.

Bei Einmündung in einen Schotterweg folgen wir diesem nach rechts, zweigen aber bald links ab und wandern durch schöne Obstwiesen. Schließlich erreichen wir einen gepflasterten Weg (Rotstrich), biegen nach links auf ihn ein und kehren in aussichtsreicher Hangquerung nach Burglesau zurück.

Zu Burg Giech und Gügel-Kirche

Das Wahrzeichen des nordwestlichen Albrandes bildet die Burg Giech, die auf einem 530 m hohen Berg südöstlich von Scheßlitz thront (Zufahrt mit dem Auto bis zum Fuß des Burgberges möglich). Eine reizvolle Wanderung (Frankenweg u. a.) führt von dort zur Kapelle Gügel; man kann sie bis zum Rand der Albhochfläche (Rumpelleite) fortsetzen.

2

Vom tiefen Tal zur lichten Höhe

Bärental, Görauer Anger und Burg Niesten

Leicht 17 km 390 Hm 5 Std.

Tourencharakter
Wanderung durch ein nahezu unberührtes Juratal, über einen Bergkamm mit begeisternder Aussicht und durch ein malerisches Felsen- und Höhlengebiet. Meist auf guten Wegen mit nur mäßiger Steigung, kurze Passagen auf steileren Pfaden.

Ausgangs-/Endpunkt
Niesten, Wanderparkplatz unterhalb der Burgruine (400 m), an der Straße nach Görau nach der zweiten Kehre auf der linken Seite (GPS: 50.072240, 11.261724)

Anfahrt mit ÖPNV
Keine Verbindung mit öffentlichen Verkehrsmitteln nach Niesten

Höchster Punkt
Görauer Anger (553 m)

Gehzeiten
Zur Krassacher Mühle 0:35 Std. – Felsentor (mit Abstecher Richtung Wohnsig) 0:45 Std. – Poppenberg Südseite 0:45 Std. – Görauer Anger Hauptgipfel 1:30 Std. – Gräfinnenhöhle 0:45 Std. – Burgruine Niesten 0:30 Std. – Abstieg 0:10 Std. (nicht eingerechnet: Besichtigung der Höhlen)

Beste Jahreszeit
Ganzjährig reizvoll, in den bewaldeten Felsgebieten des Bärentals bieten Frühjahr und Spätherbst bessere Sicht.

Einkehr
Keine

Karte
ATK25 D10 Hollfeld

Während das benachbarte Kleinziegenfelder Tal durch eine Straße erschlossen und weithin bekannt ist, hat sich das wilde Bärental seine Ursprünglichkeit bewahrt und bietet abseits der markierten Wege manche Überraschung wie eines der außergewöhnlichsten Felsentore der Alb.

Unsere Route verbindet die Talwanderung und den Besuch der verborgenen Karstwelten mit der einzigartigen Aussichtspromenade über den Görauer Anger und dem Gang durch die Fels- und Höhlenlandschaft um die Burgruine Niesten.

Über die Krassacher Mühle ins Bärental Vom Parkplatz gehen wir auf der Straße wieder ein Stück abwärts, dann rechts nach Niesten hinein und nochmals rechts auf der Dorfstraße talab. Am Ortsende biegen wir bei einem Trafohäuschen dem Ww. »Krassach« folgend links auf einen Feldweg ohne Mk. ein ❶. Er führt an einem Wildgehege entlang und dann, eine Fahrstraße querend, nach Krassach hinab.
Im Dorf halten wir uns links und wandern mit Mk. 3 und »Bärentrail« am

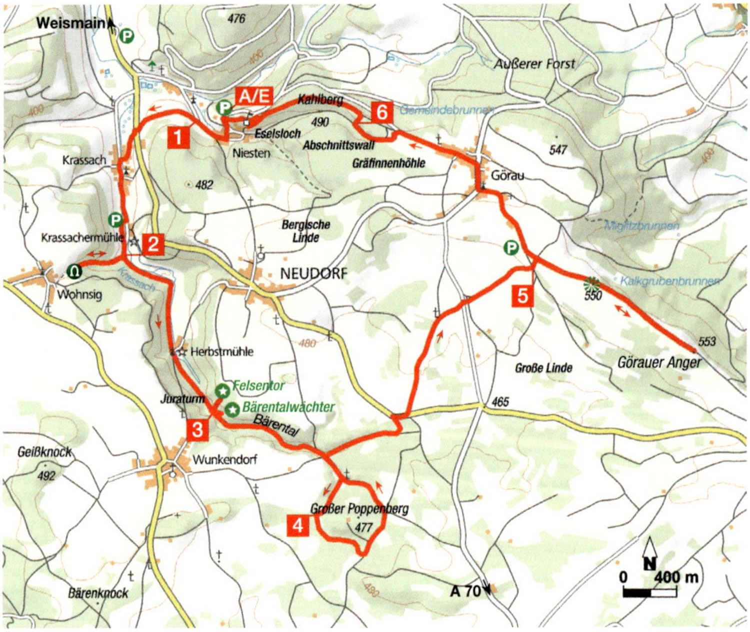

Bach talein, wechseln bald auf die andere Talseite hinüber und passieren das Fachwerkensemble der Krassacher Mühle.
Bei der Wegteilung ❷ kurz danach lohnt ein Abstecher nach rechts mit Blauraute (Richtung Wohnsig): Der Weg führt in steilem Aufstieg an einer malerischen Felsschlucht entlang. Nach ihrer Besichtigung kehren wir zum Talweg zurück und erreichen durch den idyllischen unteren Talabschnitt die Herbstmühle.

Zum Felsentor Mit den genannten Markierungen geht es geradeaus weiter, an der malerisch gelegenen Krassachquelle vorbei, dann steiler über dem nun schluchtartigen Tal empor. Kurz vor einer Kuppe zweigt links ein Pfad ab ❸, der uns in einer Kehre zum gewaltigen Felsturm des Bärentalwächters hinaufführt. Hier wenden wir uns nach links und steigen schräg durch den Hang zum größten Naturwunder des Tales auf: dem Felsentor, das nicht die Form einer Felsbrücke besitzt, sondern ein riesiges rundes Loch in einer kompakten Felsmauer bildet. Es lohnt sich, durch das Tor steil zu seiner Bergseite aufzusteigen.

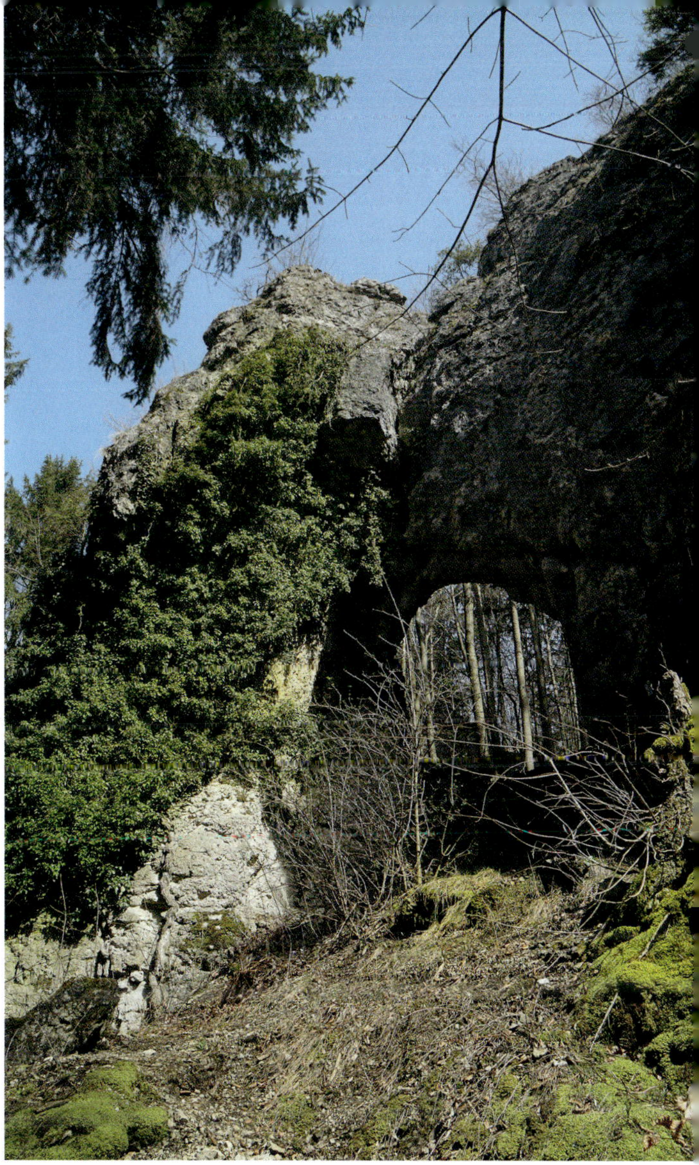

Das Felsentor über dem Bärental zählt zu den größten Naturwundern der Region.

Talschluss und Poppenberg-Runde Zum Talweg zurückgekehrt, können wir noch einen Blick auf den etwas eingewachsenen mächtigen Juraturm gegenüber erhaschen und wandern dann durch das tief eingeschnittene Tal weiter aufwärts. Bald gelangen wir in wildromantisches Gelände: Im von riesigen Felsblöcken angefüllten Talgrund verbirgt sich links eine schöne Spalthöhle, rechts gegenüber einer Bank die etwa 12 m tiefe Bärenhöhle. Bei Wegteilungen gehen wir geradeaus mit den bekannten Markierungen weiter und erreichen die große Waldwiese im Talschluss, einen malerischen Ort mit Kruzifix und Marienstatue zu Füßen einer imposanten Felsreihe.
An ihrem Ende zweigen wir mit dem Ww. »Modschiedel« rechts ab und wandern an bemoosten Felsen vorbei bis zu einer Verzweigung ❹: Bei einem markanten Eckfels biegen wir rechtwinklig nach links (nicht den bergauf führenden Weg wählen!) und wandern nun immer genau am Fuß des Großen Poppenbergs entlang, anfangs

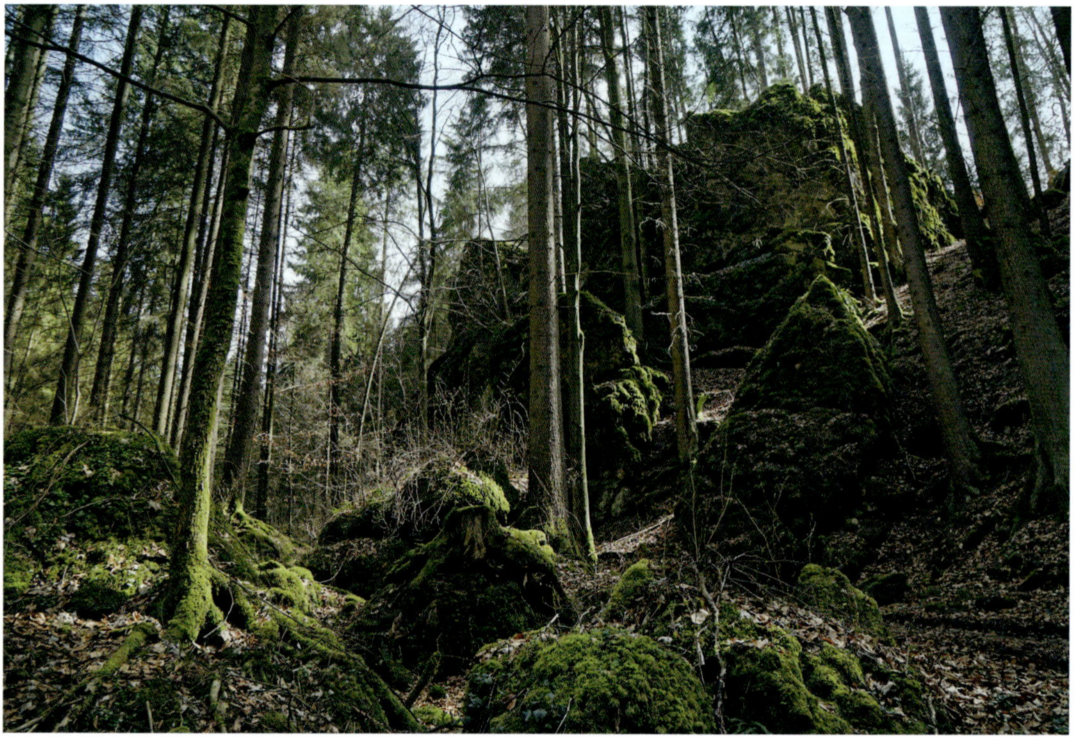

Wilde Felstrümmer und Höhlen schmücken den schönsten Abschnitt des Bärentals.

nach links auf einen begrünten Fahrweg einbiegend, später stellenweise weglos durch ebenen Hochwald. Am Ende steigen wir linkshaltend zu einem gepflasterten Weg (3, Gelbraute) auf, der uns nach links über eine Kuppe zu einer weiteren Gabelung führt: Von hier geht es auf schmalerem Fahrweg nach links mit den genannten Markierungen wieder zur Wiese im Talschluss hinunter.

Zum Görauer Anger Wir wandern nun den Talweg wieder ein Stück abwärts, biegen aber bald rechts mit Grün-Senkrecht auf den Weg nach Görau ein, an einem bizarr überhängenden Felsen entlang. Wenig später führt links ein Stichpfad zur Schrägen Wand, einst einer Raststation von Steinzeitjägern (8000 v. Chr.). Durch das felsige Seitental geht es weiter bergauf, dann steiler zur Hochfläche empor. Bei Einmündung in eine Straße folgen wir ihr kurz nach rechts und biegen dann links in einen Feldweg ein.

Bei einem Wegkreuz wenden wir uns mit Grün-Senkrecht und »Bärentrail« nach rechts, überqueren eine Straße und steigen auf begrüntem Fahrweg immer geradeaus Richtung Görauer Anger auf. Wo eine Forststraße kreuzt, wandern wir mit »Bärentrail« geradeaus weiter, dann bei einem großen einzeln stehenden Baum ❺ auf einem Feldweg ohne Mk. in gleicher Richtung empor bis zu einem querenden Fahrweg (Frankenweg, Rotstrich). Auf ihm geht es nach rechts zur ersten felsigen Gipfelkuppe des Görauer Angers hinauf.

Es folgt eine der eindrucksvollsten Höhenpromenaden der Frankenalb über blütenreiche Magerrasen mit einer unvergleichlichen Fernsicht auf Thüringer Wald und Fichtelgebirge und hinab nach Kulmbach. Man kann die Kammwanderung beliebig weit ausdehnen: Auf jeden Fall sollte man am Gipfelkreuz vorbei bis zum höchsten Punkt oberhalb der Felsgruppe Geisskirche aufsteigen.

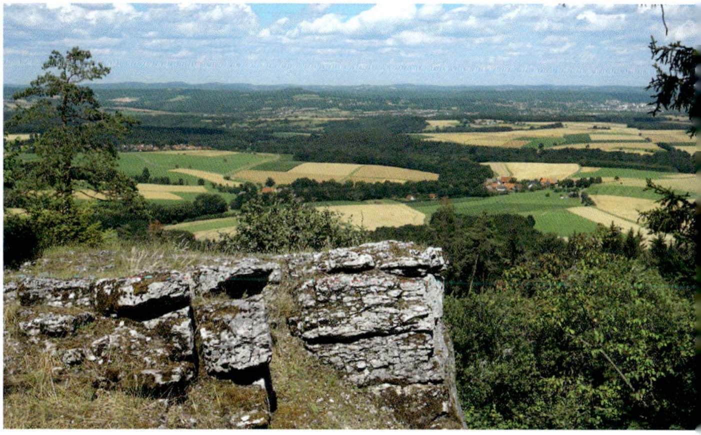

Durch das Niestener Felsen- und Höhlengebiet Nach der Gipfelrast wandern wir auf gleichem Weg über den Kamm zurück und dann mit dem Frankenweg geradeaus weiter nach Görau. Im Ort geht es nach rechts empor bis zu einer Anhöhe, dann linkshaltend auf einer Teerstraße nach W.

Am Waldrand biegen wir halb links ab und kommen bald zu einer Wegteilung: Man kann hier direkt über den Felsensteig (Blauraute) zur Burg Niesten gelangen, schöner ist der Weg über die Gräfinnenhöhle: Wir wandern mit dem Frankenweg links bergab und erreichen auf einem Stichpfad nach rechts die zerklüftete kleine Höhle. Auf dem Hauptweg geht es durch das von bizarren Felsen gesäumte Zillertal noch ein Stück abwärts, nach zwei waldfreien Felsen auf der rechten Seite 6 verlassen wir aber die Mk.: Wir steigen nach rechts auf deutlichem Pfad an einem weit herabreichenden Felssporn entlang steil empor und halten zuletzt rechts auf einen schmalen Fels-Durchgang zu.

Vom Görauer Anger sieht man bis zum Frankenwald.

Königskerzen schmücken die Magerrasen bei Burg Niesten.

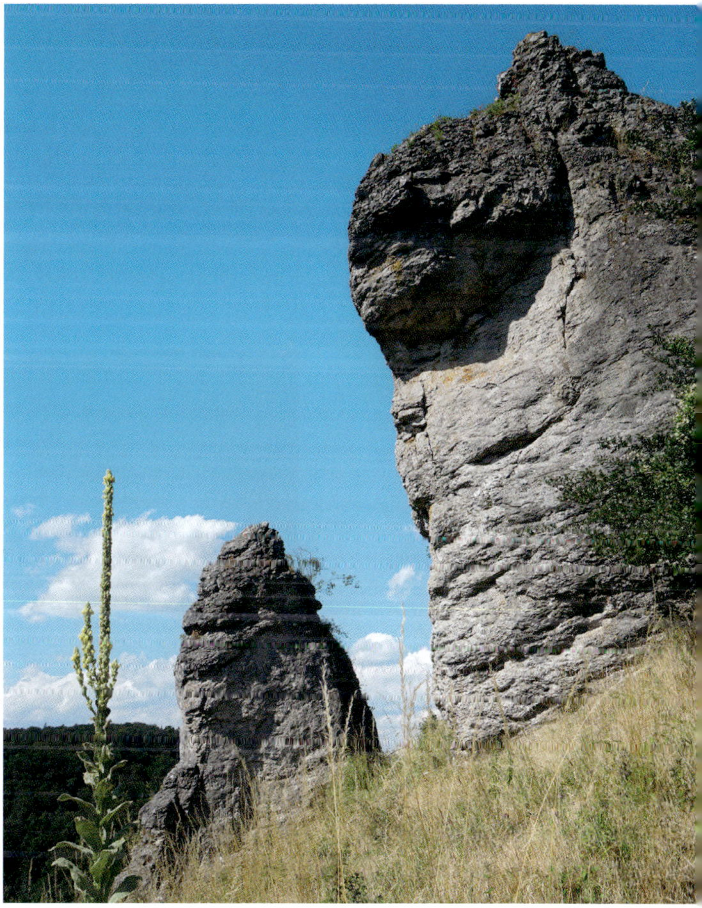

Nach seiner Durchquerung treffen wir wieder auf die Mk. Blauraute, die uns nach links teils über den Kamm, teils durch die Flanke zu einer Wegteilung an einem Holzzaun führt (von hier lohnender Abstecher nach links zur imposanten Regenwand). Rechtshaltend steigen wir zu einem Sattel mit Kruzifix auf, von dem aus ein Abstecher über den Fahrweg rechts nach 50 m zum sehenswerten kleinen Eselsloch führt.

Wieder mit Blauraute geht es über Stufen zur Burgruine Niesten hinauf, die mit prachtvollem Talblick aufwartet. Auf der Südseite der Ruine führt uns ein kettengesicherter Steig steil bergab und zuletzt über Magerrasen an imposanten Felsen vorbei zum Parkplatz hinunter.

3 Felsendorf und Trockentäler

5 Täler und 20 Höhlen rund um Krögelstein

Leicht | 18,5 km | 300 Hm | 5:30 Std.

Tourencharakter
Leichte, aber relativ lange Wanderung durch wildschöne Trocken- und Bachtäler mit zahlreichen eindrucksvollen Höhlen und Felsmassiven. Meist auf guten, oft unmarkierten Wegen ohne größere Steigungen.

Ausgangs-/Endpunkt
Krögelstein, Wanderparkplatz am Eingang des Oberen Tals (430 m) (GPS: 49.980807, 11.278881). Zufahrt auf schmaler Teerstraße, die am östlichen Ortsende nach links abzweigt.

Anfahrt mit ÖPNV
Keine brauchbare Verbindung mit ÖPNV

Höchster Punkt
Westlich des Drosentals (475 m)

Gehzeiten
Zur Kuhleutner Wand 0:40 Std. – Drosental-Felsengrotte 0:50 Std. – Teufelsloch 1:40 Std. – Alter Fritz 0:45 Std. – Schwedenfelsen (über Geierstein u. Kaiserbachtal) 1 Std. – Etagenhöhle 0:20 Std. – Rückweg 0:15 Std. (nicht eingerechnet: Besichtigung der Höhlen)

Beste Jahreszeit
Ganzjährig reizvoll, besonders schön bereits zur Blüte der Märzenbecher, dann im Frühsommer und Herbst

Einkehr
Keine

Karte
ATK25 D10 Hollfeld

Malerische, felsgesäumte Trockentäler gehören zu den Besonderheiten der nördlichen Fränkischen Schweiz. Besonders reizvoll sind jene beim Felsendorf Krögelstein: Obwohl sie die höchste Höhlendichte ringsum aufweisen, sind sie nur zum Teil durch markierte Wege erschlossen.

Unsere Rundtour führt an gut 20 kleineren und größeren Höhlen vorbei über das Obere Tal, das Drosental und das Teufelsloch ins Kaiserbachtal und im Anschluss über ein namenloses Seitental zu den spektakulären Karstgebilden am Rande von Krögelstein.

Durchs Obere Tal Wir gehen vom Parkplatz ca. 100 m auf der Straße zurück und biegen dann scharf rechts mit Grünwimpel u. a. auf den breiten Weg ins Obere Tal ein. Bald wird der elegante Säukirchner Turm sichtbar; auf steilem Pfad kann man zur flachen Kleinhöhle Säukirche an seinem Fuß und weiter zur Bergseite aufsteigen, wo sich ein Prachtblick ins Tal bietet. Auf dem Talweg erreichen wir wenig später den Schwalbenstein, auf dessen Rückseite sich der schmale Spalt der Schwalbensteingrotte verbirgt, und dann das große Portal der Kühkirche, deren leicht versinterter Innenraum den Besuch auf steilem Stichpfad lohnt. Nach einer Wegbie-

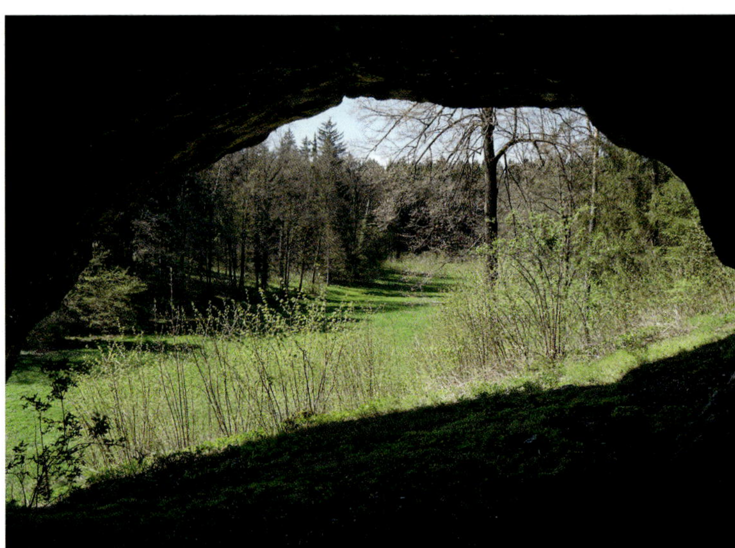

Aus der Kühkirche (C 37) bietet sich ein Prachtblick ins Obere Tal.

gung schiebt sich das Massiv des Geiersteins ins Blickfeld, das an seinem Fuß eine zerklüftete Durchgangshöhle aufweist; rechts oberhalb des Südeingangs am Hang die geräumige, aber nicht tiefe Geiersteingrotte. Der Talweg passiert nun die imposante Felsflucht der Kuhleutner Wand und umrundet dann ein Massiv, an dessen Rückseite die kleine Müllerkreuz-Spaltenhöhle liegt.

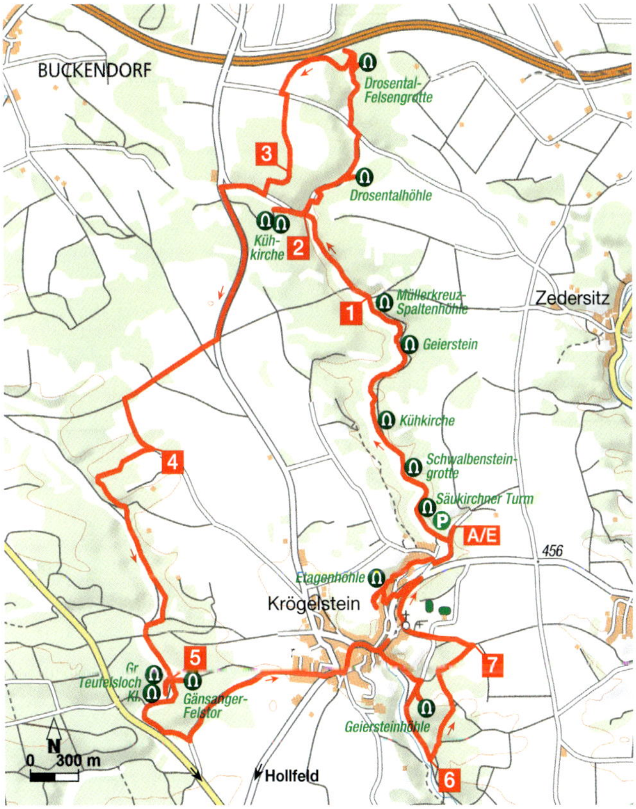

Ins wilde Drosental Genau hier ❶ verabschieden wir uns für lange Zeit von allen markierten Wegen: Während Grünwimpel etc. rechts zur Hochfläche führen, folgen wir linkshaltend weiter dem Tal und gehen (anfangs auf Fahrspuren) an seinem rechten Rand entlang. Bald treffen wir, nach rechts leicht ansteigend, auf einen verwachsenen Fahrweg, der wenig später in einen Waldpfad übergeht und unter einem Felsen mit bizarrem Überhang vorbeiführt. Danach erreichen wir die Freifläche des Drosentals, gesäumt von zerklüfteten Felsen mit kleinen Höhlen; im Frühjahr blühen hier unzählige Märzenbecher.

Nach einem eingezäunten Gelände links führt ein Abstecher in ein Seitental ❷: Wir wandern nach links auf einem Forstweg am Zaun entlang, dann ca. 30 m nach dem Zaun auf Pfadspuren links in den Wald hinein und folgen rechtshaltend dem Fuß der Felsreihe. So erreichen wir erst das steil abwärts führende Flöhloch, dann die geräumige Kühkirche mit malerischen Auswaschungen.

Wieder auf dem Forstweg, gehen wir nach rechts ins Haupttal zurück und wandern an seiner linken Seite entlang. Die Schaustücke liegen jedoch rechts und lohnen einen Abstecher: An eine Wandflucht mit bauchigen Wölbungen schließt sich nach N der bizarr überhängende Lautertaler Turm an, kurz danach an einer Talbiegung die klammartige Drosentalhöhle.

Zurück auf dem Forstweg, erreichen wir eine Fahrstraße, folgen ihr etwa 200 m nach links und biegen dann rechts mit einem Fahrweg in einen von überhängenden Felsen und kleinen Höhlen gesäumten Talabschnitt ein. Kurz vor seinem Ende, wo bereits die Autobahnunterführung ins Blickfeld rückt, steigen wir bei einem überhängenden Felsklotz steil nach rechts zur Drosental-Felsengrotte, einer zerklüfteten Durchgangshöhle, auf.

Wieder im Talgrund, können wir noch eine glatte Felswand rechts besichtigen, dann gehen wir zur anderen Talseite hinüber und folgen einem Fahrweg, der an einem Jägerstand vorbei nach SW zur Hochfläche emporführt.

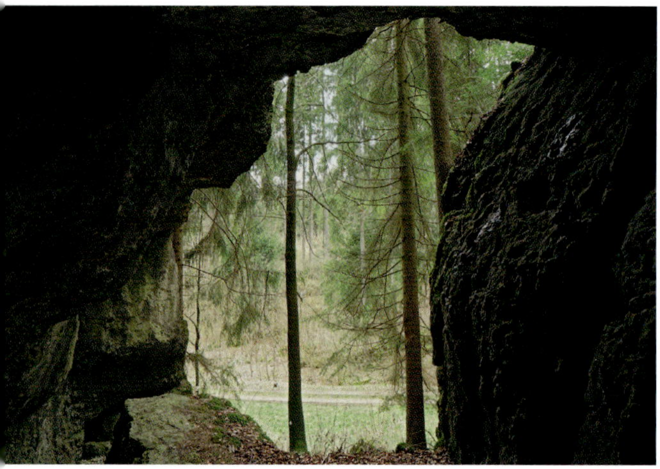

Die Drosentalhöhle ist ein malerischer Rastplatz fernab ausgetretener Pfade.

Zum Teufelsloch Auf dem Fahrweg umrunden wir ein Solarfeld nahe der A70, gelangen wieder zu der Teerstraße, halten uns kurz links, biegen dann rechts in einen Feldweg ein und wandern zum Wald hinüber. Kurz nach Eintritt in den Wald zweigen wir rechts auf einen begrünten Forstweg ab ❸, folgen ihm bis zu seinem Ende und steigen dann nach links durch den Hochwald weglos, später auf Pfadspuren in das Tal vor uns ab.

Nach rechts ansteigend durchwandern wir das schöne Waldtal und biegen dann links auf eine wenig befahrene Straße (Radweg-Mk.) ein, der wir etwa 1 km nach S folgen, erst durch Wald, dann über die Hochfläche. Bei der ersten Kreuzung nach dem Wald zweigen wir rechts auf einen Schotterweg ab und gehen bei der folgenden Verzweigung geradeaus zum Wald hinüber. Dort folgen wir weiter dem Hauptweg, der in einer Linkskurve wieder auf Felder hinausführt.

Nach einem eingezäunten Gelände mit Holztor ❹ biegen wir spitzwinklig rechts auf einen unbefestigten Weg ab und wandern, bei Wegteilungen jeweils rechtshaltend, in den Hochwald hinein. In einer scharfen Linkskurve geht es in das Trockental hinunter, dessen zentraler Abschnitt den Namen Teufelsloch trägt. Wir folgen hier nach links einem ansteigenden Schotterweg mit grüner Mk., biegen aber schon nach 100 m spitzwinklig rechts ab und wandern durch das idyllische Tal abwärts.

Noch einmal geht es am Hang bergauf und nach rechts wieder ins Tal zurück, dann folgen wir linkshaltend wieder dem Grund und wandern immer geradeaus, bis wir auf einen Jägerstand treffen: Von hier führt uns ein Stichpfad nach rechts am Waldrand entlang zum Großen Teufelsloch, einer eindrucksvollen Spalthöhle. Etwas weiter folgt das wild zerklüftete Kleine Teufelsloch.

Wieder auf dem Talweg, erreichen wir bald eine Wegteilung ❺: Ein kurzer Abstecher mit Blaupunkt nach links bringt uns zum imposanten Gänsanger-Felstor (falsche Aufschrift: Teufelsloch) rechts oberhalb des Weges. Wir gehen zur Verzweigung zurück und wandern mit Blaupunkt links durch das malerische Tal mit Felsgruppen und kleinen Höhlen abwärts. Der Weg verläuft kurz parallel zu einer Straße, dann halten wir uns links und erreichen auf geteertem Feldweg den Ortsteil Schnackenwöhr. Danach führen uns Blaupunkt und Rotkreuz über die Hauptstraße und durch eine steile Seitenstraße rechtshaltend ins Zentrum von Krögelstein: Vor uns erhebt sich die einmalige Felskulisse um den riesigen Turm des Alten Fritz.

Vom Kaiserbachtal ins Felsendorf Wir gehen zur Brücke zurück und wandern kurz vor ihr mit Blaupunkt u. a. auf einem Teerweg ins Kaiserbachtal hinein. Bei einer Wegteilung geht es rechts auf geschottertem Fahrweg weiter, doch schon nach 50 m heißt es »Augen auf!«: Hier zweigt links ein Pfad in den Wald ab, führt zunächst am Hang entlang und dann steil empor. Vor uns baut sich der Geierstein mit einer Höhle und einem schönen Felsentor auf.

Zurück auf dem Hauptweg, wandern wir talab an den gewaltigen Überhängen des Dohlensteins und des Kainachtaler Riesenüberhangs vorbei, die sich beide auf steilen Pfaden erkunden lassen, und erreichen nach einer Linkskurve eine Wiesenfläche links des Weges ❻. An ihrem Beginn gehen wir nach links zum Wald hinüber und treffen dort auf einen Weg, der durch ein Seitental bergauf führt. Bei einer Talgabelung halten wir uns links und gelangen auf verwachsenem Forstweg, an überhängenden Felsen entlang, zum Waldrand.

Mein Wandertipp on top

Wer sich für den Zauber der Trockentäler begeistert, sollte auch das etwa 6 km westlich von Krögelstein gelegene Paradiestal besuchen. Von einem Parkplatz im NW von Treunitz führt die Wanderung mit Blauring an zahlreichen imposanten Felsen vorbei bis zur A70 und lässt sich jenseits auf einem Fahrweg ohne Mk. noch ein Stück fortsetzen.

Von hier geht es mit Gelbkreuz u. a. nach links weiter, bei einer Wegteilung rechts mit Rotkreuz hinauf zur Hochfläche, wo sich ein Blick zur Burg Zwernitz auftut ❼. Hier biegen wir scharf links auf einen Feldweg ab, der uns am Waldrand zur Kirche von Krögelstein hinüberführt. Auf geteertem Fußweg wandern wir unterhalb der Kirche vorbei, dann (bei Wegteilungen immer geradeaus) steiler bergab, zuletzt in aussichtsreicher Hangpromenade am bizarr überhängenden Schwedenfelsen und am Löwenfelsen vorbei.

Bei Einmündung in die Hauptstraße gehen wir links abwärts, wechseln rechts über eine Brücke zur anderen Talseite über und folgen der Straße nach links bis zu einer Garage mit Holztor. Hier finden wir den Ww. zur »Etagenhöhle«, der uns nach rechts auf schmalem Pfad den felsigen Hang hinaufführt. Bei einer Wegteilung sollte man links zu einem Aussichtspunkt mit Prachtblick auf den Ort aufsteigen (und noch beliebig an der Felskante weiter).

Zurück an der Verzweigung, erreichen wir linkshaltend bald die malerische Etagenhöhle (nach einer dort bis 1905 hausenden alten Frau auch Dotzahöhle genannt) und wandern dann am Hang weiter. Bei Einmündung in eine Teerstraße geht es ca. 30 m links bergauf, dann zweimal rechts abzweigend auf schmalem Pfad zum Talgrund hinunter. Wir überschreiten den Kaiserbach und kommen nach links über die Zufahrtsstraße schnell zum Parkplatz zurück.

Das Gänsanger-Felstor zählt zu den Glanzpunkten der Krögelsteiner Trockentäler.

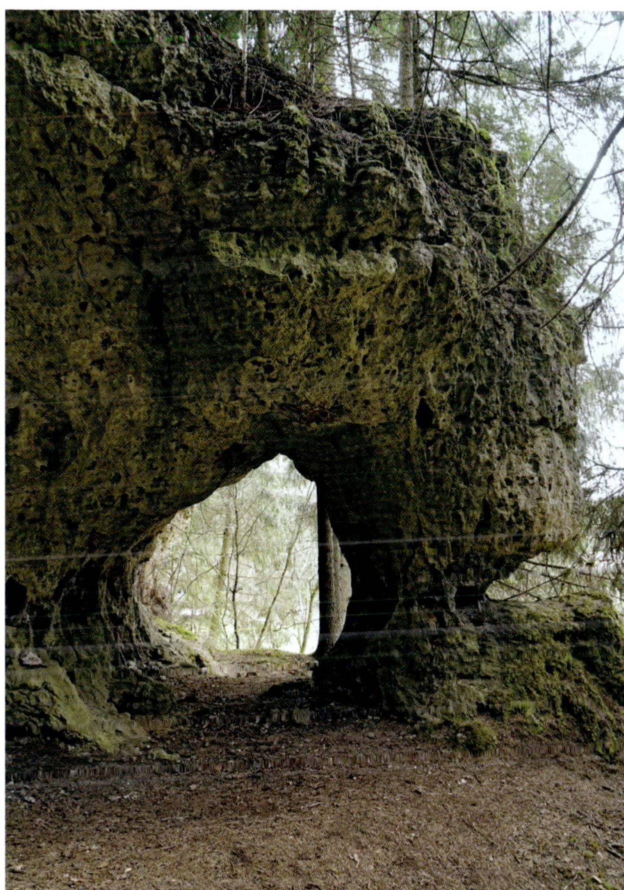

4

Wasserspiele und Weg der Begegnung

Rundtour durch Frankendorfs Felsgebiete

Mittel 10 km 400 Hm 3:30 Std.

Tourencharakter
Abwechslungsreiche Tour durch die Hänge eines Talkessels zu beeindruckenden Felsformationen, Bächen mit spektakulären Kalktuffbildungen und zu meisterlichen Holzskulpturen. Meist gute, überwiegend schmale Wege ohne Mk., die Pfade im Felsbereich erfordern wegen des Gerölls hinreichende Trittsicherheit.

Ausgangs-/Endpunkt
Frankendorf (352 m), Parkplatz am nördlichen Ortsausgang rechts der Straße nach Tiefenhöchstadt (GPS: 49.834575, 11.076694)

Anfahrt mit ÖPNV
Mit öffentlichen Verkehrsmitteln keine nutzbare Verbindung

Höchster Punkt
Aussichtspunkt über dem Klettergarten (510 m)

Gehzeiten
Zum Dragonerspitz 0:45 Std. – Aussichtspunkt (über Weg der Begegnung) 0:40 Std. – Vajoletwinkel 0:40 Std. – Sinterwasserfall 0:35 Std. – Landrichterwände 0:20 Std. – Abstieg 0:30 Std.

Beste Jahreszeit
Ganzjährig reizvoll (außer bei Schneelage), besonders schön schon zur Blütezeit der Märzenbecher, zu der auch die Sinterkaskaden reichlich Wasser führen.

Einkehr
Nur vor und nach der Tour in Frankendorf

Karte
ATK25 E09 Forchheim, Appelt 1:35 000 Innere Fränkische Schweiz

Frankendorf, Kleinod fränkischer Fachwerkskunst, hat nicht nur einen auf drei Seiten von imposanten Felsketten umschlossenen Talkessel zu bieten, sondern auch eindrucksvolle Wasserspiele mit einem 6 m hohen Sinterwasserfall – das Reich des Feuersalamanders.

Unsere Rundtour führt auf vergessenen Pfaden durch die grandiose Felsenwelt der Dragoner-, Annastein- und Landrichterseite und zu den nicht minder beeindruckenden Sinterbildungen. Ein Stück folgt dem »Weg der Begegnung«, der uns auch anspruchsvolle Holzschnitzkunst präsentiert.

Dragonerspitz und Dragonerwände Vom Parkplatz gehen wir ins Ortszentrum zurück bis zur Bus-Hst., biegen dann kurz vor der Kirche rechts ab und steigen auf einem Hohlweg an mehreren Kellern vorbei bergauf. Auf der Anhöhe halten wir uns bei einer Wegteilung (Sitzgruppe) scharf rechts und wandern mit Rotstrich Richtung Hochstall. Über den Bergrücken aufsteigend, gelangen wir bald zu einer Freifläche auf der rechten Seite: Hier zweigen wir rechts auf einen Fahrweg ohne Mk. ab ❶ und wandern auf ihm über die Wiese zum Waldrand hinüber und geradeaus in den Wald hinein (nicht rechts am Waldrand entlang!).
Der Weg führt in einem Rechtsbogen bergauf und dann als breiter Wanderweg durch die felsigen Hänge. Nach einer Kuppe geht es in einen wilden Felsengarten mit imposanten Türmen und Klötzen hinab. Es folgt ein kleiner Gegenanstieg, dann zweigen wir mit einem roten Pfeil links auf einen Pfad ab, der uns steil in den gewaltigen Felskessel unterhalb des Dragonerspitz emporführt. Wer nach links aus dem Kessel noch etwas aufsteigt, gewinnt einen schönen Blick auf die Felsen der anderen Talseite.
Nach der Besichtigung finden wir an der gegenüberliegenden Seite des Kessels eine Gasse, durch die ein steiler Pfad bergab führt. Bereits nach 20 m Abstieg zweigt links ein Trampelpfad ab und führt uns an der langen Felskette der Dragonerseite entlang: Die gewaltigen Wände, Türme und Schluchten gehören zu den eindrucksvollsten Felslandschaften der Alb. Es lohnt, den Pfad bis zu seinem Ende zu gehen, für den Abstieg kehren wir jedoch zu Gedenktafel und Bergwachtschild in der Mitte zurück und finden dort einen Pfad, der uns schräg durch den

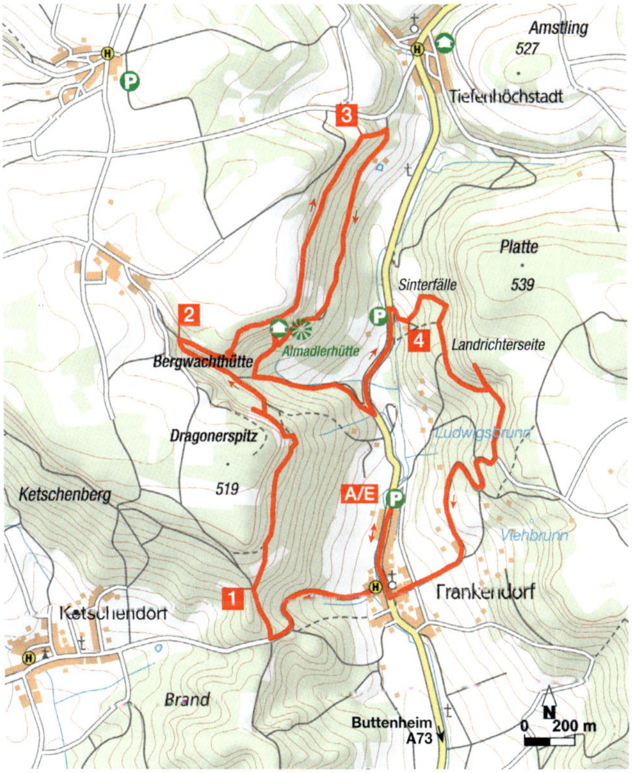

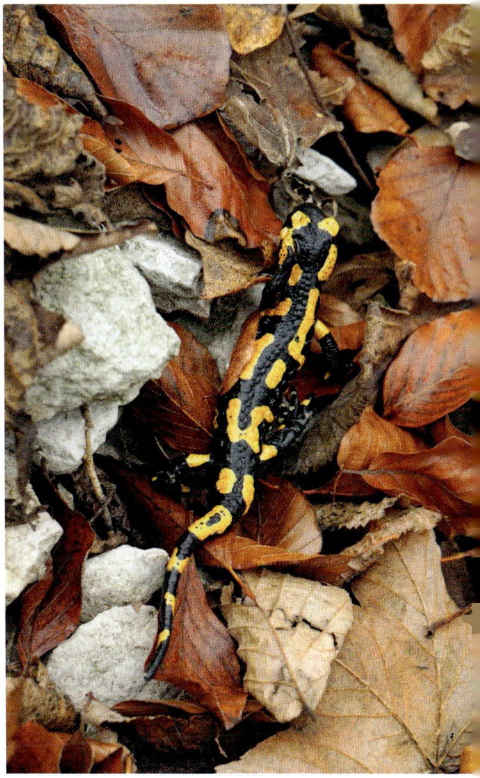

An den klaren Bächen um Frankendorf fühlen sich Feuersalamander wohl.

geröllreichen Hang wieder zum Wanderweg hinunterführt. Linkshaltend erreichen wir bald den Fahrweg im Hochstaller Tal und wandern auf ihm nach links talauf.

Weg der Begegnung und Klettergarten Wir ignorieren alle Abzweigungen und gelangen schließlich zu einem von Felsen flankierten Engpass. Am Massiv links finden wir den Ww. »Weg der Begegnung« ❷ und zweigen mit ihm rechts auf einen Pfad ab, der steil den Hang emporführt. An der oberen Hangkante heißt es »Augen auf!«: Ein hölzerner Ww. mit eingraviertem Kreuz weist uns den Weg. Mit ihm wandern wir auf schmalem Pfad nach rechts (!) durch die Steilflanke leicht bergab und erreichen bald die erste Holzskulptur am Fuß einer Felswand.

Nun geht es eben an einer imposanten bauchigen Wand entlang, dann in einer Linkskehre in eine steile Klamm (mit Handlauf gesichert) hinein und durch sie, an weiteren Skulpturen des Kreuzwegs vorbei, wieder zur Hangkante hinauf, wo uns eine große Kreuzigungsgruppe erwartet (rechts ein kleiner Aussichtspunkt). Mit dem Weg der Begegnung steigen wir von hier noch ein Stück Richtung Hochfläche auf und biegen dann rechts auf einen deutlichen Pfad ohne Mk. ab. Auf ihm wandern wir, bei einer Verzweigung rechtshaltend, immer oberhalb der Felskante entlang. Bald erreichen wir eine Aussichtskanzel (Rastbank) mit Prachtblick über das gesamte Tal und die Dragonerseite.

Weiter geht es auf gutem Weg in leichtem Auf und Ab an der bewaldeten Hangkante nach O. Zuletzt kommen wir auf eine Wiese hinaus, zweigen nach zwei Dritteln der

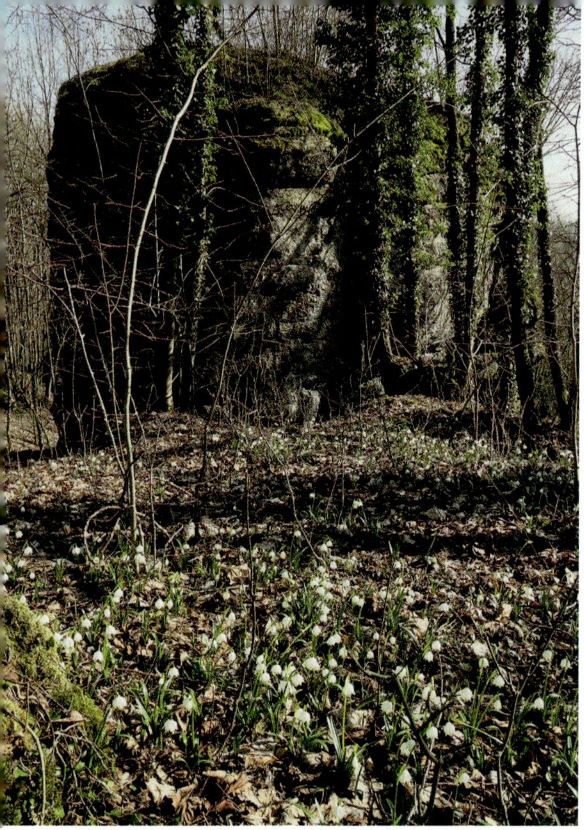

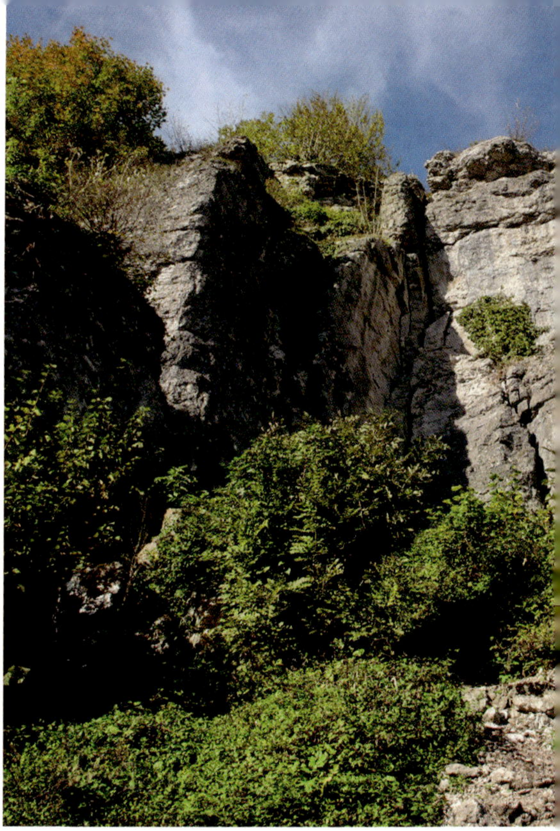

Links: Vor dem Annastein breiten sich Teppiche von Märzenbechern aus.

Mitte: Glanzpunkt des Frankendorfer Klettergartens ist der Vajoletwinkel.

Überquerung rechts in den Wald ab ❸ und steigen auf steilem Pfad bergab. Wo er in einen Fahrweg mündet, biegen wir scharf rechts auf diesen ein und wandern längere Zeit fast eben durch den Hang. Zuletzt wird der Weg schmaler und führt in ein wildes Bergsturzgelände empor.

Bald rückt oberhalb die Felskette des Klettergartens, direkt am Weg der imposante Klotz des Annasteins ins Blickfeld, den man auf gutem Pfad umrunden kann. Kurz danach passieren wir die private Almadlerhütte und kommen zu einem großen Felsklotz auf der rechten Seite. Unmittelbar nach ihm zweigt rechts ein Pfad ab, der einen lohnenden Abstecher zum eindrucksvollsten Teil des Klettergartens erlaubt: Er führt steil bergauf, dann nach links über einen Blockkamm, zuletzt über steile Geröllfelder. Dann stehen wir vor dem Vajoletwinkel mit seiner berühmten Verschneidung und mehreren Türmen.

Zu den Sinterfällen Zur Abzweigung zurückgekehrt, folgen wir weiter dem Fahrweg, der nach rechts den Hang quert (kürzer, aber weniger reizvoll ist der Abstieg über einen verwachsenen Pfad, der beim genannten Klotz links hinabführt). Bald zweigt links ein Pfad ab und führt über das (im Sommer trockene) Bachbett zum Fahrweg auf der anderen Talseite. Auf ihm steigen wir nach links, mit schönen Blicken in den wilden Bachgraben, bis zur Talstraße ab. Hier halten wir uns links und wandern auf ihr bis zu einem Parkplatz auf der linken Seite hinauf.

Genau gegenüber der oberen Einfahrt zweigt scharf rechts ein Fahrweg ab und leitet uns zu einem Bach hinüber, der schon die typischen Sinterstufen zeigt. Wir biegen aber schon vor dem Bach links ab ❹ und steigen auf begrüntem Fahrweg bergan.

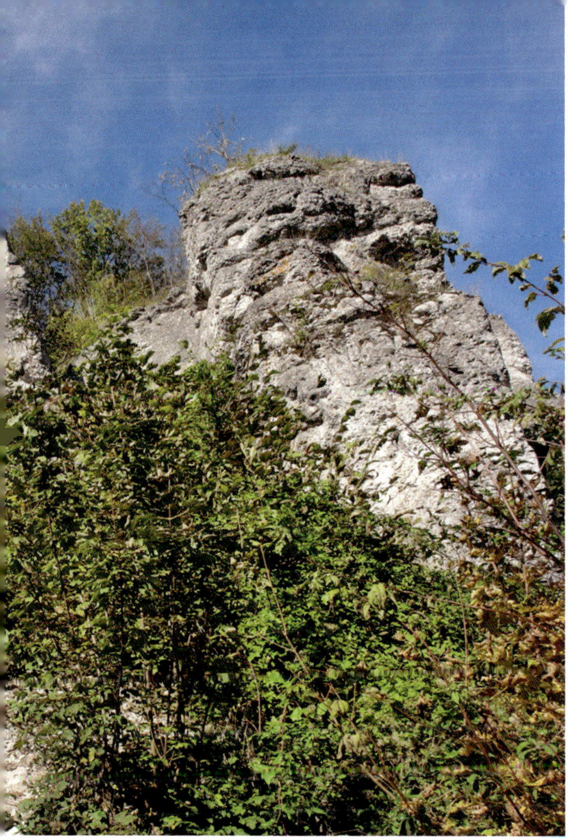

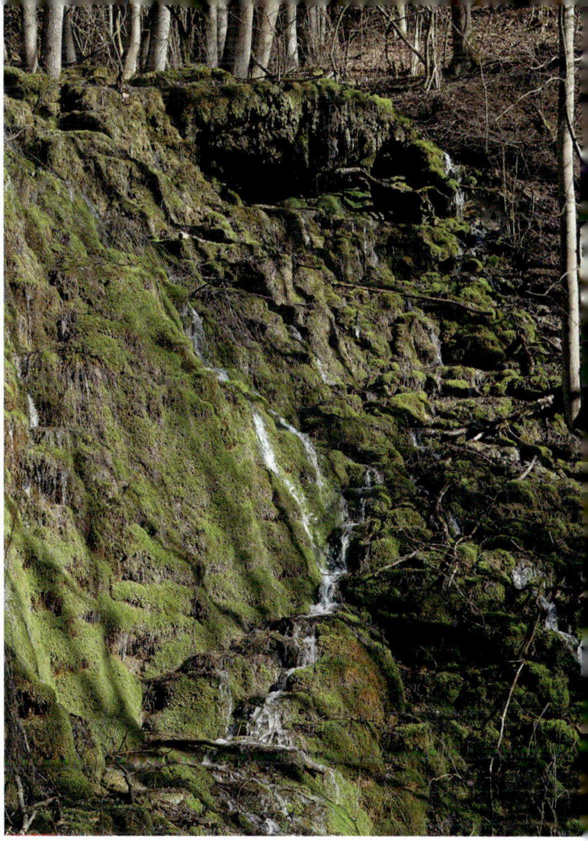

Die 6 m hohe Sinterwand mit ihren Wasserfällen ist ein einmaliges Naturwunder.

Am oberen Rand der Wiese führen Stichpfade rechts zum Bach hinüber und wir stehen vor einem seltenen Naturwunder: Über eine 6 m hohe und 20 m breite bemooste Wand aus Kalktuff mit Überhängen und Spalten stürzen – v. a. im Frühjahr – viele kleine Kaskaden herab; unterhalb sammelt sich das Wasser in großen Sinterbecken.

Über die Landrichterseite zurück Der Fahrweg führt nun steil im Wald empor, durchquert in einem Rechtsbogen das malerische Quellgebiet mit zahlreichen Sinterstufen und leitet uns dann fast eben durch den Hang. Zuletzt geht es stärker bergan; linker Hand wird die Felskette der Landrichterseite sichtbar, die einen Abstecher lohnt. Dazu steigen wir weglos zu ihrem Fuß auf, dann links an ihr entlang und durch eine steile Rinne in einen zerklüfteten Felskessel empor.

Wieder auf dem Fahrweg, folgt noch ein steiler Anstieg zu einer Kuppe, dann geht es leicht abwärts bis zur Einmundung in einen geteerten Weg. Wir biegen nach rechts auf ihn ein und wandern mit Blaustrich über viele Kehren hinab ins Ortszentrum von Frankendorf und rechtshaltend hinaus zum Parkplatz.

Das Phänomen der Sinterstufen

Die Entstehung von Stufen und Wasserfällen aus Sinter oder exakter aus Kalktuff erfolgt nach ähnlichen Prinzipien wie jene von Tropfsteinen: Das kalkgesättigte Wasser vieler Quellbäche verliert bei der Verwirbelung Kohlendioxid und scheidet so Kalk aus, der durch Algen und Moose festgehalten wird. Letztere verleihen dem Kalktuff (im Unterschied zu Tropfsteinen) eine typische poröse Struktur. Besonders schöne Kalktuffbildungen findet man neben unseren Touren 1, 19 und 20 im (bisweilen überlaufenen) Lillachtal bei Weißenohe, an der Wedenbachklamm über Streitberg (s. Tour 10) und direkt westlich des Gräfenberger Bahnhofs.

5

Idyllische Täler und wilde Schluchten

Werntal, Kühstein und Felsental

Leicht 16 km 440 Hm 4:45 Std.

Tourencharakter
Wanderung zu großartigen Aussichtspunkten, einer faszinierenden Durchgangshöhle und durch nahezu unberührte Täler ganz unterschiedlichen Charakters. Durchgehend gute, teilweise unmarkierte Wege mit nur wenigen steileren Anstiegen.

Ausgangs-/Endpunkt
Veilbronn, großer Wanderparkplatz rechts der südlichen Zufahrtsstraße (332 m) (GPS: 49.839795, 11.196540), hierher von der Bus-Hst. Abzweigung Veilbronn der Linie 221 in wenigen Minuten an der Straße entlang

Anfahrt mit ÖPNV
Mo–Fr gute Busverbindung vom Bahnhof Ebermannstadt mit Linie 221 (nach Heiligenstadt; alle 1–2 Std.), Sa eingeschränkt, Sa/So vom 1.5.–1.11. Verbindungen mit Linie 230, sonst So kein Angebot

Höchster Punkt
Pavillon bei Heiligenstadt (480 m)

Gehzeiten
Zum Pavillon (Heiligenstadt) 0:55 Std. – Siegritzer Brunnen (Werntal) 0:45 Std. – Kühstein 0:35 Std. – Naturfreundehaus 0:40 Std. – Felsental 0:40 Std. – Leidingshofer Tal 0:20 Std. – Pavillon 0:30 Std. – Abstieg 0:20 Std.

Beste Jahreszeit
Ganzjährig reizvoll, zauberhaft die Blüte der Wiesen im frühen Sommer und die Herbstfarben; im Sommer lässt man den Besuch des Felsentals besser aus (Bärenklau).

Einkehr
Naturfreundehaus Veilbronn, Tel. 09198/234

Karte
ATK25 E10 Ebermannstadt

Viele kennen das wald- und wiesenreiche Werntal und die schroffe Schlucht des Leidingshofer Tals. Andere Kostbarkeiten verbergen sich abseits der markierten Pfade, wie der wildschöne Frauengrund, die malerische Durchgangshöhle am Kühstein oder das Felsental.

Unsere Rundtour führt von den aussichtsreichen Hängen über dem Leinleitertal durch das Werntal zu den genannten Naturdenkmälern und auf einem begeisternden Rundweg durch das Leidingshofer Tal zurück.

Zum Pavillon über Heiligenstadt Vom Parkplatz (Prachtblick zu den Totensteinen gegenüber) gehen wir nach rechts ins Dorfzentrum und wandern mit Rot-Senkrecht und Frankenweg nach N. An der massigen Fürther Wand vorbei, erreichen wir das Ortsende mit der idyllisch gelegenen Schulmühle. Wir folgen der Straße 80 m nach links und biegen dann halb rechts mit beiden Markierungen auf einen Fahrweg ein, der uns mit prachtvollem Rückblick auf Veilbronn zum Wald emporführt. Nach steilem Aufstieg durch den Wald halten wir uns links und kommen bald auf eine Wiese mit schöner Aussicht hinaus. Die Route verläuft kurz auf schmaler Teerstraße sanft abwärts, dann auf einem rechts abzweigen-

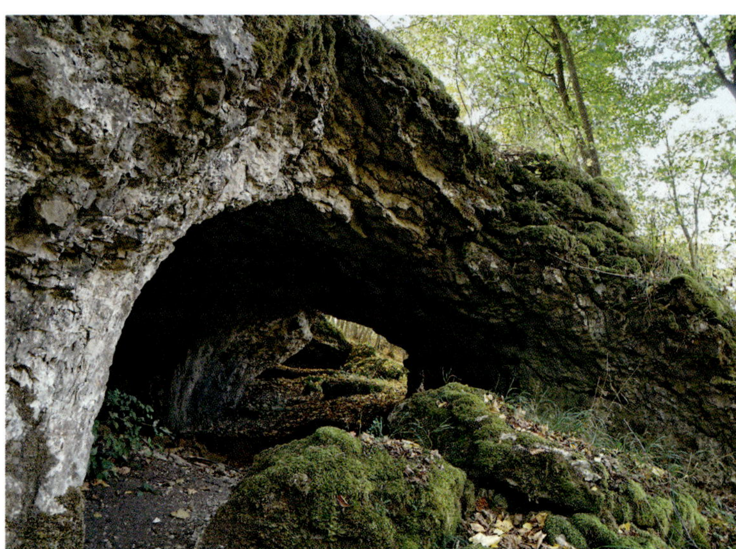

den Fahrweg durch den Hang. Nach stärkerem Anstieg durch dichten Wald folgt die entscheidende Wegteilung (Bank) ❶: Wir wechseln zur Mk. Gelbring über, gehen mit ihr noch 50 m auf dem Fahrweg geradeaus weiter und biegen dann rechts auf einen Pfad ab, der uns zügig bergauf bringt. Bald baut sich ein schroffer Felsgrat imposant vor uns auf. Der Pfad führt direkt an den Felsen vorbei und danach im Rechtsbogen hinauf zu einem Pavillon mit Prachtblick über Heiligenstadt ins obere Leinleitertal.

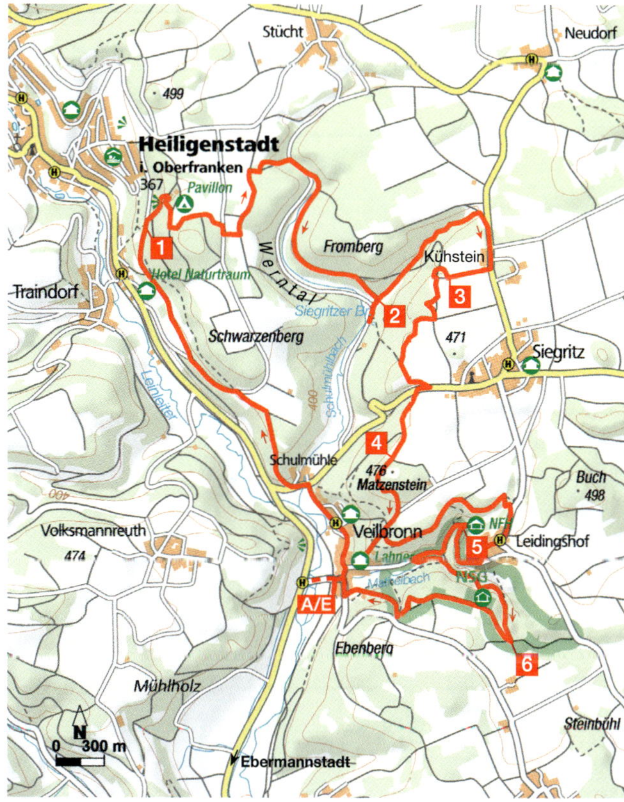

Über das Werntal zum Frauengrund Wenige Meter bergwärts treffen wir auf die Mk. Blauschrägstrich, die uns bis ins Werntal leiten wird. Mit ihr geht es zum Waldrand hinüber und erst rechts, dann links an ihm entlang. Nun gehen wir kurz auf einem Schotterweg nach rechts und wechseln dann zweimal links abbiegend zum gegenüberliegenden Waldrand über, dem wir nach N folgen. Schließlich leitet uns die Mk. scharf rechts in den Wald hinein – den hier angebrachten Umleitungshinweis kann man getrost ignorieren: Ein Forstweg, dann ein links abzweigender Wanderpfad führen uns problemlos ins Werntal hinunter.

Linke Seite: Abseits markierter Wege verbirgt sich die Durchgangshöhle am Kühstein.

Dort biegen wir rechts auf den breiten Talweg ein, der bald zur anderen Talseite überwechselt; im felsigen Graben unter uns lag früher die Werntalquelle, die sich heute weiter talabwärts befindet. Nach längerer Wanderung durch den bewaldeten Hang geht es zum Talgrund und zur entscheidenden Wegteilung ❷ hinab. Bevor wir hier die Mk. verlassen, empfiehlt es sich, mit Blauschrägstrich noch ein Stück talab bis zur glasklaren Quelle des Siegritzer Brunnens am Rand idyllischer Wiesen zu gehen.

Zur Verzweigung zurückgekehrt, folgen wir dem Ww. nach Siegritz, Neudorf und Aufseß Richtung NO: Auf begrüntem Fahrweg geht es durch ein Waldtal bergauf, dann linkshaltend auf bald schmalerem Pfad an der Flanke entlang. Schließlich wandelt sich das Tal in einen tiefen Felsgraben, der in einem imposanten dreistufigen Felskessel endet. Man kann sich vorstellen, wie über ihn einst Wasserfälle herabstürzten. Oberhalb führt uns

Mein Wandertipp on top

Das Leinleitertal ist für seine Tummler berühmt. Auch im Werntal liegen versteckt einige dieser nur nach der Schneeschmelze oder starkem Regen aktiven Hungerbrunnen. Der berühmteste ist jedoch der Große Tummler im Trockental oberhalb der heutigen Leinleiterquelle. Vom Parkplatz 500 m nördlich von Oberleinleiter führt eine ebenso schöne wie beliebte Rundtour (Grünring) über die Heroldsmühle zu ihm und über den Heroldsstein zurück.

wieder ein breiter Weg durch den romantischen Frauengrund im Rechtsbogen auf die Hochfläche hinauf und mündet in die Straße nach Siegritz, an der wir ein Stück entlanggehen.

Über den Kühstein zum Naturfreundehaus Wir passieren ein Gehöft mit mehreren Gebäuden und biegen nach ihm rechts in einen Fahrweg ein, der an einem hellblauen Haus vorbei zum Wald hinüberführt. Etwa 12 m nach Erreichen des Waldrands zweigt nach rechts ein Fahrweg ab ❸: Er führt uns leicht fallend in den Wald hinein und geht dann in einen Pfad über.

Bald stehen wir vor der Kühsteinhöhle, einer malerisch zerklüfteten Durchgangshöhle. Nach ihrer Durchquerung bringt uns ein Pfad über das Dach einer flachen zweiten Höhle wieder zum Waldrand empor. Nun geht es nach rechts auf breitem Weg stets am Waldrand entlang. Bei Einmündung in einen Schotterweg biegen wir rechts ab und folgen jetzt der Mk. des Stefan-Lößlein-Wegs (N mit Pfeil). Sie leitet uns, an der nächsten Verzweigung nach rechts, am Wald abwärts, dann immer am Waldrand entlang, quert die Straße nach Siegritz und findet rechts gegenüber ihre Fortsetzung.

Steile Felswände umschließen das schluchtartige Leidingshofer Tal.

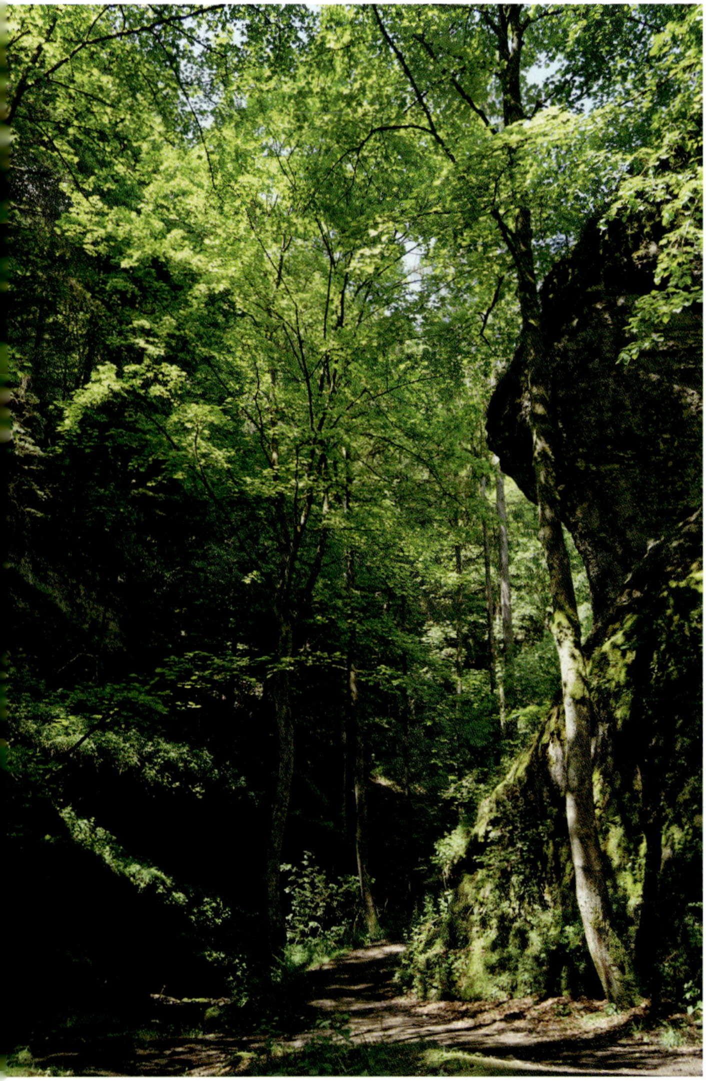

Wieder dem Waldrand folgend, passieren wir einen bizarren Felsen und erreichen nach stärkerem Anstieg eine Wegbiegung ❹, wo ein Ww. an einem Betonpfahl scharf nach links weist. Hier zweigen wir rechts auf einen Forstweg ohne Mk. ab. Bei einer Wegteilung halten wir uns links und gehen auf dem Fahrweg, dann auf deutlichem Pfad stets auf gleicher Höhe durch den Wald, zuletzt wieder auf breitem Weg, bei einer Gabelung rechtshaltend, zum Parkplatz beim Kletterwald hinunter. Von hier führt uns ein Schotterweg rechts zum Naturfreundehaus hinab: prachtvoll der Blick ins Tal und auf die Totensteine.

Felsental und Leidingshofer Tal Wir gehen auf gleichem Weg in den Kletterwald zurück und biegen nach einer Bank beim Ww. Richtung Leidingshof(er Tal) rechts auf einen Wanderweg ab, der bald die obere Kante des Tales erreicht und dann, sporadisch mit der

Mk. des Lößlein-Wegs versehen, immer an ihr entlangführt. Bei der Gabelung nach einer Senke halten wir uns rechts und kommen zu einer Scheune am Waldrand, wo der Weg scharf nach rechts in den Schafgassengraben hinabführt.

Im Grund gehen wir kurz nach links, dann rechts empor zur Hochfläche und rechtshaltend auf der Straße nach Leidingshof hinein. Wir wandern geradeaus durch den Ort abwärts und biegen bei einer Holzscheune rechts in die gesperrte Teerstraße nach Veilbronn ein, auf der es mit 15 Prozent Gefälle bergab geht. Bei einer Haarnadelkehre 5 heißt es aufgepasst: Ein (im Sommer verwachsener) Pfad führt uns von hier rechts empor und im Rechtsbogen in das Naturdenkmal Felsental hinein, das als gewundener Canyon mit malerischen Auswaschungen einzigartig in der Frankenalb ist.

Auf dem Teerweg geht es weiter abwärts an einer imposanten Felsreihe entlang bis zu einer Abzweigung. Hier biegen wir mit Gelbwimpel u. a. scharf nach links und erreichen, am Kriegerdenkmal vorbei, die von einem klaren Bach durchflossene bizarre Felsschlucht des Leidingshofer Tals, an deren Ende wir auf das Technikdenkmal des Hydraulischen Widders treffen. Es folgen eine idyllische Wiese zu Füßen einer mächtigen Felswand, die Mathelbachquelle rechts des Weges und eine romantische Schlucht (rechts oben ein kleines Felsentor).

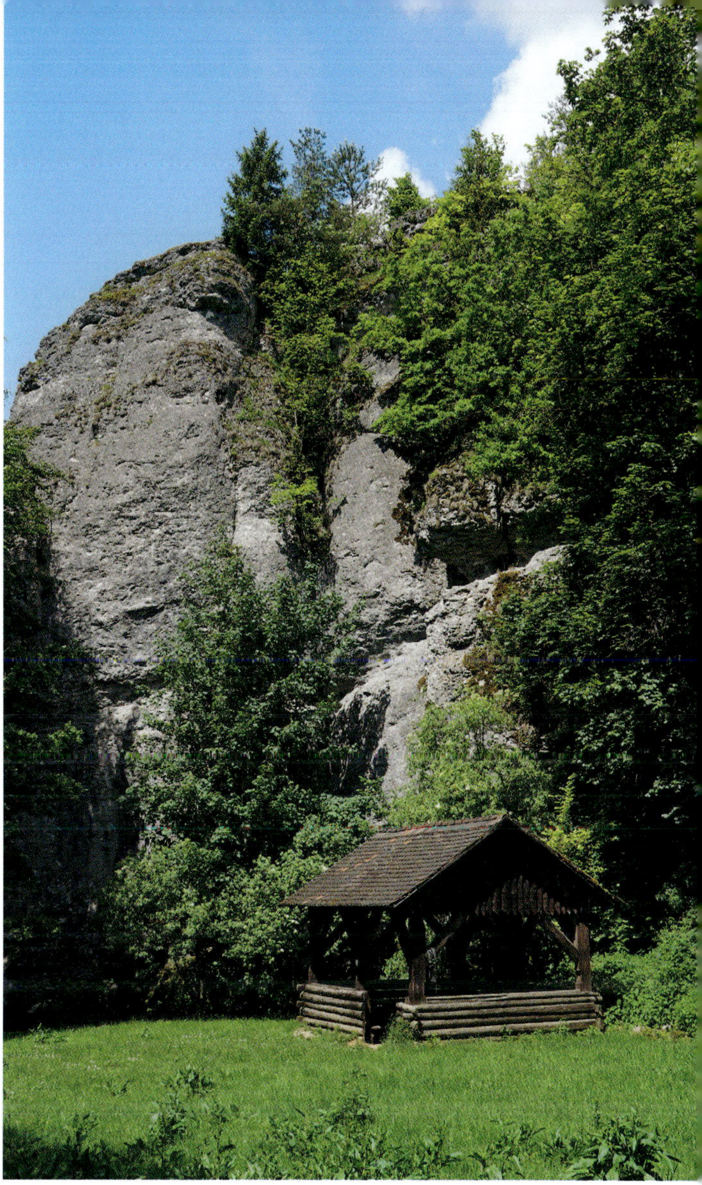

Unterhalb der Leidingshofer Wand lädt eine idyllische Wiese zur Rast ein.

Auf einer Wiese trennen sich die Wege: Wir steigen nach rechts mit Frankenweg, Rotring u. a. an bizarren Felsen vorbei zur Hochfläche auf. Dort biegen wir mit diesen Markierungen zweimal rechts ab 6 und wandern auf schmalem Pfad am Waldrand entlang, dann in den Wald hinein. Kurz danach führt ein Stichweg rechts zum Pavillon hinüber: malerisch der Blick auf Totensteine und Leinleitertal. Gleich beim Pavillon rechtshaltend kehren wir zum Hauptweg zurück und erreichen eine Verzweigung: Von hier geht es mit Rotring nach rechts durch ein felsiges Tälchen zügig bergab. Bald verlassen wir den Wald und gelangen mit Prachtblick über das Tal auf breiterem Weg in den südlichen Ortsteil von Veilbronn und dann rechts ins Zentrum und links zum Parkplatz zurück.

6

Stille Täler, einsame Höhlen

Steingraben, Fuchslöcher und Polsterhöhle

Mittel | 12 km | 210 Hm | 3:45 Std.

Tourencharakter
Großteils leichte Wanderung durch malerische Täler und zu spektakulären Höhlen. Meist auf guten Wegen mit geringen Höhenunterschieden, nur die Auf- und Abstiege bei Pulverloch und Polsterhöhle erfordern Trittsicherheit.

Ausgangs-/Endpunkt
Wüstenstein, Wanderparkplatz im Aufseßtal (372 m) links der Straße nach Siegritzberg (GPS: 49.851815, 11.255555); dort auch Hst. Wüstenstein, Tal der Linie 231

Anfahrt mit ÖPNV
In den Schulferien Mo–Fr brauchbare, aber frühe Busverbindung vom Bhf. Ebermannstadt mit Linie 231, Sa ganzjährig frühe Hinfahrt, Rückfahrt mit Anrufsammeltaxi (Vortag, 09191/86 25 11), vom 1.5.–1.11. Sa/So gut nutzbare Verbindung mit Linie 399.2

Höchster Punkt
Bühl (465 m) zw. Wegpunkt 2 u. 3

Gehzeiten
Zum Glockenfels 0:20 Std. – Krämerslöcher 0:45 Std. – Fuchslöcher 1:15 Std. – Lindenbrunnenhöhle 0:30 Std. – Polsterhöhle 0:25 Std. – Rückweg 0:30 Std. (nicht eingerechnet: Besichtigung der Höhlen)

Beste Jahreszeit
April oder Oktober, zauberhaft schon im März zur Märzenbecherblüte, dann aber noch Fledermausschutz in den Höhlen. Zugänge zu Pulverloch und Polsterhöhle im Sommer oft verwachsen.

Einkehr
Gh. Schoberth, Wüstenstein 25, Tel. 09196/402

Karte
ATK25 E10 Ebermannstadt

Lange, stille Seitentäler machen den Reiz der Landschaft um die mittlere Aufseß aus, und auch das Haupttal ist in großen Teilen autofrei geblieben. Abseits der markierten Wege verstecken sich imposante Höhlen, einzigartig der gewaltige verzweigte Felstunnel der Fuchslöcher.

Unsere Tour führt von den Aussichtspunkten um den Glockenfels durch den Steingraben zur Hochfläche, dann durch das felsenreiche Hochstahler Tal zur Aufseß und durch das Haupttal zurück. Auf Stichpfaden und Steigen besuchen wir acht beeindruckende Höhlen.

Zum Glockenfels Vom Parkplatz folgen wir zunächst dem breiten Talweg (MD-Weg u. a.) Richtung Draisendorf, biegen aber schon nach 100 m rechts ab und steigen mit der Mk. Schwarzring steil empor. Bei einer Verzweigung folgen wir dem Ww. »Aussichtsfels Bergla Stub'n« nach rechts und gelangen durch einen malerischen Felsdurchgang zu einer Kuppe mit Prachtblick auf Wüstenstein und ins untere Aufseßtal. Vom Aussichtspunkt führt der Weg nach rechts weiter und mündet bald, die Runde vollendend, in den Schwarzring-Weg, auf dem wir weiter aufsteigen. Bald führt uns ein kurzer Stichweg nach links zum Gipfel des Glockenfels hinauf: begeisternd der Tiefblick ins Tal.

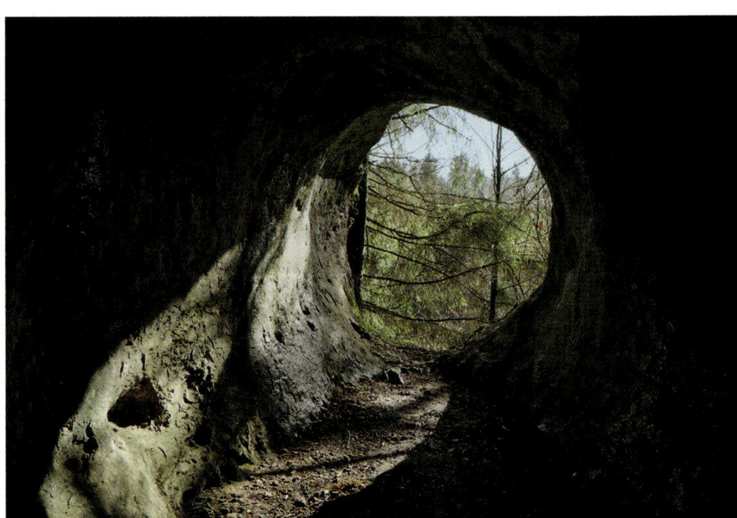

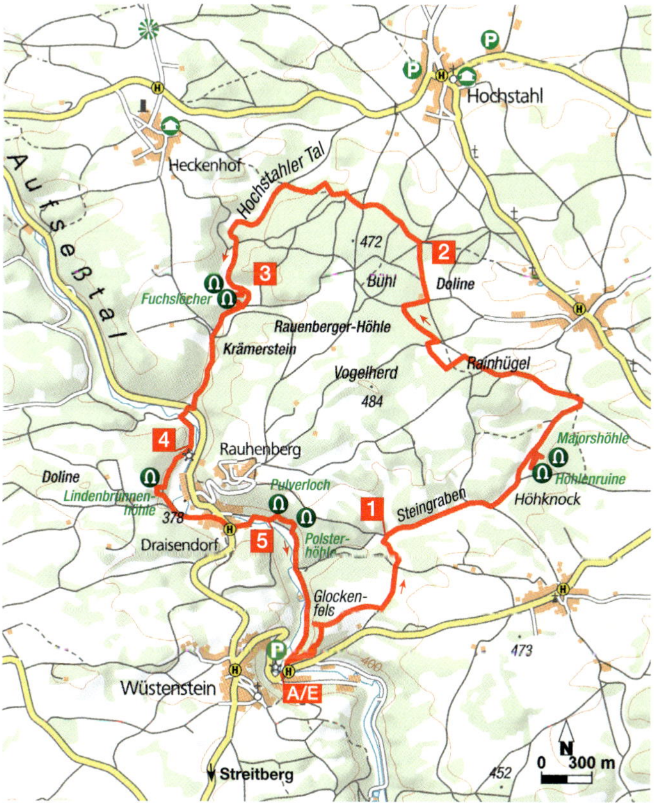

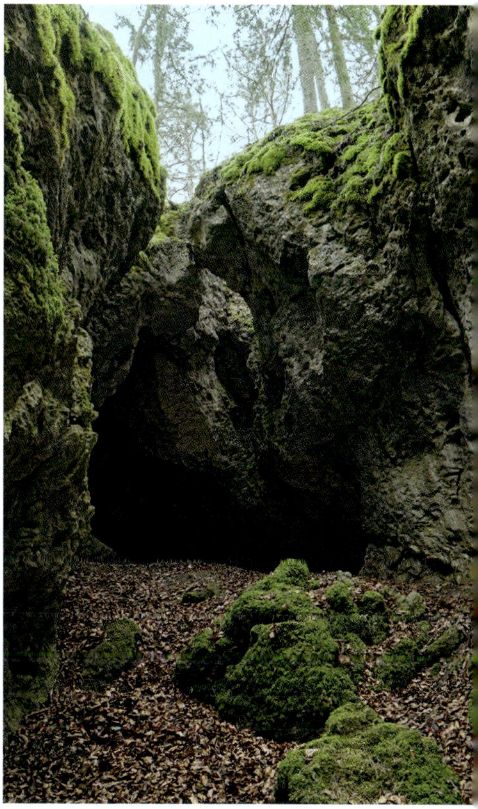

Durch eine wilde Klamm erreichen wir das gewaltige Portal der Fuchslöcher.

Zu den Krämerslöchern Zurück auf dem Hauptweg, wandern wir mit der Mk. Schwarzring nach links über die Hochfläche zum gegenüberliegenden Wald, dann links abbiegend in die Senke des Steingrabens. Wir folgen dem Schwarzring noch bis zu einer Wegteilung ❶: Hier biegen wir nach rechts mit Gelbpunkt Richtung Breitenlesau ab. Es folgt ein gemütlicher Aufstieg durch das weite Tal; nach 1,2 km führt uns ein Ww. nach rechts über ein Feld zu den Krämerslöchern hinauf. Sehenswert die etwa 30 m tiefe Majorshöhle, lohnend auch ein Abstecher nach rechts durch ein Felsentor zu einer Höhlenruine mit großem Überhang und Spalthöhle.

Ins Hochstahler Tal Wir steigen nun mit Gelbpunkt weiter bergan und biegen am Talende links auf einen Fahrweg Richtung Hochstahl ein. Es ist, wie bald deutlich wird, der Brauereienweg. Immer den Wegweisern folgend, wandern wir zuerst am Waldrand entlang, dann im Rechtsbogen um eine Waldwiese herum, zuletzt nach links in den Wald hinein.
Bei einer weiteren Abzweigung am Waldrand (hier links) tritt die Mk. des IFS-Wegs (rot/weiß diagonal geteilt) hinzu. Mit ihr biegen wir bei der nächsten Gabelung im Wald ❷ links ab (der Brauereienweg verlässt uns) und gelangen zuletzt scharf linkshaltend ins Hochstahler Tal hinab. Dort schwenken wir links auf den anfangs breiten Talweg ein. Bei einer Verzweigung wandern wir mit der Mk. Gelbring geradeaus weiter und kommen bald in einen malerischen Talabschnitt, links von einer Halbhöhle und einem Felsturm flankiert.

Linke Seite: Der Haupttunnel der Fuchslöcher endet in einem kreisrunden Felsenloch.

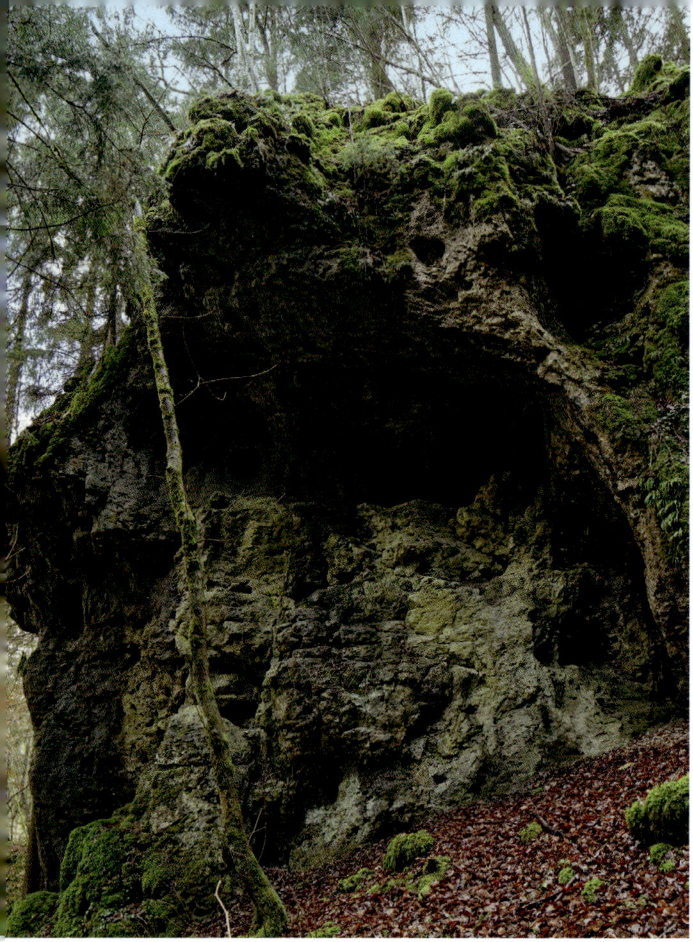

Naturwunder Fuchslöcher Am Südende einer Wiese sehen wir einen Metallstab mit drei Wegweisern. Genau 10 m weiter zweigt rechts ein unscheinbarer Pfad in den Wald ab ❸ – nichts deutet an, dass er zu einem der bedeutendsten Naturdenkmäler der Alb führt. Nach wenigen Metern leitet links ein Stichpfad zu einer zerklüfteten Halbhöhle hinauf – nur ein kleiner Vorgeschmack auf das Kommende.

Das Hauptmassiv der Fuchslöcher erreichen wir auf dem vom Zustieg her betrachtet rechten Weg: Er führt uns durch eine Schlucht steil zur 40 m langen Durchgangshöhle von imposanten Dimensionen hinauf. Gegenüber sieht man den kreisrunden Ausgang auf der anderen Seite, zu dem man problemlos vordringen kann.

Doch damit nicht genug: Etwa 10 m vom Eingang entfernt zweigt scharf rechts ein zunächst nur gebückt begehbarer Gang ab, der zu einem gewaltigen Felsenfenster mitten in der Wand führt.

Zu diesem riesigen Felsenfenster führt der Nebengang der Fuchslöcher.

Als Durchgangshöhle mit Abzweigung sind die Fuchslöcher somit wohl nicht nur in der Alb einzigartig. Beim Abstieg sollte man daher noch nach links um das Massiv herumgehen: Das große Fenster bietet auch von unten einen imposanten Anblick.

Zur Lindenbrunnenhöhle Zum markierten Weg zurückgekehrt, wandern wir weiter talab und erreichen bald einen gepflasterten Fahrweg; 10 m weiter kann man nach rechts auf steilem Pfad, zuletzt über Felsen zu einer sehenswerten Höhle am Osthang des Massivs aufsteigen. Danach gelangen wir mit Gelbring durch das malerische Hochstahler Tal, zuletzt an den Türmen des Krämersteins vorbei hinab ins Aufseßtal.

Beim Wanderparkplatz gehen wir mit der Mk. Schwarzring kurz rechts an der Straße entlang und dann links zur anderen Talseite hinüber. Nach der Brücke scharf linkshaltend, wandern wir mit MD-Weg u. a. auf breitem Weg Richtung Draisendorf, bis rechts eine zerklüftete, teilweise freigestellte Felsreihe sichtbar wird. Wir gehen am Eckpfeiler des Massivs noch vorbei und steigen dann durch eine Rinne ❹ steil nach rechts den Hang hinauf; vor uns öffnet sich eine tiefe, fantastisch zerklüftete klammartige Felsspalte.

Von hier steigen wir bis zur halben Hanghöhe ab und treffen dort auf Pfadspuren, die nach rechts zunächst auf gleicher Höhe am Hang entlang, dann steil zu einem Sattel hinaufführen. Hier treffen wir auf einen breiteren Weg, auf dem wir bald das gewaltige Portal der Lindenbrunnenhöhle erreichen. Durch die imposante Durchgangshöhle steigen wir zu ihrem oberen Ausgang hinauf. Danach queren wir den anschließenden Graben, wandern zwischen einem Felskegel und einem Block hindurch und weglos in einen Felskessel hinunter: Vor uns öffnet sich das Kuhloch, eine malerisch zerklüftete kleine Höhle.

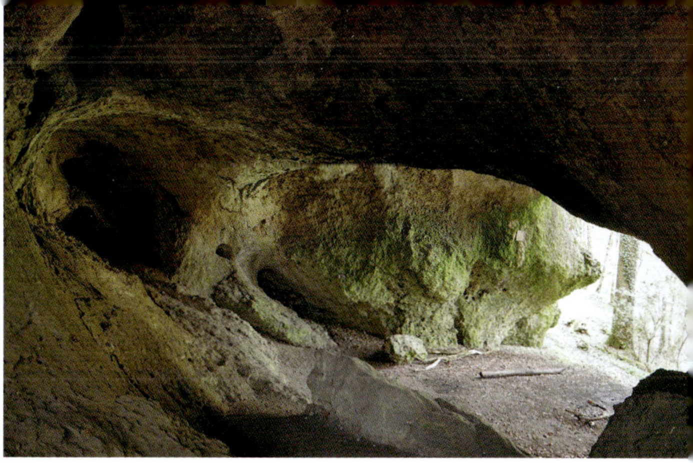

Die Lindenbrunnenhöhle beeindruckt mit ihrer gewaltigen Felsenhalle.

Von hier gehen wir in Kehren zu einem Wanderweg hinab, folgen diesem kurz nach links und biegen dann scharf rechts auf einen abwärts führenden Pfad ein. Bald vereinigt sich dieser mit der markierten Route und mündet in einen gepflasterten Fahrweg, auf dem wir linkshaltend Draisendorf erreichen.

Über Pulverloch und Polsterhöhle zurück Wir durchwandern das Dorf, biegen an seinem Südende mit allen Markierungen nach links und überschreiten die Aufseß. 150 m nach der Brücke heißt es aufgepasst: Genau gegenüber einem eisernen Wehr, an dem sich der Bach teilt, führt nach links ein schmaler Pfad in den Wald hinein 5. Auf ihm steigen wir zuerst in Kehren, dann sehr steil schräg rechts durch den Hang zum Pulverloch auf. Die Höhle besticht durch ihre vielfältige Raumstruktur und leichte Versinterung.

Das Aufseßtal bietet vielerorts noch Naturidylle ohne Verkehr.

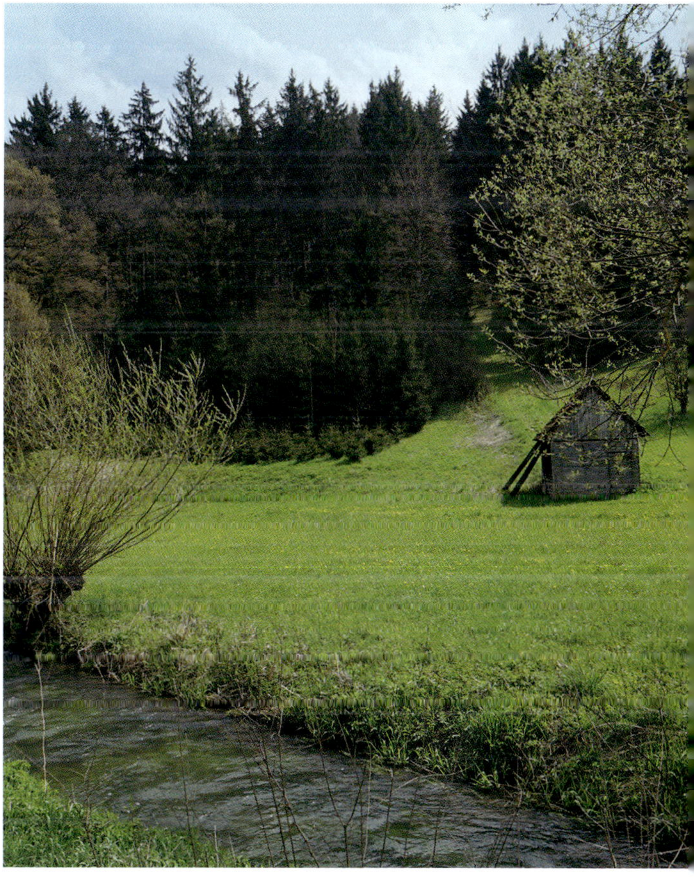

Vom Eingang wandern wir weglos und steil ein Stück leicht linkshaltend hinab und treffen dort auf einen Pfad, der uns nach links zuerst eben, dann leicht steigend durch den Hang führt. Nach etwa 150 m stehen wir vor dem breiten Maul der Polsterhöhle. Die tiefe, aber weitgehend sinterlose Höhle beeindruckt durch ihre Dimensionen und die wild verteilten Versturzblöcke.

Vom (bei Talblick) rechten Ende des Höhlentors steigen wir durch eine steile Rinne wieder ins Tal ab. Von hier gelangen wir nach links auf romantischem Pfad, dann auf einem Fahrweg durch das malerische Tal, zuletzt mit schönem Blick auf den Glockenfels zum Parkplatz zurück.

7

Flussromantik und Gipfelglück

Vom Lochautal über den Plankenstein zur Wiesent

Leicht 13 km 240 Hm 4 Std.

Tourencharakter
Einfache Tal- und Höhenwanderung in wildschöne Täler, zu imposanten Felsgruppen und zu einem Aussichtspunkt mit eindrucksvollem Panorama. Meist auf guten, flachen oder nur mäßig steilen Wegen.

Ausgangs-/Endpunkt
Plankenfels, östlicher Ortsrand (365 m); Wanderparkplatz am Eingang zum Lochautal beim Viadukt gegenüber dem ehem. Gasthof Schwarzer Ritter (GPS: 49.887100, 11.341117), dort auch die Bus-Hst. »Plankenfels GH Schwarzer Ritter«

Anfahrt mit ÖPNV
Mo–Fr brauchbare Busverbindung ab Bayreuth Hbf. mit Linie 376 Bayreuth–Hollfeld (alle 1–3 Std.), Sa Nachmittag eingeschränktes Angebot, So nur Anruflinientaxi (0921/20208, Anmeldung 60 Min. zuvor) oder sehr späte Verbindung

Höchster Punkt
Plankenstein-Gipfel (481 m)

Gehzeiten
Bis Meuschlitz 1:15 Std. – Plankenstein (mit Abstecher zum Felsentor) 0:40 Std. – Eichenmühle 0:35 Std. – Wadendorf 1 Std. – Parkplatz 0:30 Std.

Beste Jahreszeit
Ganzjährig reizvoll, besonders schön im April/Mai und im Herbst. In den Sommermonaten oder bei Überflutung des Pfads ist für den Abschnitt zwischen Wegpunkt 5 und 6 u. U. die Variante vorzuziehen.

Einkehr
Gasthof Goldenes Lamm (Fam. Schreyer), Tel. 09204/257

Karte
ATK25 D10 Hollfeld

Bei Plankenfels findet man noch fast unverfälscht, was einst das Bild der romantischen Fränkischen Schweiz prägte: einen Abschnitt des Wiesenttals, überragt von einer Burg und schroffen Felsen, und nirgends eine Straße, nirgends Autolärm.

Unsere Tour kombiniert diese großartige Naturlandschaft mit dem ganz andersartigen, aber ebenso eindrucksvollen Lochautal und dem Plankenstein, der nicht nur mit einem Panoramablick über die nördliche Frankenalb, sondern auch mit einmaligen Felsszenerien abseits der markierten Wege aufwartet.

Durchs Lochautal nach Meuschlitz Vom Parkplatz unterqueren wir den Viadukt der stillgelegten Bahnlinie Bayreuth–Hollfeld und biegen kurz nach ihm links mit Gelbring und Blau-Senkrecht ins Lochautal ein. Bald kommen wir zu einem Schotterweg, mit dem wir auf die andere Talseite überwechseln, um gleich wieder rechts auf einen schmaleren Weg abzuzweigen.

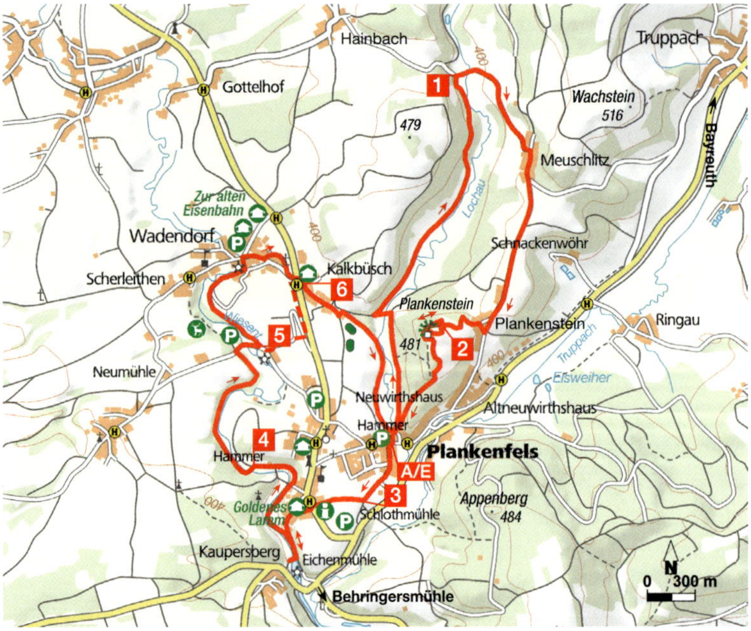

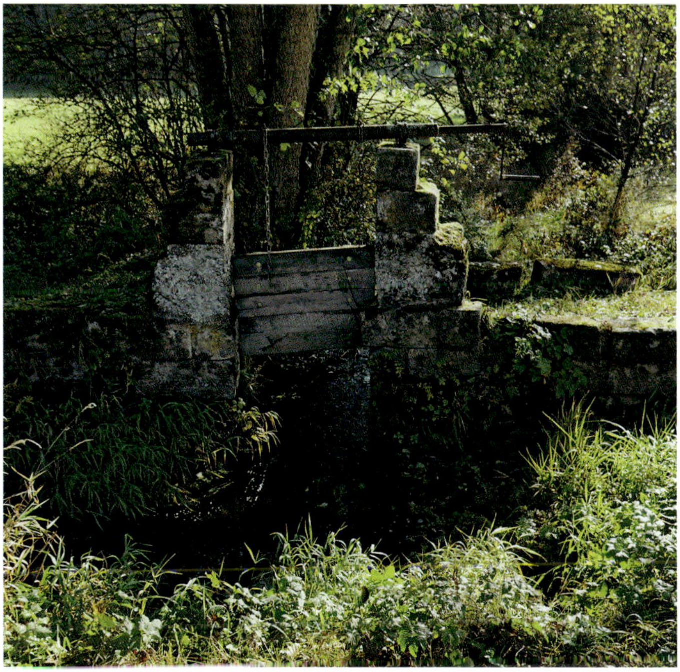

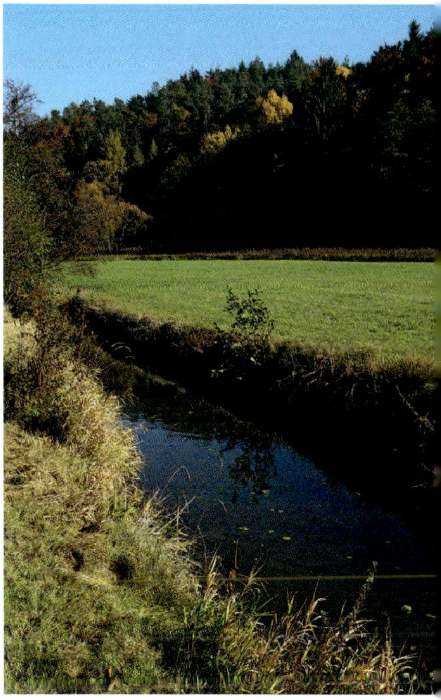

Auf der Wanderung durch das Lochautal kann man Zeugnisse alter Bewässerungstechnik studieren (li.) und eine unberührte Flusslandschaft genießen.

An pittoresken Felsgruppen vorbei erreichen wir den mittleren Talabschnitt. Neben der weiten Wiesenlandschaft und dem hohen Plankenstein beeindrucken die Zeugnisse vergangener Zeiten: mehrere Wehre, die bis in die 1950er-Jahre hinein zur Bewässerung der Wiesen (»Wässerwiesen«) genutzt wurden. Wo die Lochau das Weiterkommen im Talgrund verhindert, führt der Weg steil in den Wald empor, passiert ein zerklüftetes Felsmassiv und leitet wieder zu einer Wiese hinunter.
Kurz danach verlassen wir die markierte Route: Bei einem Jägerstand ❶ biegen wir scharf rechts in einen Fahrweg ein, der zum Talgrund hinabführt. Nachdem wir die Lochau auf breiter Brücke überschritten haben, treffen wir auf einen begrünten Fahrweg, der halb rechts in aussichtsreicher Querung durch die Hänge zum Dorf Meuschlitz emporführt.

Zum Plankenstein Wir steigen zur Dorfstraße empor, biegen rechts auf sie ein und finden bald die Markierungen Gelbring und Grünpunkt und einen Ww. zum Plankenstein. Sie führen uns auf kaum befahrener Teerstraße über den sonnigen Bergrücken zum Örtchen Plankenstein. Im Ort biegen wir mit den Markierungen in die zweite rechts abzweigende Seitenstraße ein, durchqueren ein Waldstück, steigen linkshaltend zu einer Wiese empor und über sie wieder zum Wald.
Um die großartigsten Felsszenerien des Plankensteins nicht zu verpassen, müssen wir jedoch bald die markierte Route verlassen: Nach Eintritt in den Wald gehen wir noch 32 m weiter ❷ und zweigen dann scharf rechts ab den Hang hinab zu einer Wiese, an deren linkem Rand wir ca. 50 m weit absteigen. Hier treffen wir linker Hand auf eine breite Schneise, die zu einem Höhepunkt der Tour führt: Vor uns baut sich der Sonnwendstein auf, der zusammen mit dem vorgelagerten Turm ein gewaltiges, bizarr geformtes Felsentor bildet. Man kann auf Trampelpfaden auch seine Südseite

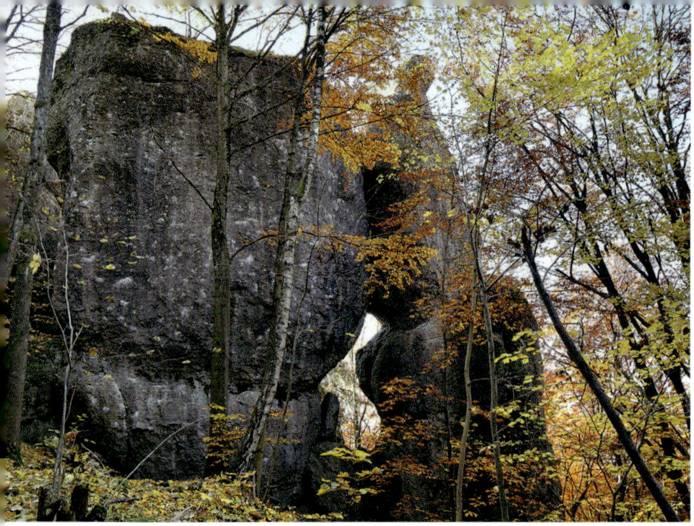

erkunden und kehrt dann auf gleicher Route zum markierten Weg zurück.

Wir steigen nun weiter empor, ignorieren die Abzweigung nach links und gelangen geradeaus durch einen markanten Felseinschnitt zur freien Gipfelkuppe. Der vorgelagerte Felskopf wartet ebenso wie der höchste Punkt, zu dem man auf steilem Pfad aufsteigt, mit einem weiten Blick über den nördlichen Frankenjura auf. Vom Gipfel steigen wir ein Stück ab und wandern dann linkshaltend auf deutlichem Pfad zu einer Senke hinunter; nach rechts lohnt ein Abstecher zum Fuß der bizarren Felsköpfe. Zurück auf dem Hauptweg, gelangen wir zum Südende des Massivs. Dort treffen wir wieder auf Grünpunkt und Gelbring, die uns durch Wald und über eine Bergwiese (schöner Blick zum Zeugenberg Neubürg) zum Talgrund und durch das Viadukt zum Parkplatz hinabführen.

Einmalig ist die Form des Felsentors zwischen Sonnwendstein und Turm.

Zur Eichenmühle Gegenüber beim ehemaligen Gasthof Schwarzer Ritter zweigen wir in die Berggasse ein und wandern bergan aus dem Dorf hinaus. 150 m nach Ortsende biegen wir, einem Ww. zum Gasthof Schreyer folgend, rechts auf einen Feldweg ein ❸, der uns mit schönem Blick zum Plankenstein zum südlichen Ortsteil hinüberführt. Wir überqueren die Hauptstraße und folgen, genau gegenüber, der Straße »Schloßanger« bis zu ihrem Ende. Von hier wandern wir mit Grünstrich u. a. nach links über die Straße »Hirtenberg« ins Wiesenttal hinab.

Im Talgrund empfiehlt es sich, noch gut 100 m weit nach links zur Eichenmühle und ihrer Wiesentbrücke hinüberzugehen: Der breite Fluss bildet zusammen mit der zerklüfteten Wandflucht des Steilfels ein malerisches Bild.

Vom Plankenstein blickt man weit hinaus auf den nördlichen Frankenjura.

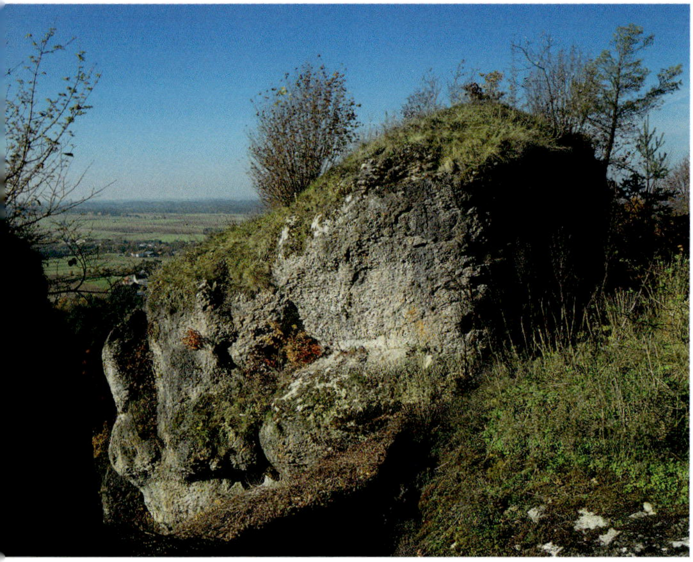

Im wilden Wiesenttal Wir gehen das kurze Stück zurück, halten uns dann aber links und wandern mit den Rundwegen »2« und »3« weiter an der Wiesent talauf. Der zuerst schmale Steig führt ein Stück unterhalb des Schlosses empor, dann nach links wieder zu einem hohen Felsturm im Talgrund hinab. Kurz danach eröffnet sich ein malerischer Rückblick auf Wiesent, Fels und Schloss: eines der großen unbekannten Fotomotive der Fränkischen Schweiz.

Wenig später ist besondere Aufmerksamkeit geboten, da die Mk. in dieser

Gehrichtung unklar ist: 80 m nach einem kleinen Haus zweigen wir bei einer Bank links vom Schotterweg ab ❹ und überqueren die Wiesent auf einer Brücke. Wir durchwandern nun auf schmalem Steig einen fast unberührten Talabschnitt, vorbei an imposanten Felsen, der Hammerhöhle und der Luisenquelle, die direkt am Felsfuß hervorsprudelt. Der Weg steigt dann leicht an und mündet schließlich in eine Teerstraße (mehrere Markierungen), auf der wir nach rechts zum anderen Wiesentufer überwechseln.

Es folgt der Weg durch den wildesten Talabschnitt, der v. a. im Frühjahr und Herbst zu empfehlen ist (für die übrige Zeit s. Variante): Kurz nach der Brücke ❺ verlassen wir alle Markierungen und biegen spitzwinklig links in einen Fahrweg ein, der bald in einen Trampelpfad übergeht. Wir überschreiten einen kleinen Bach, passieren den imposanten Röthenstein, an dessen Fuß sich fast immer ein kleiner Teich befindet, und durchwandern nun wieder auf verwachsenem Fahrweg die romantische Flusswildnis. Bei einer Wegteilung wählen wir den breiten Weg, der rechts emporführt, und gelangen am linken Rand einer Wiese, zuletzt auf einem Fahrweg zur Wadendorfer Mühle.

Rückweg Kurz danach erreichen wir die Hauptstraße in Wadendorf, halten uns rechts und biegen wieder rechts in die nächste Straße ein (Mk. »Bayernnetz für Radler« u. a.). Bei einer Verzweigung wählen wir den linken Weg und steigen zum Ortsteil Kalkbüsch empor. Hier überqueren wir die Straße und folgen weiter der Mk. des Radwegs ❻. Kurz vor dem Sportplatz biegen wir erst links, dann gleich wieder rechts ab und wandern auf einem schönen Alleenweg hoch über dem Lochautal zum Parkplatz zurück.

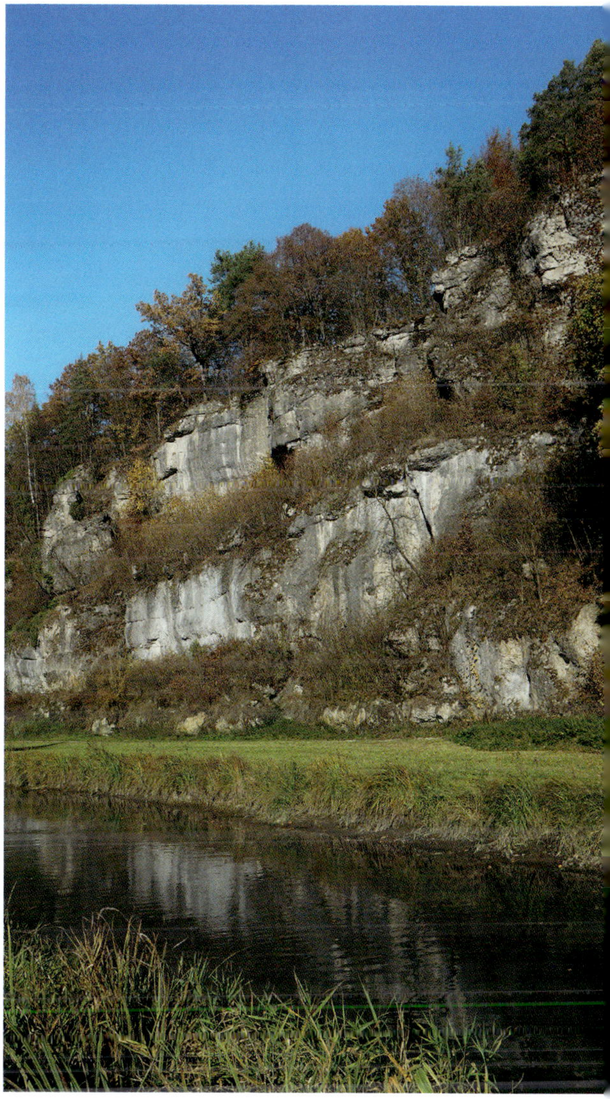

Bei der Eichenmühle spiegelt sich der schroffe Steilfels in der Wiesent.

Variante V. a. im Sommer kann es sein, dass der Weg durch den wilden Teil des Wiesenttals vor Wadendorf durch zu viel Feuchtigkeit unpassierbar oder zu stark verwachsen ist (Zeckengefahr). Dann empfiehlt sich folgende (kürzere) Route: Man geht nach der Wiesentbrücke (s. Wegpunkt 5) geradeaus weiter, zweigt vor dem Sägewerk links ab, steigt im Linksbogen leicht bergan und folgt einem Schotterweg nach O. Links auf einen Teerweg eingebogen, wandert man zunächst parallel zur Wiesenttalstraße, dann noch 200 m neben ihr bis zu Wegpunkt 6 in Kalkbüsch.

8 Auf königlichen Wegen

Promenadenweg, Wackelstein und Schlupflochfels

Leicht | 9,5 km | 330 Hm | 3:15 Std.

Tourencharakter
Tal- und Hangwanderung durch ein Tal mit imposanten Felsgestalten und vielen Höhlen (u. a. eine der schönsten Tropfsteinhöhlen), zuerst überwiegend durch Wald mit schönen Aussichtspunkten, dann über Magerrasen und Hochflächen. Meist sanfte Anstiege, nur am Wackelstein steile Passage.

Ausgangs-/Endpunkt
Rennerfels (368 m), Parkplatz an der Ailsbachtalstraße ca. 1,5 km talauf von Oberailsfeld (GPS: 49.818905, 11.364199)

Anfahrt mit ÖPNV
Mo–Fr sporadische Verbindung mit Buslinie 396 ab Bayreuth bzw. Gößweinstein nach Oberailsfeld, an Wochenenden vom 1.5.–1.11. besseres Angebot mit Linie 343 ab Bhf. Neuhaus a. d. Pegnitz: Man beginnt die Tour dann mit der Etappe »Durch das Schlupfloch«.

Gehzeiten
Zur Burg Rabenstein 0:25 Std. – Sophienhöhle 0:25 Std. – Ludwigshöhle 0:20 Std. – Schneiderloch 0:30 Std. – Rennerfels 0:15 Std. – Wackelstein 0:10 Std. – Radfahrer 0:30 Std. – Schlupflochfels 0:35 Std. – Parkplatz 0:05 Std. (nicht eingerechnet: Höhlenbesichtigungen)

Beste Jahreszeit
Ganzjährig reizvoll, besonders schön im Herbst

Einkehr
Gutsschenke Burg Rabenstein, Tel. 09202/970 04 40; Gasthöfe in Oberailsfeld

Karte
ATK25 E10 Ebermannstadt

1830 für den Besuch König Ludwigs I. von Bayern und seiner Gemahlin Therese angelegt, vermittelt der Promenadenweg im oberen Ailsbachtal noch heute ein Bild von der romantischen Begeisterung für diese einmalige Felsen- und Höhlenlandschaft.

Wir besuchen auch die wenig bekannten Teile der historischen Route, erforschen, fernab aller Markierungen, die Felsenwelt um den bizarren Wackelstein und kehren über die Magerrasenhänge bei Oberailsfeld und die Durchgangshöhle des Schlupflochfels zurück.

Promenadenweg nach Rabenstein Schon beim Parkplatz am Rennerfels können wir uns auf die Tour einstimmen und neben den imposanten Überhängen die zwei Höhlen des Massivs erkunden, von denen die größere, die Pfaffenberger Geiskirche, nur auf steilem Pfad erreichbar ist.
Wir folgen nun dem Ww. »Burgenweg«, überqueren den Ailsbach auf der Straßenbrücke und biegen dann (weiterer Ww.) links in den Wald ab. Es geht durch ein felsiges Tälchen aufwärts, dann rechtshaltend steiler am Hang empor. Bald folgt eine Hangwanderung hoch über dem Ails-

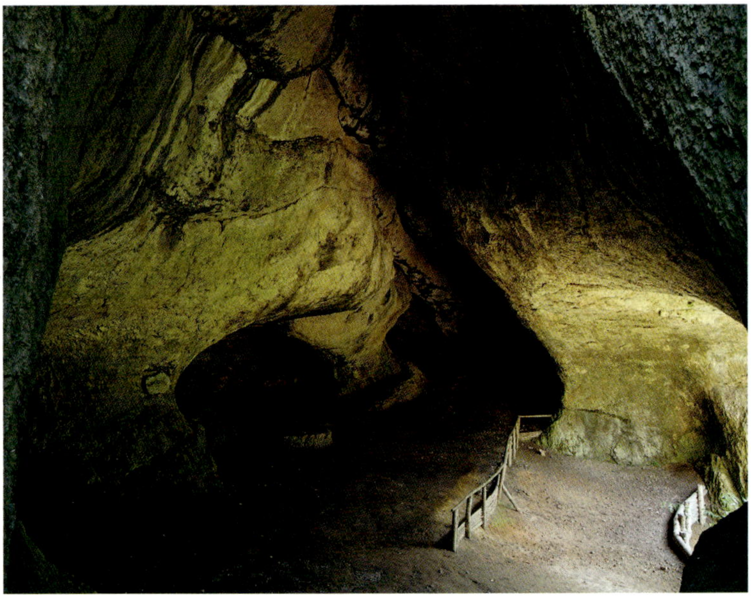

bachtal, vorbei an zerklüfteten Felsen und zwei kleinen Höhlen; die zweite beeindruckt durch ihr schönes Portal und leichte Versinterung.
Sporadisch sehen wir die Mk. des Promenadenwegs (Schachfigur »Königin«). Ein malerisches Gelände mit Felsblöcken, riesigen Buchen und einem mächtigen Überhang (Rastplatz) schließt sich an. An der nächsten Verzweigung wandern wir geradeaus weiter und erreichen bald die imposante Burg Rabenstein (s. Tipp).

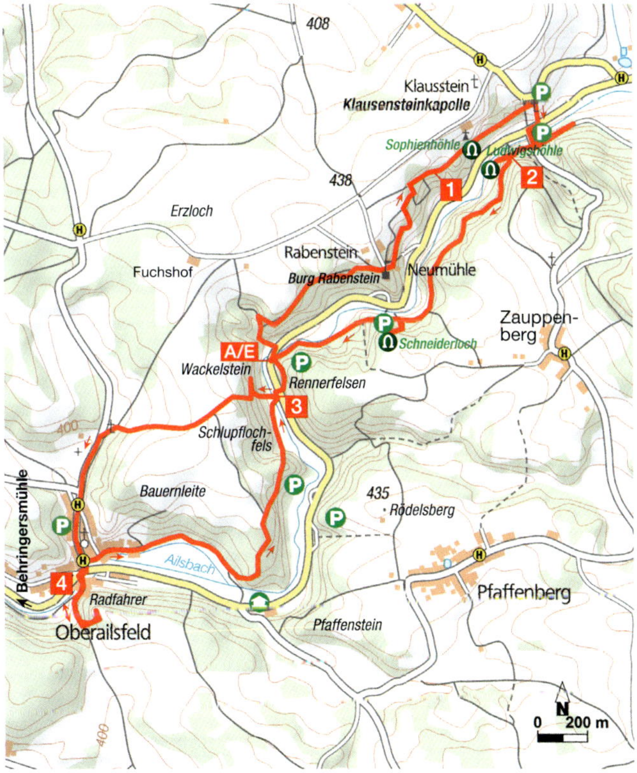

Über die Sophienhöhle zum Schweinsberg Links neben der Burgbrücke wandern wir, dem Ww. zur Sophienhöhle folgend, über Treppen abwärts, dann in stetem Auf und Ab durch einen wild zerklüfteten Felsengarten, zu einem schönen Aussichtspunkt und zu kleinen Höhlen und Halbhöhlen. Bei einer Wegteilung halten wir uns links und gelangen zu einem Fahrweg hinauf, auf den wir rechts einbiegen. Ihn verlassen wir bei der nächsten Verzweigung ❶ wieder und steigen nach rechts mit Grünpunkt u.a. zu einem Aussichtspunkt empor. Prachtvoll der Blick zur Burg und hinab zur Ludwigshöhle.
Von hier geht es über Stufen steil bergab zu den Felsen der Erweinsruh, dann gelangen wir, bei einer Wegteilung rechtshaltend, zuletzt durch einen Felsdurchgang in den eindrucksvollen Felskessel, in dem sich der Eingang zur Sophienhöhle befindet. Sie gilt vielen als die schönste Tropfsteinhöhle Frankens.
Wir wandern nun über Stufen ein Stück talwärts, biegen aber auf halber Hanghöhe links mit Gelbring auf den Weg Richtung Schweinsberg ab. Er führt uns zunächst wieder steil empor; links oberhalb beeindruckt ein Fels mit gewaltigem Überhang. Wenig später ist der Aussichtspunkt am Schweinsberg erreicht: berühmt der Blick über das Tal mit Burg Rabenstein und Klaussteiner Kapelle.

Abstecher zu Burg Rabenstein

Die Burg bietet eines der reichsten touristischen Programme der Region: Neben der Besichtigung der Ritter-, Waffen- und Prunksäle lohnt v.a. ein Besuch des Eulen- und Greifvogelparks, in dem – auch bei interessanten Flugvorführungen – über 50 Arten zu sehen sind. Nicht weit entfernt liegt ein nachgebautes Keltendorf. Im Juni und August wird ein 3- bis 4-tägiger Mittelaltermarkt geboten. Näheres, auch zum Besuch der berühmten Sophienhöhle, unter www.burg-rabenstein.de.

Zur Ludwigshöhle Für den Abstieg gehen wir zum linken Ende der Ummauerung hinüber und wandern mit Schwarzring auf schmalem Pfad steil zur Talstraße hinunter. Wir folgen dieser kurz talab, halten uns dann links und kommen auf der Straße

Linke Seite: Vom oberen Eingang überblickt man die gewaltigen Dimensionen der Ludwigshöhle.

Richtung Zauppenberg zu einem Parkplatz; nach links lohnt ein Abstecher zur imposanten Heldwand.

Gegenüber dem Parkplatz gehen wir mit Blaukreuz nach SW in den Wald hinein und erreichen, bei einer Verzweigung ❷ rechts bergab wandernd, an einer malerischen Halbhöhle vorbei das Gelände der Ludwigshöhle. Bei einer Wegteilung gehen wir rechts abwärts und steigen dann linkshaltend durch das gewaltige Höhlentor in die Haupthalle empor, die zu den größten Hohlräumen der Frankenalb zählt.

Höhenpromenade zum Schneiderloch Nach der Besichtigung verlassen wir die Höhle über den kleinen oberen Eingang und gelangen über Stufen wieder zur bekannten Route hinab, auf der wir bis zur Verzweigung nach der Halbhöhle zurückgehen. Hier biegen wir scharf nach rechts und steigen mit Blaukreuz u. a. steil empor.

Oberhalb einer Schaukanzel mit Blick zur Klaussteiner Kapelle teilt sich der Weg: Hier geht es geradeaus weiter auf dem eigentlichen Promenadenweg, der nun fast eben durch malerisches Felsgelände führt. Wir passieren eine kleine Höhle mit schönem Sinterschmuck, das imposante Portal der großen, aber schmucklosen Neumühlhöhle, eine weitere Höhle und mehrere zerklüftete Türme. Bald taucht vor uns eine große Felswand auf; kurz davor zweigt links ein steiler Weg ab und bringt uns über Stufen zum Schneiderloch, einer imposanten Hallenhöhle, hinauf.

Zurück zum Rennerfels Auf dem Hauptweg erreichen wir kurz danach die nach mehreren Seiten offene Schneiderkammer. Wir verlassen sie über einen künstlichen Ausgang und steigen steil bergab; am Ende der Steilstrecke sehen wir links die Spalte der Rabensteiner Klufthöhle, die eine Erkundung lohnt. Von hier kommen

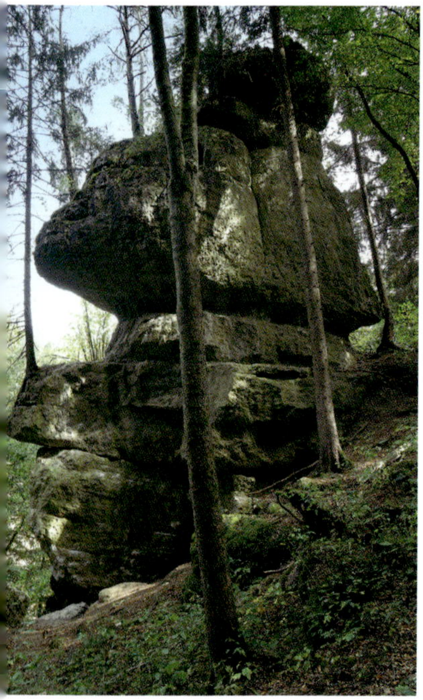

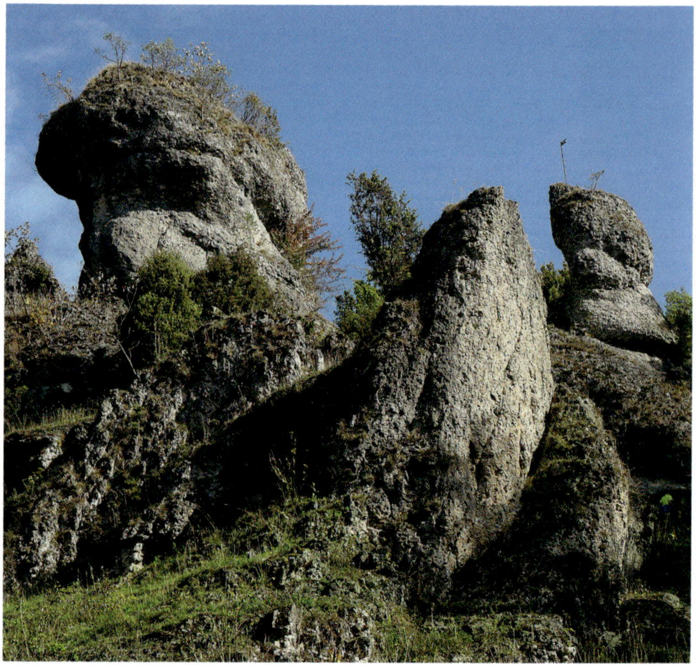

Der bizarre Wackelstein verbirgt sich im Wald hoch über dem Tal (li.). Auf dem hinteren der malerischen Türme über Oberailsfeld steht der Radfahrer (re.).

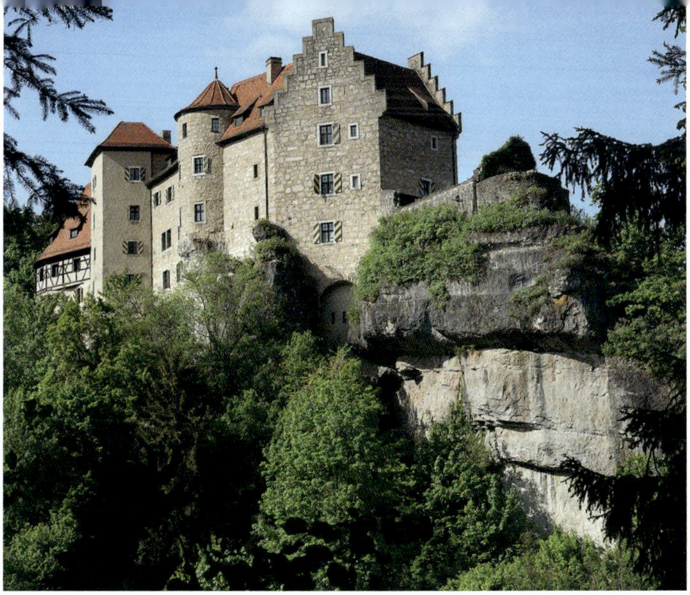

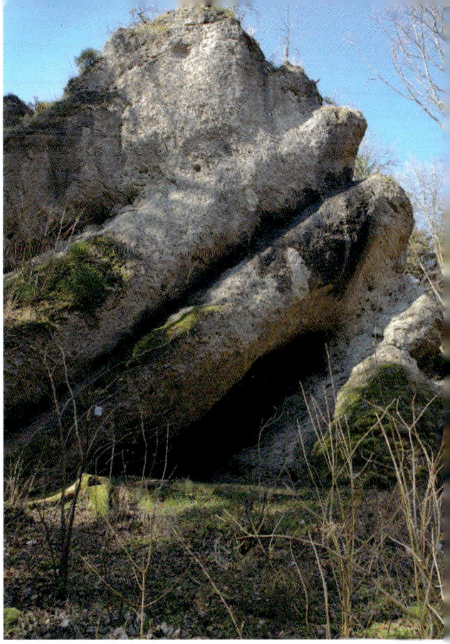

Burg Rabenstein (hier vom Schneiderloch) beherrscht die Szenerie im oberen Ailsbachtal (li.). Durch den schrägen Spalt im Schlupflochfels führt der Wanderweg (re.).

wir am Ailsbach entlang, vorbei an imposanten Felsen und der Theresienruhe, zum Rennerfels zurück.

Wackelstein und Radfahrer Vom Südende des Parkplatzes geht es mit Blaukreuz u. a. über den Ailsbach zur anderen Talseite hinüber. Bald heißt es aufgepasst: 15 m nach Eintritt in den Wald verlassen wir die markierte Route und biegen scharf rechts auf einen Pfad ein ❸, der uns in Kehren steil bergan führt. Bald stehen wir vor dem bizarr geformten Felsturm des Wackelsteins. Direkt oberhalb geht es über Kehren weiter bergan zu einer Felsgruppe mit markantem Doppelturm, dann links an ihm vorbei und steil hinauf zur Hangkante.

Oben sehen wir ein lang gezogenes gebogenes Feld und wandern auf breitem Feldweg an seinem linken Rand entlang auf die Ebene hinaus. Der Weg führt sanft fallend über die Hochfläche und mündet dann in den breiten Grünpunkt-Weg; auf ihm wandern wir nach links am Friedhof vorbei nach Oberailsfeld hinab.

Mit Grünpunkt überschreiten wir Talstraße und Ailsbach und biegen dann kurz nach der Brauerei Heldbräu links auf einen breiten Weg ohne Mk. ab ❹. Er führt zu dem Felsmassiv, auf das man als lustiges Wahrzeichen die Figur eines Radfahrers gesetzt hat. Man kann bis zu den Gipfelfelsen aufsteigen, wenn man kurz nach Eintritt in den Wald den steilen Pfad nach links wählt.

Durch das Schlupfloch Ins Ortszentrum zurückgekehrt, biegen wir kurz vor der Bus-Hst. mit Blaukreuz u. a. nach rechts ab. Bald folgt ein malerischer Talabschnitt, der dem Zustand der Fränkischen Schweiz in der Zeit der Romantik nahekommt: Vor Magerrasenhängen mit bizarren Felsgruppen breiten sich Streuobstwiesen aus.

Bei einer Wegteilung halten wir uns links, steigen mit Blaukreuz steil zu einer felsigen Kuppe hinauf, dann noch steiler hinab zum Schlupflochfels, dessen Felsdurchgang durch die Neigung um 45 Grad einen einmaligen Anblick bietet. Es lohnt, ein Stück nach links an der Südseite aufzusteigen, die durch bizarre Erosionsformen und Felslöcher besticht. Wir durchqueren nun den Fels und steigen am Hang abwärts. Bald kommen wir über den Grund zum Parkplatz zurück.

9

Naturwunder über der Wiesent

Gaiskirche, Sieghardtstor und Schottersmühlhöhle

Mittel | 10,5 km | 280 Hm | 3:15 Std.

Tourencharakter
Hang- und Talwanderung zu einigen der spektakulärsten Naturdenkmäler der Frankenalb. Teils auf guten, meist schmalen Wegen, teils auf steilen Steigen und Pfaden, bei Gaiskirche und Schottersmühlhöhle Trittsicherheit erforderlich.

Ausgangs-/Endpunkt
Parkplatz an der Wiesenttalstraße, 2,3 km hinter Behringersmühle in Richtung Doos auf der rechten Seite (328 m) (GPS: 49.790601, 11.316675), oder Behringersmühle, Hst. »Hotel Behringers« der Buslinie 389 (322 m)

Anfahrt mit ÖPNV
Mo–Fr im Sommer (1.5.–1.11.) gute (alle 1–2 Std.), sonst passable (alle 2–3 Std.) Busverbindung mit Linie 389 von Bhf. Ebermannstadt und Pegnitz, Sa/So im Sommer alle 1–2 Std., sonst alle 4 Std.

Höchster Punkt
Kuppe vor Köttweinsdorf (473 m)

Gehzeiten
Ab Parkplatz zur Gaiskirche 0:20 Std. – Köttweinsdorf 0:50 Std. – Sieghardtstor 0:35 Std. – Schottersmühlhöhle 1:05 Std. – Parkplatz 0:25 Std.; ab Behringersmühle insgesamt 0:50 Std. mehr (für Hin- und Rückweg)

Beste Jahreszeit
Frühjahr (Blüte der Buschwindröschen) oder Spätherbst, im Sommer reizvoll, aber schlechtere Lichtverhältnisse bei den drei Höhepunkten

Einkehr
Gasthof Schottersmühle, Tel. 09196/272

Karte
ATK25 E10 Ebermannstadt

Im Hangwald über dem Wiesenttal zwischen Doos und Behringersmühle verbergen sich gleich drei der bedeutendsten Naturdenkmäler der Frankenalb – und zu keinem führt ein markierter Weg. Alle drei kann man an einem unvergesslichen Wandertag erleben.

Unsere Route führt von der »Kathedrale« der Gaiskirche über die Hochfläche zum Sieghardtstor, das zu den größten Felsentoren der Alb gehört, dann durch das malerische Wiesenttal zurück und zu einer der eindrucksvollsten Höhlen, der Schottersmühlhöhle.

Zugangs-Alternativen Wer mit dem Kfz anreist, geht vom Parkplatz nach S zur Wiesent hinab, auf einer Holzbrücke hinüber, dann zum Wald und biegt dort nach links in den Wanderweg (MD-Weg, Frankenweg u. a.) ein. Bei ÖPNV-Benutzung ist der Zugang ca. 0:25 Std. länger, aber landschaftlich sehr reizvoll: Von der Haltestelle in Behringersmühle gehen wir ein Stück auf der Straße Richtung Gößweinstein, dann rechts zur Püttlach hinab, wo wir auf die Mk. des MD-Wegs treffen. Sie führt uns über den Fluss, unter der B 470 hindurch, über eine Straße hinweg und durch Wiesen zum nördlichen Ortsteil hinüber. Erst links-, dann rechtshaltend lassen wir den Ort hinter uns und gelangen in malerischer Talwanderung, an der gewaltigen Aschenbrennerwand vorbei, zur Einmündung des anderen Weges.

Naturwunder Gaiskirche Auf dem Wanderweg geht es weiter talauf, bis wir nach etwa 5 Min. auf einen Baum vor einem bemoosten Felsen treffen, der zweimal die Mk. Frankenweg trägt. 25 m weiter zweigen wir rechts auf einen neuerdings mit einem Steinmännchen gekennzeichneten Pfad ab ❶, der in Kehren steil den Hang emporführt. Bei einem massigen Block wendet sich der Steig nach rechts und bringt uns zum gewaltigen Eingangstor der Gaiskirche (B 140) hinauf. Nach Durchschreiten des Tors folgt eine kurze sehr steile und etwas rutschige Passage, die sich aber problemlos überwinden lässt, wenn man sich am rechten Rand hält, gute Tritte sucht und die Hände zur Sicherung einsetzt.
Oben schließt sich wieder ein Kehrenpfad an, von dem aus man das wohl größte oberirdische Naturwunder der Frankenalb bewundern kann, von Kletterern treffend »Kathedrale« oder »Felsendom« genannt: Die Tal-

wand ist von mehreren riesigen »gotischen« Fenstern durchbrochen, über denen sich die Felsbögen wie Strebepfeiler im Gewölbe vereinigen. Wir steigen zum oberen Ausgang der Höhlenruine auf und können vom Hang darüber noch einmal ihre einzigartige Struktur studieren.

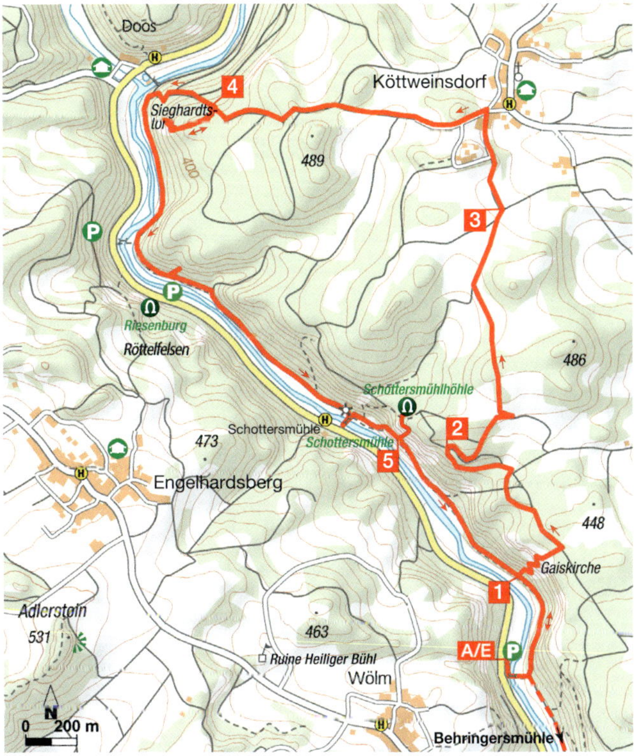

Über Köttweinsdorf zum Sieghardtstor

Auf dem Steig geht es im Rechtsbogen weiter aufwärts bis zu einem Sattel, dann biegen wir scharf links ab und wandern auf Pfadspuren durch das Tälchen oberhalb der Gaiskirche bergauf. Oben biegen wir links in einen Fahrweg ein, der mit geringem Gefälle am Hang entlangführt; im April blühen hier Teppiche von Buschwindröschen.

Wo die Mk. Gelbstrich ins Tal abzweigt, gehen wir geradeaus auf dem Hauptweg weiter, der bald wieder an Höhe

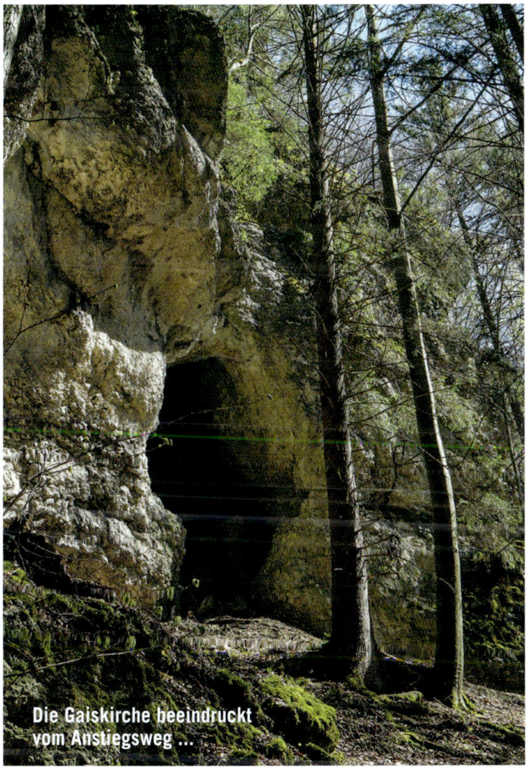

Die Gaiskirche beeindruckt vom Anstiegsweg …

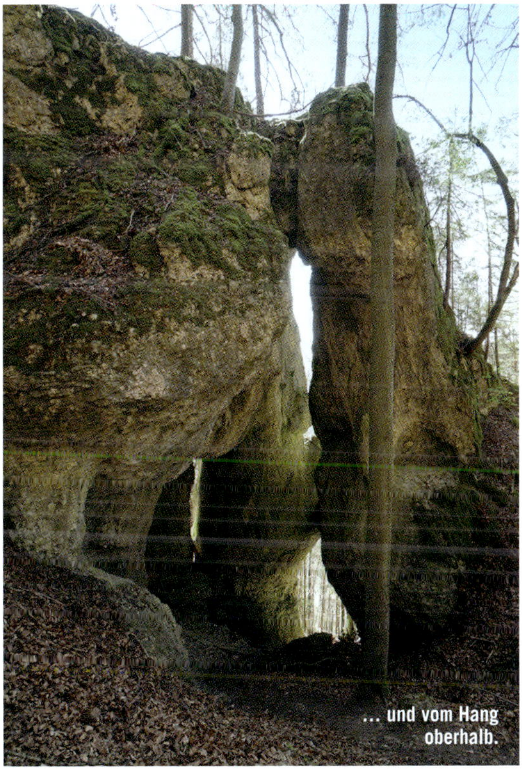

… und vom Hang oberhalb.

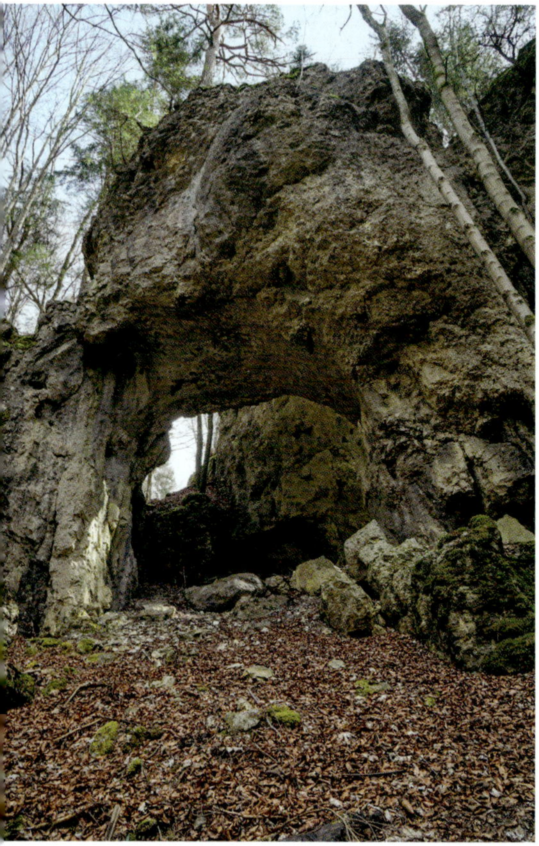

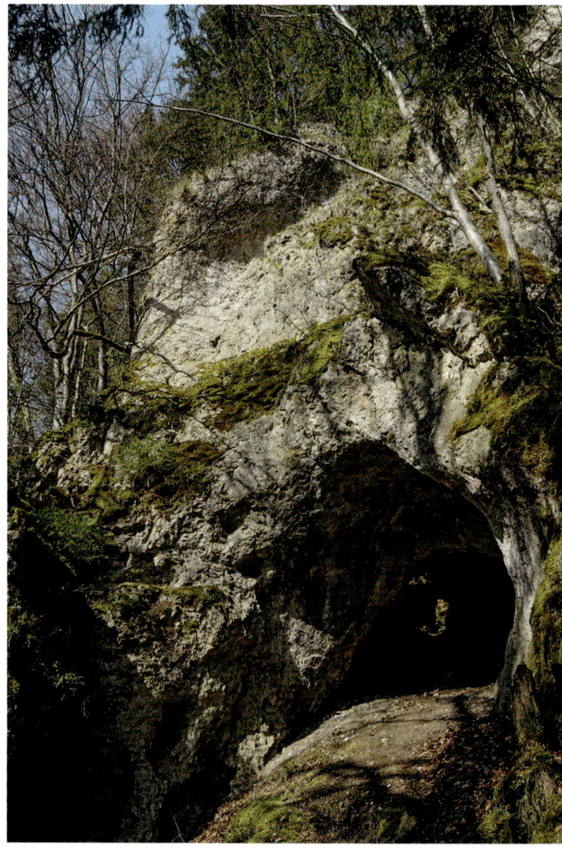

Wer am Talhang absteigt, genießt diesen Anblick des Sieghardtstors (li.) Breit öffnet sich das Portal der Schottersmühlhöhle am Fuß hoher Felsen (re.).

gewinnt. Wenig später, am Beginn einer Linkskurve, biegen wir spitzwinklig rechts auf einen begrünten Fahrweg ein ❷. Nach Umrundung einer Wildfutterstelle teilt sich der Weg: Wir halten uns links und steigen nach NO Richtung Waldrand auf. Bei Vereinigung mit einem anderen Weg gehen wir kurz nach rechts, biegen aber schon nach wenigen Metern wieder spitzwinklig links in einen abzweigenden Fahrweg ein. Er führt zu einer Waldwiese, an ihrem Beginn nach rechts in den Wald hinein, zu einer Kuppe empor und jenseits an Äckern entlang bergab.

Wir passieren einen Stein mit Kruzifix und erreichen zuletzt einen breiteren Feldweg (Gelbraute), dem wir nach rechts folgen. 50 m nach einem großen Kruzifix folgt eine Verzweigung ❸: Wir ignorieren die abbiegenden Markierungen, gehen geradeaus auf dem breiten Fahrweg weiter und erreichen den Rand von Köttweinsdorf – prachtvoll die Fernsicht nach NO. Nach dem ersten Haus biegen wir links auf den IFS-Weg (rot/weiß diagonal geteilt) ein. Er führt uns über Wiesen in den Wald und passiert bald eine eindrucksvoll ausgehöhlte Felsgruppe mit Kruzifix und Ruhebank.

Danach wandern wir mit dem IFS-Weg, bei Verzweigungen einmal den rechten, dann den mittleren Weg wählend, durch einen Märchenwald mit bemoosten Felsen abwärts. Nach einer Senke folgt die entscheidende Abzweigung ❹. Vor uns sehen wir einen Baum, auf dem die IFS-Mk. zweimal (mit Pfeilen) angebracht ist, und einen rot-weiß-rot lackierten Metallstab: Wir biegen links auf einen schmalen Weg ab,

der genau zwischen Baum und Stab hindurch zu einem Felsengarten und dann im Rechtsbogen über einen Kamm führt.
Zuletzt steigen wir auf dessen linker Seite ab und nach rechts in einen klammartigen Einschnitt hinein: Schon stehen wir staunend vor dem gewaltigen Bogen des Sieghardtstors. Weitere beeindruckende Anblicke bieten sich, wenn man etwas durch das Tor absteigt.

Durchs Wiesenttal zur Schottersmühlhöhle Zum IFS-Weg zurückgekehrt, leitet uns die Mk. zuerst auf schmalem Pfad, dann kurz auf einer Forststraße, die man bei der ersten Kehre wieder nach links verlässt, zuletzt rechtshaltend durch malerisches Felsgelände zügig bergab. Unten treffen wir auf den Talweg (MD-Weg, Frankenweg) und biegen nach links auf ihn ein. Im folgenden Abschnitt kann man wahlweise auf einem breiten Weg nahe an der Wiesent oder auf dem Wanderweg am Hang (unter bizarren Felsen) entlanggehen.
Bald vereinigen sich beide und es geht auf schmalem Weg weiter; oberhalb tauchen die schroffen Felsen der Morgenleite und Jubiläumswand auf, die einen Abstecher lohnen. Danach mündet der Steig in einen breiteren Weg (links die Abendleite), der an privaten Vereinshäusern und der imposanten Schottersmühler Wand (die man unbedingt besichtigen sollte) vorbei zur Talaue beim Gasthof Schottersmühle führt. Lohnend ist ein Abstecher über die Brücke zur anderen Talseite, wo sich ein Prachtblick über die Wiesent zum Gelben Turm auftut.

Mein Wandertipp on top

Wer im Wiesenttal noch mehr Karstwunder erleben will, dem möchte ich eine reizende Halbtagestour ans Herz legen. Ausgangspunkt ist ein Parkplatz 1,5 km talaufwärts von Doos auf der rechten Seite. Man geht von dort 200 m weiter und biegt dann links auf unscheinbarem Pfad in den Alten Rabenecker Graben ein. Beim Aufstieg zur Hochfläche kommt man an vier reizvollen Höhlen ganz unterschiedlichen Charakters vorbei.

Wieder am linken Wiesentufer, leitet uns ein schmaler Weg (MD-Weg u. a.) unter den Steilwänden entlang und passiert ansteigend den vergitterten Eingang zu einem Keller. 30 m weiter die entscheidende Abzweigung 5: Wir biegen links auf einen steilen Pfad ein, der in Kehren und über Wurzelstufen zu einem bizarren Vorfelsen, dann linkshaltend über eine felsige Rampe zum imposanten unteren Eingang der Schottersmühlhöhle (auch: Gaiskirche B 66) emporführt. Über ihr baut sich die massige Magdalenenwand auf. Ein letzter großer Höhepunkt der Tour: Die gewaltige Halle mit zwei Eingängen und drei Deckenfenstern gehört fraglos zu den eindrucksvollsten Hohlräumen der Alb.
Der Rest ist ein Spaziergang: Nach dem Abstieg bringt uns der MD-Weg als romantischer Pfad über kleine Felskanzeln hinweg in das Gebiet unter der Gaiskirche zurück und zum Parkplatz bzw. nach Behringersmühle zum Bus.

Mehrere Öffnungen tauchen das Innere der Schottersmühlhöhle in mystisches Licht.

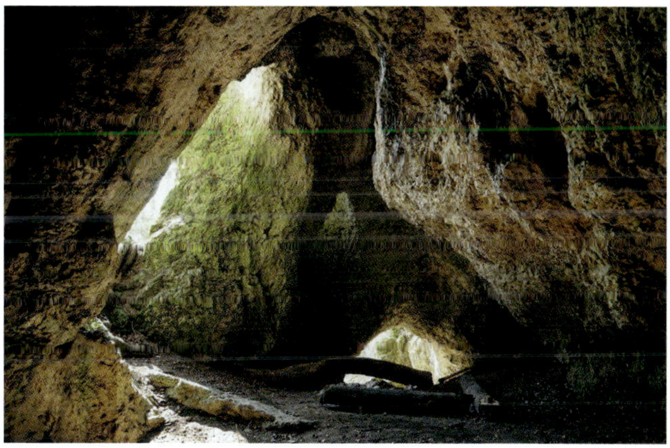

10 Tropfsteine, Burgen und Panoramen

Hummerstein, Kirchenweghöhle und Felsenschlucht

Mittel | 14,5 km | 520 Hm | 4:45 Std.

Tourencharakter
Hang- und Höhenwanderung zu Höhlen, spektakulären Felsgebilden und großartigen Aussichtspunkten. Mehrere, z. T. steile Auf- und Abstiege, meist auf schmalen, gut angelegten Wegen.

Ausgangs-/Endpunkt
Streitberg, Ortszentrum bzw. Hst. an der B 470 (320 m). Nur wenige unbeschränkte Parkplätze am Bürgerhaus und in der Bahnhofstraße (GPS: 49.810433, 11.219281). Alternative: Parkplatz im Schauertal (Straße nach Störnhof), durch die Wedenbachklamm ist man in 5 Min. im Zentrum.

Anfahrt mit ÖPNV
Buslinie 389 von Bhf. Ebermannstadt und Pegnitz, im Winter (1.11.–30.4.) alle 2–3 Std., im Sommer alle 1–2 Std.

Höchster Punkt
Guckhüll (499 m)

Gehzeiten
Bis Hummerstein 0:45 Std. – Pavillon 0:30 Std. – Streitburg 0:30 Std. – Kirchenweghöhle 0:40 Std. – Schönsteinhöhle 0:45 Std. – Felsenschlucht 1 Std. – Rückweg 0:35 Std. (nicht eingerechnet: Besichtigung der Höhlen)

Beste Jahreszeit
Sommer und Herbst, da offizielles Betretungsverbot für den Bereich Klararuhe/Felsenschlucht vom 1.2.–15.7. zum Schutz dort brütender Vögel. Von Ende Okt. bis Anfang April sollte man wegen Fledermausschutz auf Höhlenbesuche verzichten.

Einkehr
Mehrere Gasthöfe in Streitberg

Karte
ATK25 E10 Ebermannstadt

Bei Streitberg ist das Wegenetz der Romantik am besten erhalten: Steige, die nicht den Tälern folgen, sondern durch die Flanken zu den bizarrsten Felsgebilden wie Felsentor und Felsenschlucht und zu begeisternden Panoramaplätzen emporführen.

Unsere neue Route erlaubt es, alle Naturwunder am nördlichen Talhang an einem Wandertag zu erleben. Dazu gehören auch die einmalig schönen Höhlen (s. Tipp): V. a. die Erkundung der wenig bekannten Kirchenweghöhle sollte man nicht versäumen.

Schönblick und Hummerstein Im Zentrum von Streitberg finden wir hinter dem Gasthof Schwarzer Adler den links abzweigenden Weg zur Binghöhle und steigen über zahlreiche Stufen zügig bergan. Bei einer Wegkreuzung halten wir uns kurz links und biegen dann rechts, der Mk. Grünring folgend, auf den Steig zu Felsentor und Schönblick ein. Er führt zu einer imposanten Halbhöhle empor (lohnender Abstecher), dann am Hang entlang und zuletzt über Kehren und Stufen zum ersten Highlight

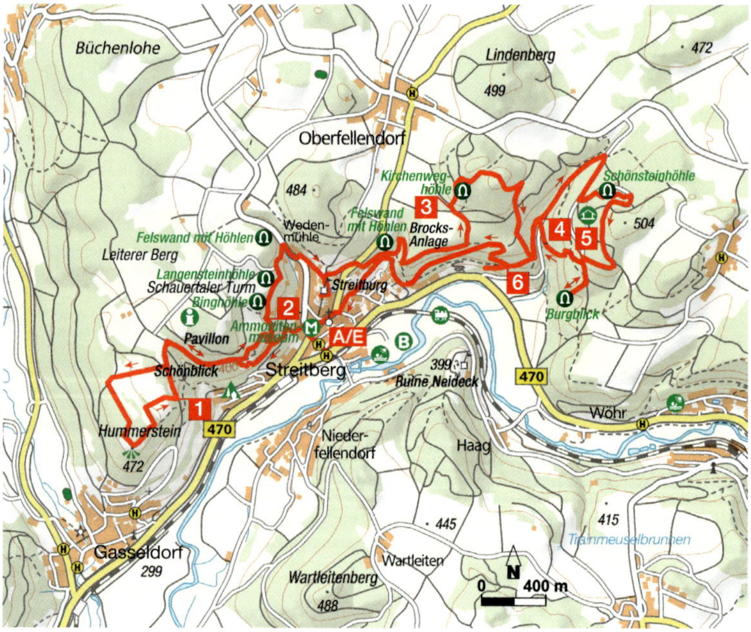

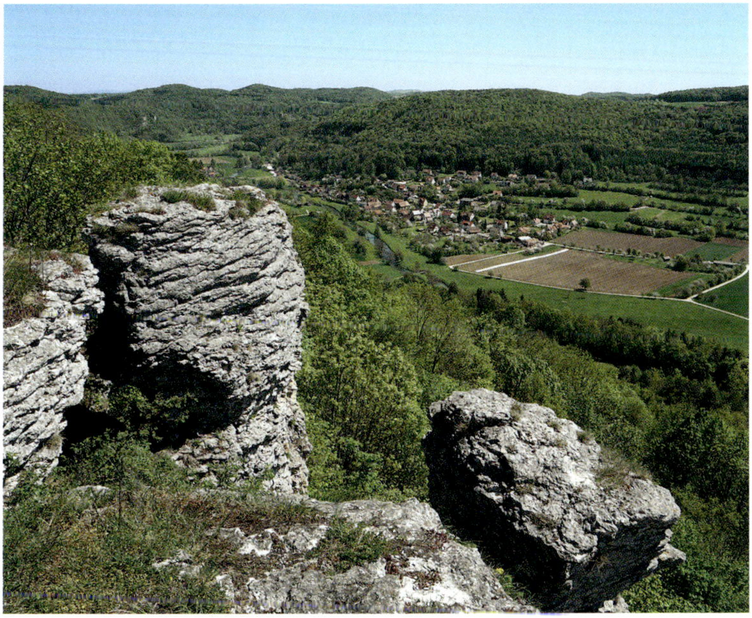

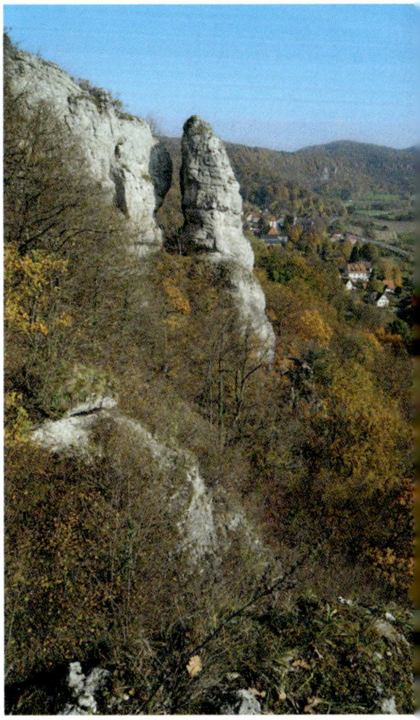

hinauf: Wir durchqueren das »Felsentor«, in Wahrheit einen engen Durchgang zwischen dem riesigen Turm des Hunnensteins und der dahinterliegenden Wand.
Wenig später leitet ein Stichpfad nach links zum Schönblick hinab: prachtvoll der Blick auf Hunnenstein, Streitberg und die Ruine Neideck. Der Hauptweg bringt uns nun über Kehren zu einer Forststraße hinauf. Hier halten wir uns links und wandern mit Rot-Senkrecht Richtung Hummerstein. Zunächst geht es eben dahin (bei Wegteilungen erst links, dann rechts), schließlich links durch Wald zum Gipfel hinauf, einem der großen Panoramaplätze der Alb: Am Südende des Plateaus überblicken wir das Wiesenttal von Muggendorf bis zur Ehrenbürg.

Vom Hummerstein bietet sich ein Prachtblick auf Streitberg und Neideck (li.). Der Schönblick trägt seinen Namen zu Recht: Aussicht auf Felsentor und Streitberg (re.).

Höhenwanderung zur Streitburg Nach der Gipfelrast gehen wir zum Markierungspfahl »Hummerstein 472 m« zurück und biegen rechts auf einen Steig (Mk. Frankenweg) ein, der uns durch Wald und am Waldrand entlang bergab führt. Bei der Einmündung in eine Forststraße ❶ gehen wir links bergauf und dann, dem Ww. »Pavillon« folgend, geradeaus. Bald treffen wir auf die vom Aufstieg bekannte Route, wandern mit ihr rechtshaltend am Hang entlang, aber dort, wo die Mk. Grünring hinzutritt, nun geradeaus Richtung Pavillon weiter.
Mit der Mk. geht es bald nach rechts zum Prinz-Rupprecht Pavillon hinab: einmalig der Tiefblick auf Streitberg und die Burg. Von oberhalb des Pavillons leiten uns die Markierungen über Kehren zu einem malerischen, engen Felsdurchgang hinunter. Wir gehen links durch ihn hindurch und erreichen absteigend den Weg, der nach links zur Binghöhle führt ❷. Hier treffen wir auf die Mk. Schwarzring, der wir nun längere Zeit folgen.
Mit ihr wandern wir an der Binghöhle und am gewaltigen Schauertaler Turm vorbei, bei dem sich ein Prachtblick auf Burg und Kirche auftut, und steigen dann in das von imposanten Massiven gesäumte Schauertal ab. Hier geht es kurz auf der

Besuch der Tropfsteinhöhlen

Am bequemsten kann man die Pracht der fränkischen Tropfsteinwelten in den vier Schauhöhlen des Naturparks erleben: Binghöhle, Sophienhöhle (Tour 8), Teufelshöhle (bei Pottenstein) und Maximiliansgrotte (bei Krottensee). Die eigenständige Erkundung hat aber noch einen ganz anderen Reiz. Höhlenneulingen kann man den Besuch der Kirchenweghöhle – mit Vorsicht und v. a. Respekt gegenüber den empfindlichen Kunstwerken der Natur – empfehlen, in das Labyrinth der Schönsteinhöhle, in dem sich schon manches Drama abspielte, sollten sich Unerfahrene nur unter kundiger Anleitung wagen.

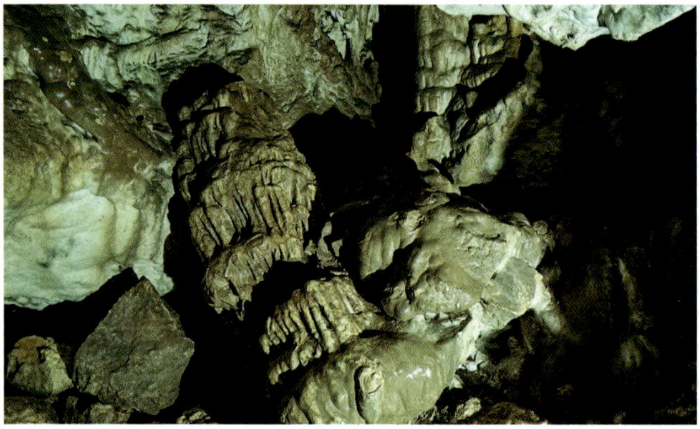

Die liegende Tropfsteinsäule gehört zu den Glanzpunkten der Kirchenweghöhle.

Teerstraße abwärts, dann links auf schmaler Straße hinauf zur Streitburg. Von der Ruine bieten sich prachtvolle Panoramen und an ihrem Westende, zu dem Steigspuren hinüberführen, ein atemberaubender Tiefblick auf den Ort und ins Schauertal.

Über die Brocksanlage zur Kirchenweghöhle Zurück an der großen Wegteilung vor der Burg, wandern wir mit Schwarzring rechts bergauf, dann immer geradeaus (!) zur Straße nach Oberfellendorf. Wir folgen ihr, an der Stucky-Ruhe vorbei, kurz links aufwärts und biegen dann rechts auf einen Steig ein. Er umrundet ein malerisches Felsentälchen und führt zuletzt zu den Felsen der Brocksanlage empor.

Gleich bei der ersten Wegteilung gehen wir nach rechts zu einem Felskopf hinüber: Hier bietet sich der schönste Blick zurück auf Streitberg und hinab zur Muschelquelle. Nun geht es, an bizarren Felsen mit einer kleinen Höhle entlang, steiler empor, bis wir einen breiten Weg erreichen. Ihm folgen wir kurz nach rechts und biegen dann, weiter mit Schwarzring, rechts auf einen Pfad ab, der an der Hangkante entlangführt. Bald leitet ein Stichpfad rechts zum Aussichtspunkt Rote Leiten hinab: traumhaft der Blick über das Wiesenttal zur Neideck.

Wenig später folgt eine Wegteilung: Wir biegen scharf links auf einen breiten Weg ab und erreichen eine große Waldwiese, wo wir die Mk. verlassen: Wir gehen vom Ende der Freifläche geradeaus auf breitem Forstweg in den Wald hinein, biegen aber schon nach ca. 50 m rechts auf eine Fuhre mit schwachen Fahrspuren ab ❸. Auf ihr aufsteigend, erreichen wir ein felsiges Gelände rechts des Weges und stehen bald vor dem unscheinbaren Eingang der Kirchenweghöhle. Eine Besichtigung (mit ausreichend Lampen!) schenkt großartige Eindrücke: Besonderer Blickfang ist eine umgestürzte Tropfstein-Säule.

Schönsteinhöhle und Schwingbogen Wir steigen auf der Fuhre weiter bergan und treffen bald auf einen Wanderweg ohne Mk., dem wir nach rechts folgen. Wenig später tritt wieder die Mk. Schwarzring hinzu und leitet uns zur felsigen, heute eingewachsenen Kuppe des Guckhüll hinauf. Jenseits geht es, an den imposanten Ostabstürzen entlang, über Kehren bergab. Zuletzt leitet uns ein Fahrweg über eine große Kehre (wir halten uns links, während die Mk. Schwarzring rechts abzweigt) ins Lange Tal hinunter ❹.

Von hier führt uns die Mk. Blauring nach links zum Talschluss und dann scharf rechts, zuletzt in weitem Bogen zum Brunnstein-Schönstein-Massiv empor, das eines der größten Höhlensysteme der Alb beherbergt. Nahe beim unteren Ende öffnet sich der Eingang zur geräumigen Brunnsteinhöhle, die eine Erkundung lohnt, weiter oben führt ein Stichpfad zum engen Eingang der Schönsteinhöhle. Am oberen Ende des Massivs steigen wir mit Blauring rechts zum malerischen Schwingbogen mit seinen zwei Felsentoren auf.

Zur Felsenschlucht Durch das zweite Tor steigen wir zu einer Forststraße ab und biegen rechts auf sie ein. Bei einer Wegteilung folgen wir rechtshaltend weiter dem Forstweg (ab hier ohne Mk.). Auf ihm geht es abwärts, dann biegen wir scharf links ab 5 und erreichen nach wenigen Metern den Weg nach Muggendorf (Rot-Senkrecht). Auf ihm wandern wir kurz geradeaus weiter, bis uns ein Ww. rechts zum Aussichtsfelsen Burgblick hinüberführt, der eine neue Ansicht der Neideck und der Streitberger Felsen bietet.

Wieder auf dem Hauptweg, gehen wir linkshaltend ein Stück zurück und folgen dann der Rot-Senkrecht-Mk., die uns nach links über Kehren an bizarren Felsen vorbei ins Lange Tal hinabführt. Bald kommen wir zur vertrauten Wegteilung im Tal und steigen halb links über die Forststraße wieder bis zu der vom Hinweg bekannten Kehre auf. Hier biegen wir links auf den Weg Richtung Muschelquelle ein und kommen bald in das Gebiet der gewaltigen Müllerfelsen. Bei der Gabelung 6 lohnt ein Abstecher geradeaus zur Klararuhe, einem Traumplatz am Fuß der überhängenden Matterhornwand.

Zur Verzweigung zurückgekehrt, steigen wir mit Schwarzring Richtung Felsenschlucht auf. Ein letzter großer Höhepunkt: Über steile Treppen geht es in die enge Spalte zwischen dem monumentalen Freundschaftsturm und der dahinterliegenden Wand hinauf und durch sie hindurch.

Über die Amselruhe zurück Es folgt ein Aufstieg durch den Steilhang; von der dritten Kehre führt ein Stichweg links zu einer Kanzel mit schönem Wiesenttalblick. Wenig später, am Rand der Hochfläche, schwenkt der Weg scharf nach links. Schon 100 m weiter die nächste Wegteilung: Wir biegen links auf den sanft abwärts führenden Jägersteig ein (ebenfalls Mk. Schwarzring). Bei der Amselruhe rückt noch einmal die Neideck ins Blickfeld, dann geht es steil zum Talweg hinab. Wir folgen ihm nach rechts und stehen bald vor der malerischen Kulisse der Muschelquelle mit ihren Felsen und kleinen Höhlen. Von hier sind es nur wenige Minuten nach Streitberg und an der Kirche vorbei hinab ins Zentrum.

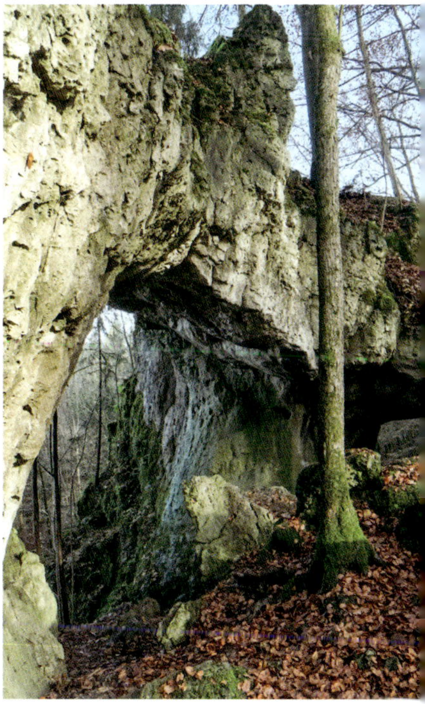

Auf der Tour fesseln grandiose Felsformen wie die zwei Tore des Schwingbogens (o.) und der Freundschaftsturm bei der Felsenschlucht (u.).

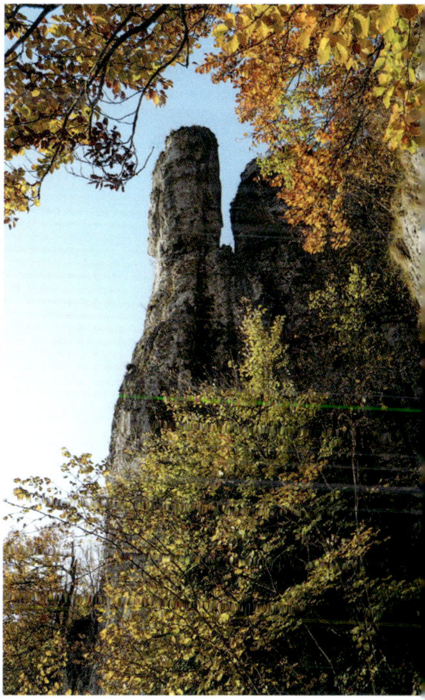

11

Muggendorfer Felsabenteuer

Zwecklersgraben, Kammer und Mehlbeerensteig

Mittel | 10 km | 410 Hm | 3:30 Std.

Tourencharakter
Tour mit fast alpinem Charakter durch eine spektakuläre Schlucht, über Grate und an imposanten Felsketten entlang sowie zu großartigen Höhlenlandschaften und Aussichtspunkten. Teils über problemlos begehbare felsige Steige (stellenweise zur Sicherheit mit Drahtseilen versehen), teils auf guten Hang- und Talwegen.

Ausgangs-/Endpunkt
Muggendorf, Parkplatz links an der Bergstraße nach Doos (355 m) (GPS: 49.801262, 11.267578), oder Bus-Hst. Gasth. Kohlmann (324 m)

Anfahrt mit ÖPNV
Im Sommer (1.5.–1.11.) gute (alle 1–2 Std.), in der übrigen Zeit passable (alle 2–3 Std.) Busverbindung mit Linie 389 von den Bahnhöfen Ebermannstadt und Pegnitz

Höchster Punkt
Adlerstein (531 m)

Gehzeiten
Zum Zwecklersgraben 0:25 Std. – Quackenschloß 0:40 Std. – Adlerstein 0:10 Std. – Kammergrotten 0:45 Std. – Hohes Kreuz 0:35 Std. – Felsensteig Ende 0:20 Std. – Abstieg über Mehlbeerensteig 0:35 Std. (nicht eingerechnet: Besichtigung der Höhlen)

Beste Jahreszeit
Ganzjährig reizvoll (außer bei Schneelage), besonders schön in der Farbenpracht des Herbstes

Einkehr
Mehrere Gasthöfe in Muggendorf, unterwegs keine

Karte
ATK25 E10 Ebermannstadt

Bei Muggendorf zeigt die Fränkische Schweiz fast alpinen Charakter: Kaum bekannte Steige führen durch Schluchten, über Felsgrate und an imposanten Steilwänden entlang zu einmalig schönen Aussichtspunkten und spektakulären Höhlenlandschaften.

Unsere Route führt durch die urweltliche Schlucht des Zwecklersgrabens hinauf zum berühmten Quackenschloß und zur ebenso imposanten, aber fast vergessenen Höhlenwelt der Kammer. Zurück geht es über den traumhaft schönen, kaum begangenen Mehlbeerensteig.

Durch den Zwecklersgraben Vom Parkplatz steigen wir auf der Straße ein Stück ab, biegen links in den Neuen Weg ein und wandern mit Gelbring u. a. am Hang entlang (von der Bus-Hst. kurz Richtung Kirche, dann spitzwinklig rechts empor und zuletzt rechts in den Neuen Weg). Bei einer Wegteilung ❶ gehen wir mit Grünring geradeaus weiter und erreichen absteigend eine Wiese mit Blick ins Wiesenttal, überragt von ei-

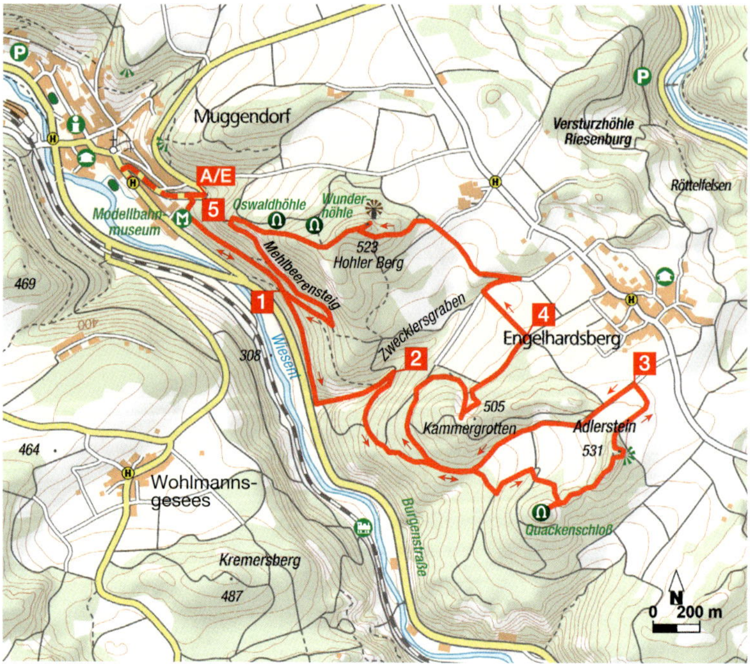

nem breiten Felsmassiv. Hier leitet uns ein Ww. nach links mit Grünring in den Wald hinein – die Warnung »nur für Geübte« kann man getrost ignorieren.
Am Eingang zum Zwecklersgraben lohnt ein Abstecher zu den bizarr gezackten Felsen auf der linken Seite. Der Wanderweg führt jedoch gleich über den Grund hinüber und am rechten Schluchthang über felsige Stufen steil empor – das Drahtseil ist nur bei Nässe nötig. Bald durchqueren wir, mitten im ehemaligen Bachbett, einen malerischen Engpass. Man kann sich vorstellen, wie hier einst Wasserfälle über die glatten Felsen zu Tal stürzten. Wenig später verlassen wir die Schlucht nach links und gelangen über Stufen zu einem breiten Weg (Mk. Gelbring) hinauf, auf den wir nach rechts einbiegen.

Quackenschloß und Adlerstein Bei einer Wegteilung ❷ geht es von nun an mit Gelbring und Rot-Senkrecht rechts über den Talboden hinüber und dann stetig am Hang empor. Nach einem Graben wandern wir nach links entlang einer Wiese aufwärts, dann zweigt rechts ein Pfad ab, der uns steil zum Massiv des Quackenschlosses emporführt. Vom Vorplatz erreichen wir rechtshaltend auf kurzem Stichpfad die durch einen Mittelpfeiler geteilte Durchgangshöhle – ein Motiv, das schon die romantischen Maler begeisterte. Beim Abstieg lohnt ein Abstecher nach rechts zum felsigen Gipfelplateau mit reizvollen Ausblicken.
Vom Vorplatz geht es weiter über den felsigen Kamm aufwärts, bis sich der massige Adlerstein ins Blickfeld schiebt. Etwa 20 m vor ihm zweigt rechts ein Stichpfad ab, der uns über Felsstufen und eine Eisenleiter zum Gipfel hinaufbringt: großartig die Sicht nach N und O auf die Kuppen der Alb. Beim Abstieg geht man bis zum Fuß der Treppe hinunter und steigt auf gutem Pfad links zur Nordseite ab; nebenan ein kleines Felsentor.

Am Eingang zum Zwecklersgraben lädt diese Bank zur Rast an heißen Tagen ein (li.), die Schlucht wird von schroffen Felsen flankiert (re.).

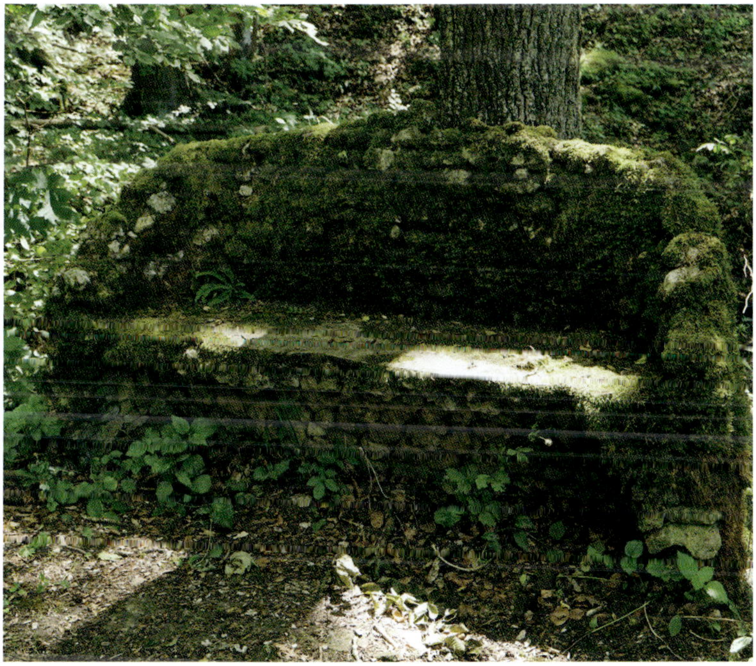

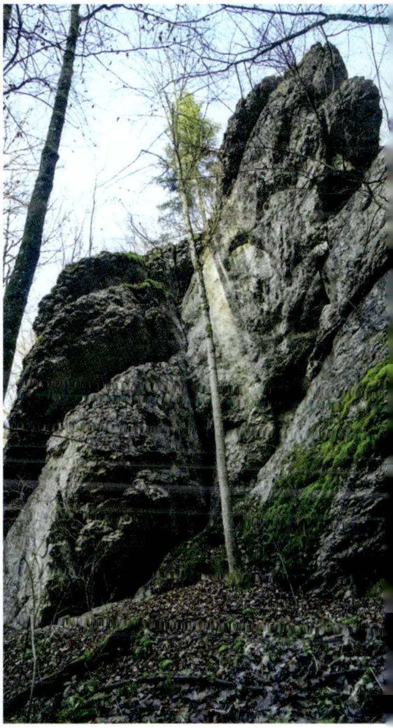

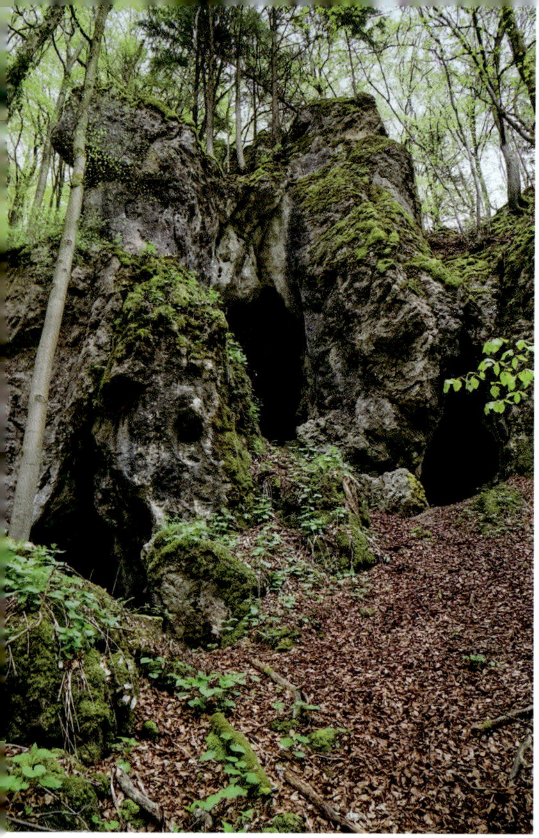

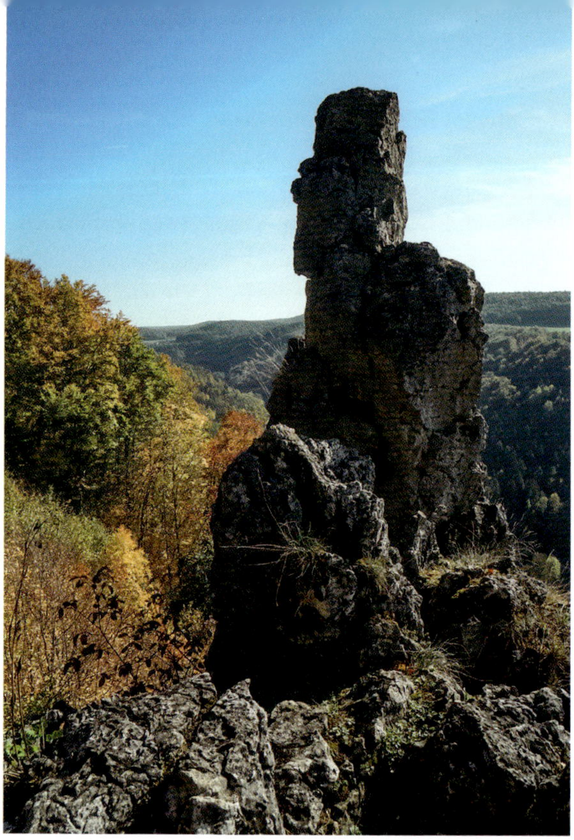

Die Kammergrotten bilden eine der schönsten Höhlenlandschaften der Alb (li.). Der Felsensteig wartet mit bizarren Türmen und grandiosen Tiefblicken auf (re.).

Zur Kammer Mit beiden Markierungen gehen wir nun auf die aussichtsreiche Hochfläche hinaus, passieren einen Parkplatz und gelangen im Linksbogen zu einem geteerten Feldweg ❸. Auf ihm geht es ohne Mk. nach links zu einer Kuppe empor, dann auf unbefestigtem Fahrweg immer geradeaus am rechten Rand eines schönen Tälchens bergab. Kurz nach Eintritt in den Wald mündet der Weg in die vom Aufstieg bekannte Route, der wir nach rechts folgen.

Schon 160 m später erreichen wir die entscheidende Wegteilung: Wo alle Markierungen mit einem gelben Pfeil nach links abzweigen, gehen wir auf einem Forstweg ohne Mk. leicht rechtshaltend weiter. Nach längerer Hangquerung vereinigt er sich mit dem Weg mit der Mk. Grünring. Dieser folgend, biegen wir bald rechts ab und gelangen in steilerem Anstieg zum Felsgebiet der Kammer.

Die Erkundung schenkt großartige Eindrücke: Wir steigen beim Ww. rechts auf deutlichem Pfad zu den glatten Wänden im Zentrum des Felskessels auf, dann ca. 10 m zurück, bis schwache Pfadspuren nach rechts hinüberführen: Über uns wird ein schönes Felsentor sichtbar. Nun steigen wir entlang der Felsen auf der rechten Seite steil hinab, passieren eine schöne Spalthöhle und umrunden dann den Eckfelsen nach rechts. Bald stehen wir vor einer der eindrucksvollsten Höhlenszenerien der Alb: Nebeneinander öffnen sich zwei der Kammergrotten, deren Erkundung den kurzen Steilanstieg lohnt.

Wir wandern nun weiter am Massiv entlang und steigen zu seinem Ende empor: Dort finden wir die Kirchengrotte, eine tiefe Höhle mit rundem Felsenfenster in der Seitenwand. Wir gehen dann den letzten Anstieg wieder hinunter und steigen nach rechts zum markierten Weg ab.

Zum Hohen Kreuz Wir halten uns rechts und wandern mit Grünring am Rande eines Tälchens bergan. 40 m nach einer Scheune biegen wir links auf einen Feldweg ohne Mk. ein ❹, der uns sanft fallend zu einer Birke auf der anderen Talseite hinüberführt. Von hier steigen wir nach rechts auf geschottertem Weg ein Stück empor und biegen dann (bei Beginn der Teerdecke) spitzwinklig links mit Braunkreuz auf den Weg zum Hohen Kreuz ein. Er führt uns über freie Hänge, dann linkshaltend durch Wald, zuletzt nach rechts auf gepflastertem Weg steil zum Gipfel empor. Über 71 Stufen erreicht man die oberste Plattform des Aussichtsturms mit Prachtblick auf die nördliche Frankenalb.

Auf dem Felsensteig Wir gehen nun mit Braunkreuz u. a. rechtshaltend durch felsiges Gelände, passieren eine kleine Senke (von hier führen Steigspuren nach links zur Doktorshöhle), halten uns bei einer Wegteilung rechts und erreichen über den felsigen Grat eine Aussichtsbank über dem Wiesenttal. Während die anderen Markierungen links zur Oswaldhöhle hinableiten, wählen wir den Felsensteig (Braunkreuz), der bei der Bank beginnt und an der Felskante talwärts führt.
Auf ihm geht es über felsige Stufen (einmal mit Drahtseil), an kleinen Türmen vorbei steil bergab, stets mit atemberaubendem Blick ins Tal. Eine Aussichtskanzel links des Weges wartet mit einem Prachtblick auf die Felsfluchten und zur Ruine Neideck auf. Bald wird das Gelände flacher: Wer die Oswaldhöhle noch nicht kennt, kann nach rechts in wenigen Minuten zu ihrem gewaltigen Tor hinübergehen. Wir folgen weiter dem Felsensteig, der über mehrere Aussichtspunkte sanft abwärtsführt.

Der Mehlbeerensteig führt direkt am Fuß der hohen Geiersteine entlang.

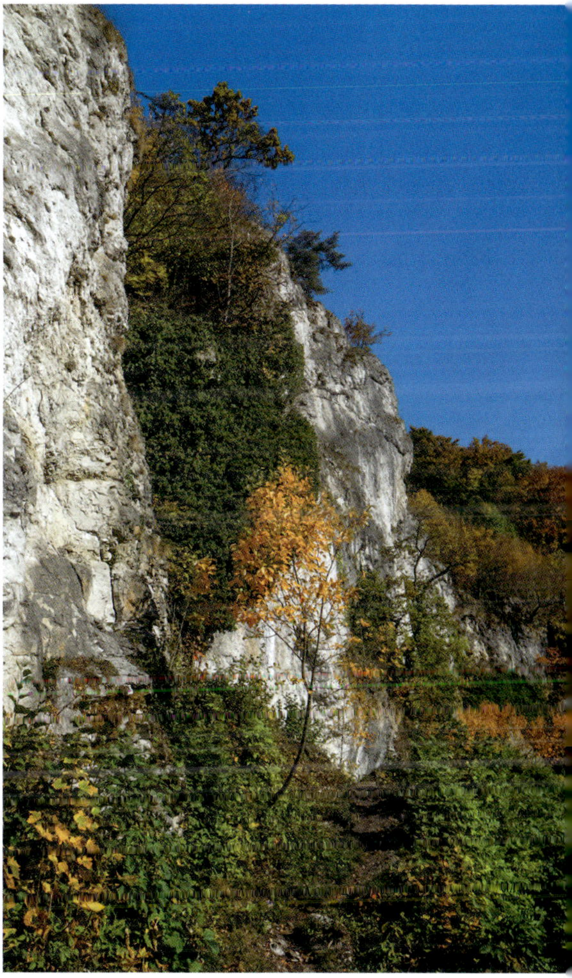

Auf dem Mehlbeerensteig zurück Bei einer Wegteilung ❺ verlassen wir den Felsensteig und biegen mit Grünring links auf den Mehlbeerensteig ein, benannt nach der seltenen endemischen Fränkischen Mehlbeere, die nur an sonnigen Hängen gedeiht. Daher werden die imposanten Felsfluchten hier stets waldfrei gehalten. Mit Prachtblick auf die Kette der Geiersteine geht es zwischen zwei Türmen hindurch abwärts, dann über Stufen zu einer Wegteilung hinab, bei der wir geradeaus weitergehen. Es folgt eine herrliche Promenade in stetem Auf und Ab am Fuß der gewaltigen Felsen. Nach der überhängenden Hauptwand (Drahtseil) führt der Steig in den Wald hinein und leicht aufwärts zur Einmündung in einen breiteren Weg, auf den wir scharf rechts einbiegen. Mit Blauschrägstrich geht es steil zu der vom Morgen bekannten Wegteilung hinab, dann mit Gelbring etc. rechts zum Startpunkt zurück.

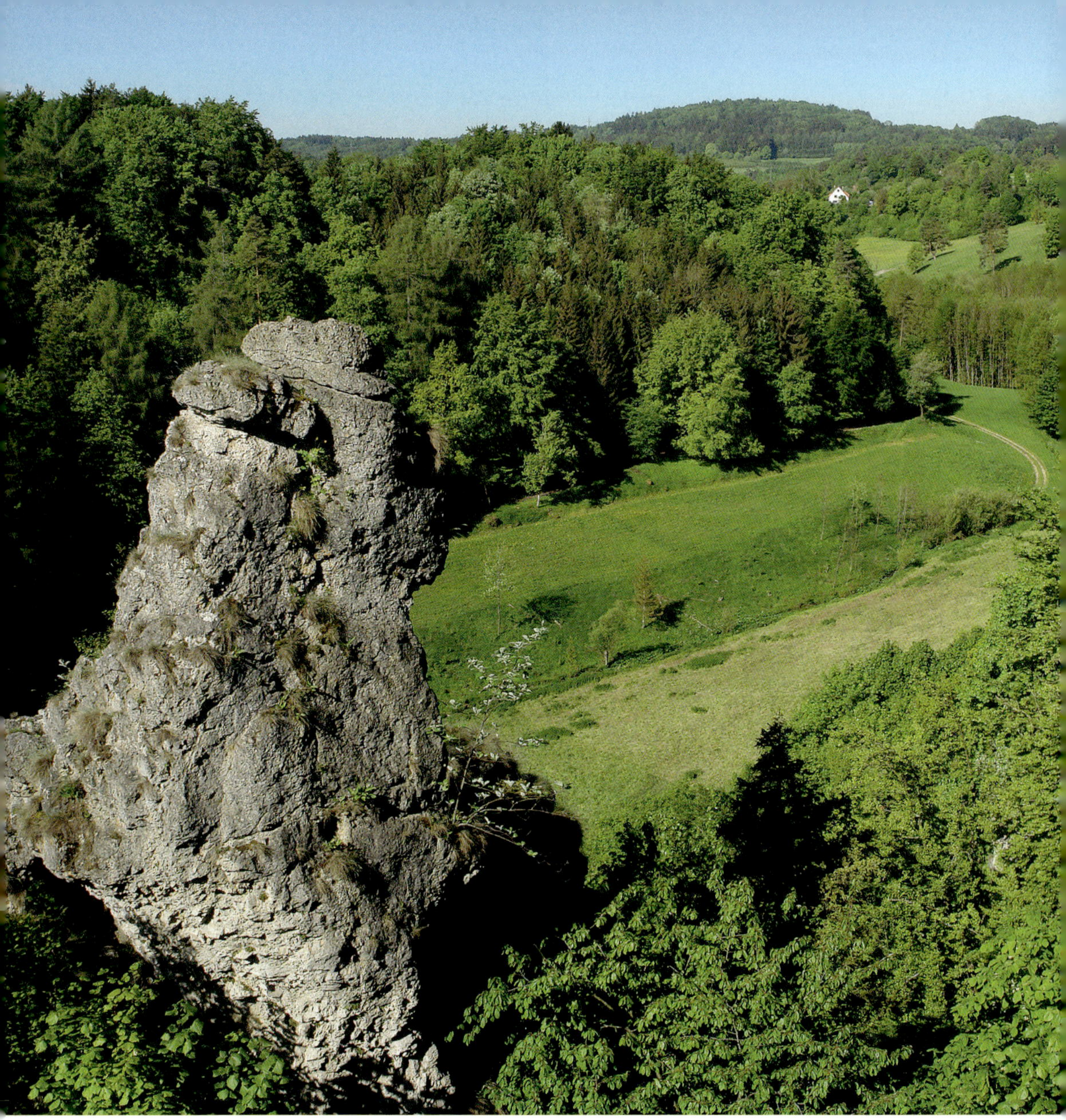

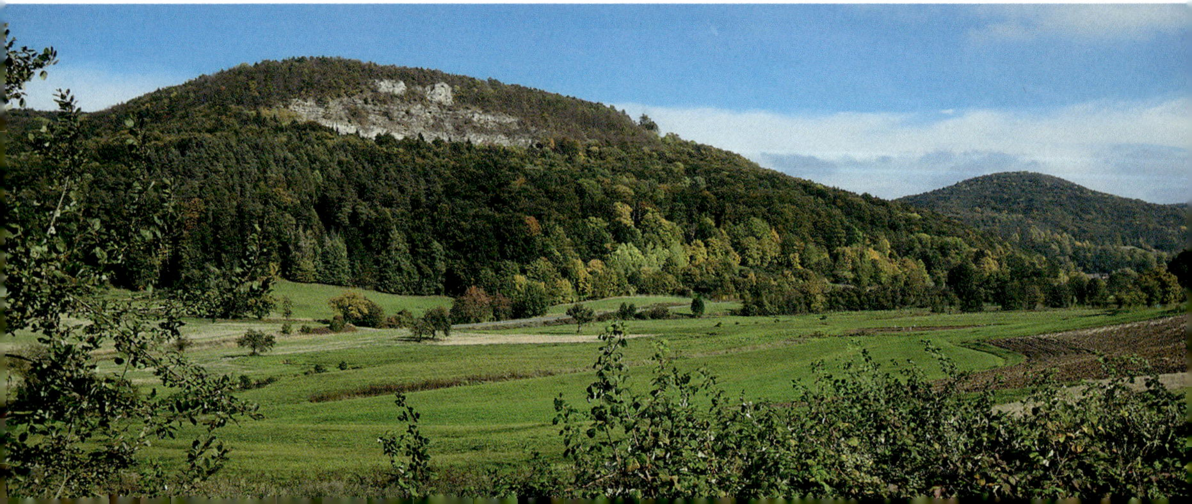

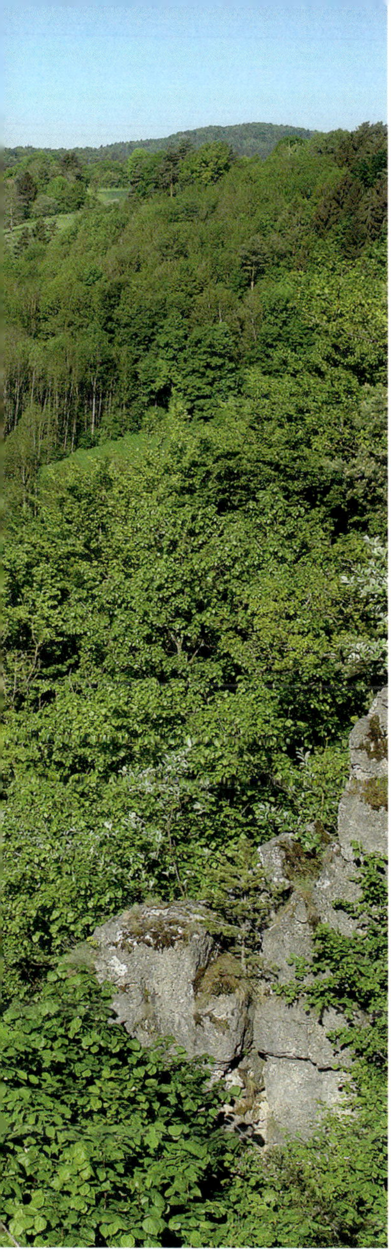

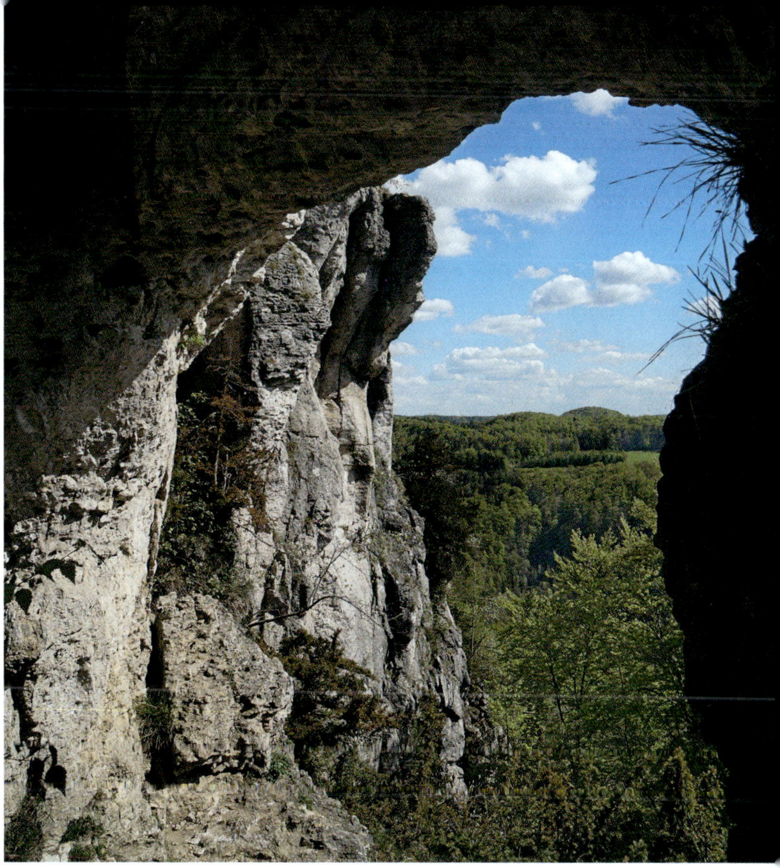

Touren in der zentralen und südlichen Fränkischen Schweiz

Über dem Kugelspielturm findet man einen Traumplatz mit Blick ins Todsfeldtal (o. li.). Durch das Felsentor am Rötelfels leuchtet das Geiereck (o. re.). Die Kirschblüte verzaubert die Landschaft um das Walberla (u. re.). Die Steilhänge von Schiessenfels und Heidelberg dominieren das untere Trubachtal (u. li.).

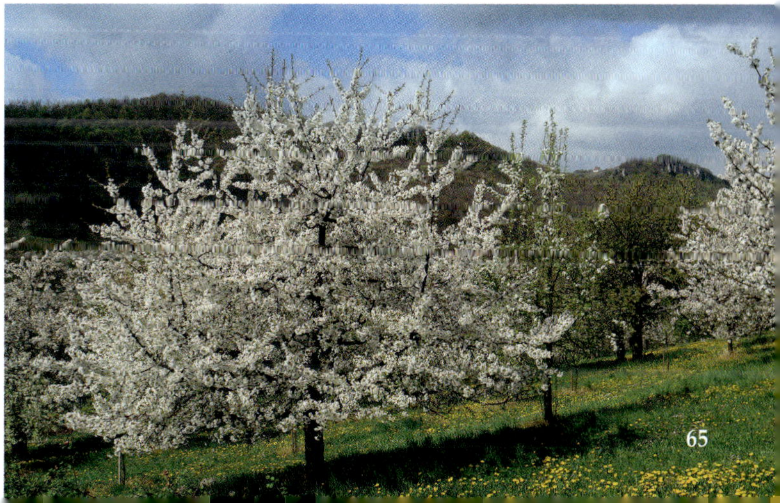

12

Die vergessene Seite des Wiesenttals

Von der Heinrichsgrotte nach Behringersmühle

Mittel | 11,5 km | 470/460 Hm | 4 Std.

Tourencharakter
Streckenwanderung durch einzigartige Fels- und Höhlengebiete, z. T. auf Weganlagen des 19. Jh., anfangs auch auf schmalen Steigen, die Trittsicherheit erfordern

Ausgangspunkt
Hst. Abzw. Burggaillenreuth (312 m) der Buslinie 389 bzw. Parkplatz neben Hst. an B 470 ca. 3 km südöstl. von Muggendorf (GPS: 49.778317, 11.294282)

Endpunkt
Hst. Behringersmühle, Hotel Behringers (322 m). Von hier mit Bus 389 zurück zum Ausgangspunkt (Abfahrt vom 1.5.–1.11. stündlich: Mo–Fr 14–19 Min., an Wochenenden 19 oder 24 Min. nach jeder Std., im Winter Mo–Fr alle 2 Std., Sa/So nur 16:19 Uhr)

Anfahrt mit ÖPNV
Im Winter brauchbare, vom 1.5.–1.11. gute Verbindung mit Linie 389 von Ebermannstadt und Pegnitz

Höchster Punkt
Schloßberg (485 m)

Gehzeiten
Heinrichsgrotte 0:15 Std. – Schloßbergwände 0:40 Std. – Esperhöhle 0:25 Std. – Sachsenmühle 0:45 Std. – Stempfermühle 0:25 Std. – Wagnershöhe 0:40 Std. – Behringersmühle 0:50 Std.

Beste Jahreszeit
März/April und Ende Okt./Anfang Nov. Im Sommer reizvoll, aber im ersten Teil etwas durch dichte Vegetation beeinträchtigt

Einkehr
Sachsenmühle (09242/74 06 60), Stempfermühle (09242/16 58), Gasthäuser in Gößweinstein

Karte
ATK25 E10 Ebermannstadt

Anders als auf der Nordseite des Tales zeugen im Süden, im Gebiet um Heinrichsgrotte und Schloßberg, nur mehr unmarkierte Steige und Reste der einst kunstvollen Weganlagen von der romantischen Begeisterung für diese großartige Felswildnis.

Erst in der Nähe von Gößweinstein werden die markierten Wege zahlreicher, doch zählen die Esperhöhle, eines der größten Naturwunder der Alb, und die historischen Weganlagen durch die Felsabstürze im Norden des Wallfahrtsorts zu den wenig besuchten Zielen.

Zur Heinrichsgrotte Von Parkplatz und Haltestelle gehen wir ca. 50 m Richtung Muggendorf, biegen dann links ab, überschreiten die Wiesent und danach die Gleise der Museumsbahn. Jenseits halten wir uns links und wählen bei der nächsten Wegteilung links den Weg Richtung Sachsenmühle. Schon gut 100 m später ❶ verlassen wir die Talroute und steigen nach rechts auf schmalem Weg schräg durch den Hang und über Blockwerk zur Heinrichsgrotte (Heidenkirche) empor: Die riesige überhängende Wand mit dem zerklüfteten Höhlenportal bietet einen einmaligen Anblick; über Stufen gelangt man in die eindrucksvolle Geisterhöhle.

Finstergraben und Schloßberg Wir steigen nun in Falllinie der Hauptwand sehr steil auf schmalem Pfad zu einem Vorfelsen ab und umrunden diesen rechtshaltend unmittelbar am Felsfuß. Hier treffen wir auf einen Steig, der, unter imposanten Wänden vorbei, leicht ansteigend durch den Steilhang führt. Bald erreichen wir den Finstergraben. Der Weg schlängelt sich durch den von Felstrümmern geprägten Grund und führt dann über alte Steinstufen steil am rechten Talhang empor.
Mit einem breiteren Weg wechseln wir auf die linke Talseite hinüber. Gleich hinter dem ersten großen Felsen öffnet sich links ein halbkreisförmiger Kessel mit den drei Finstergrabenhöhlen: Die ersten beiden (am Beginn und oben am Hang) begeistern durch bizarre Struktur und leichte Versinterung.
An einer Versturzhöhle am Ende des Kessels vorbei kehren wir zum Fahrweg zurück und gehen weiter talauf. Wo der Graben flacher wird, kann man nach rechts zur anderen Seite und ihren bizarren Felsen hinüberwandern; auch dort verläuft ein Fahrweg, auf dem wir weiter aufstei-

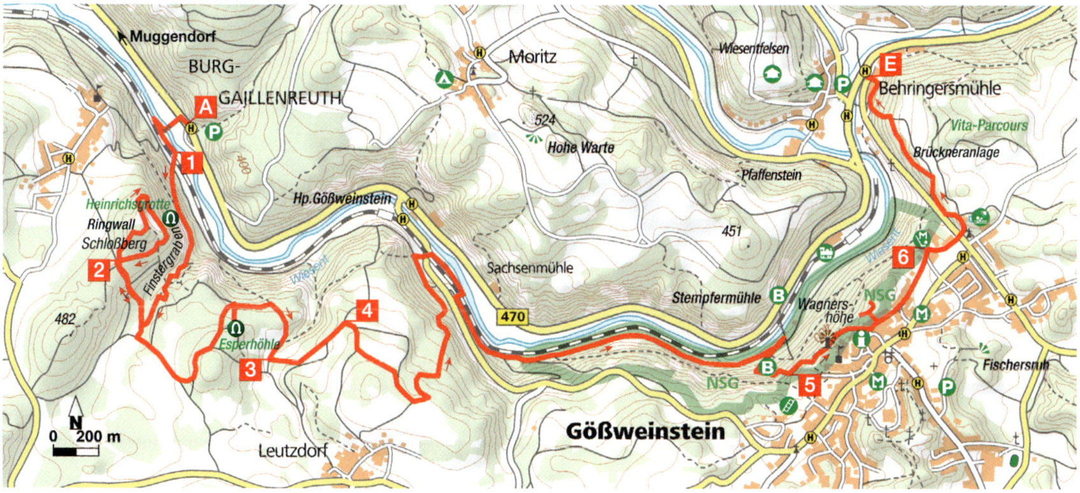

gen. Bald mündet er in einen breiten Weg mit der Mk. Blau-Senkrecht: Mit ihr steigen wir nach rechts zu einem Sattel ❷ auf. Von dort geht es mit dem Ww. »Zum Keltenwall« nach rechts, dann bei einer Gabelung linkshaltend zur Kuppe des Schloßbergs empor.

Nachdem wir uns an den Tafeln über die frühkeltischen Befestigungen informiert haben, wandern wir links zum Nordende des Kamms hinüber und finden einen wahrhaft vergessenen Pfad: Über bemooste Steintreppen geht es bergab, dann im Rechtsbogen zu den imposanten Nordabstürzen hinunter. Gute Pfade führen uns an ihnen entlang und zuletzt rechtshaltend zum Doppelturm der Schloßbergzwillinge. Von ihrem Fuß steigen wir weglos zu einem bemoosten Vorblock ab, dann leicht rechts durch eine Senke wieder zur Hangkante empor. Oben bringt uns ein Fahrweg nach rechts zum Wanderweg zurück.

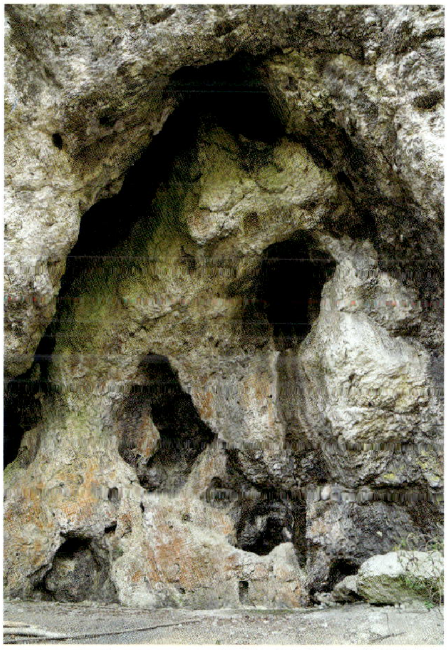

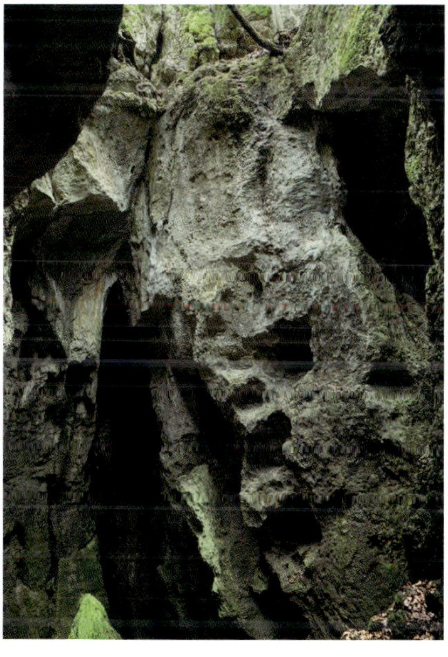

Gewaltige Felsarchitektur fesselt das Auge am Portal der Heinrichsgrotte (li.) und in der Kleinen Doline der Esperhöhle (re.).

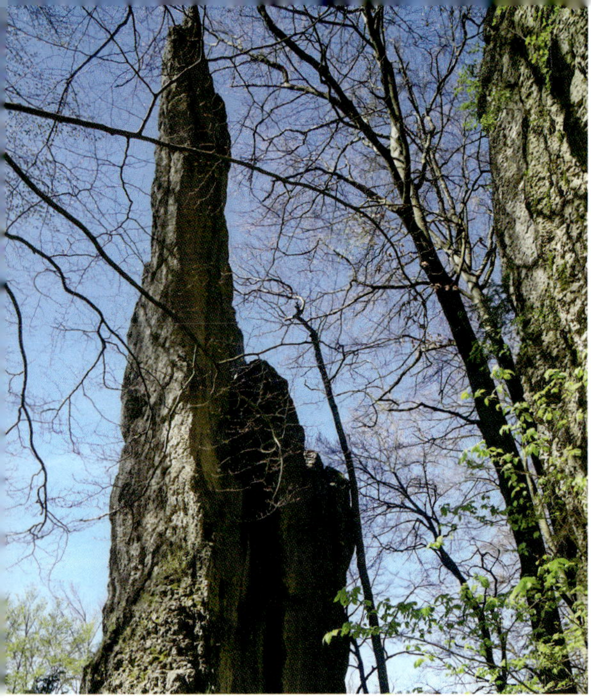

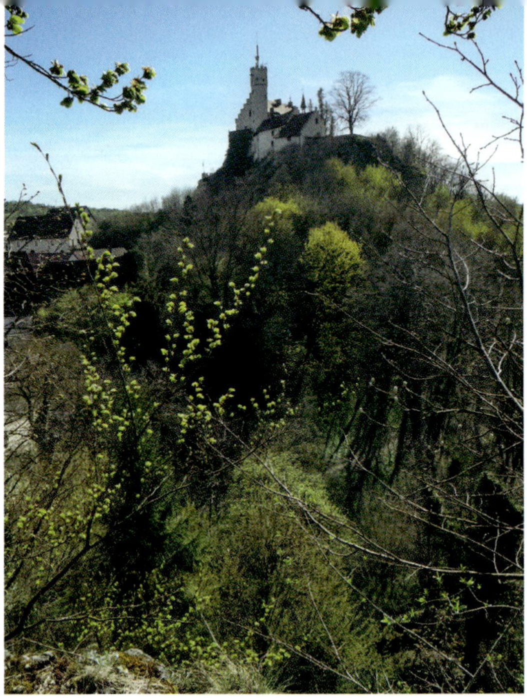

Eine unglaublich schlanke Felsspitze wacht am Eingang zum Felsensteig (li.). Vom Felskopf bei der Wagnershöhe erscheint Burg Gößweinstein wie Wagners Gralsburg (re.).

Naturwunder Esperhöhle Mit Blau-Senkrecht geht es links bergab, über die Senke beim Finstergraben hinweg und jenseits zu einer Wiese hinauf. Hier biegen wir mit der Mk. links auf einen schmalen Weg ab und steigen durch Wald im Linksbogen empor. Bei einer Wegteilung (Metallstab) halten wir uns halb links, wandern auf gleicher Höhe weiter, dann mit Geländer abwärts und erreichen ein malerisches Felsmassiv mit Halbhöhlen.

Von hier geht es sanft bergab, dann rechts empor zur Großen Doline der Esperhöhle. Man kann von hier drei Seitengrotten erkunden und einen schauererregenden Blick in das Klingloch, eine der tiefsten Schachthöhlen der Alb, werfen. Unverzichtbar ist der Besuch der Kleinen Doline: Über den Durchgang rechts hinten im Kessel erreicht man einen Raum, der mit seinen riesigen Spalten und Steilwänden zu den eindrucksvollsten weit und breit gehört.

Durchs Wiesenttal zum Eibenwald Von der Abzweigung unterhalb folgen wir der Mk. Blau-Senkrecht nach rechts, bis der Weg auf eine Wiese hinausführt und in einen geschotterten Fahrweg mündet. Auf ihm gehen wir nur noch 70 m talauf, biegen dann ohne Mk. links ab ❸ und steigen auf dem Feldrain zu einem höher gelegenen Schotterweg auf. Wir folgen diesem nach links zu einer Kuppe und zweigen dort spitzwinklig (!) rechts in einen Fahrweg ein ❹, der durch ein schmales Waldstück aufwärts führt.

Bei Einmündung in einen breiteren Forstweg gehen wir kurz nach rechts und biegen dann am Waldrand links in einen begrünten Fahrweg ein, der uns, zuletzt mit Prachtblick über das Wiesenttal, am Wald entlang und dann nach rechts durch ihn hindurchführt. Am anderen Waldrand treffen wir auf den IFS-Weg (rot/weiß diagonal geteilt) und folgen ihm nach links. Er tritt bald in den Wald ein, biegt dort scharf nach links, bei der nächsten Wegteilung nach rechts (fehlende Mk.) und führt steil durch schönes Felsgelände ins Wiesenttal hinab.

Dort geht es auf dem Talweg (Rotkreuz) nach rechts, über Bahn und Fahrstraße hinweg, zur Sachsenmühle. Es folgt einer der schönsten Talabschnitte: Immer entlang der Bahnlinie bringt uns ein (seit Kurzem geteerter) Wanderweg zur Stempfermühle; gegenüber fesseln die Südwände um Norisbabawand und Weiße Wand. Bei der Mühle lohnt ein Abstecher nach links zu Wiesentbrücke und Stempfermühlquelle, einer der stärksten Karstquellen der Alb.
Kurz nach der Mühle biegen wir scharf rechts auf einen schmalen Weg (Mk. Blaupunkt u. a.) ab, der uns durch den Eibenwald steil emporführt. Bei der Wegteilung nach der Kehre halten wir links auf die bizarren Felszacken des Napoleon zu, steigen über Stufen zur Bergseite auf und biegen links in den Felsensteig (Frankenweg u. a.) ein ❺.

Felsensteig und Schmittanlagen Der Steig führt uns in einen gewaltigen Felskessel hinunter, dann über Holztreppen eine steile Klamm hinauf und zuletzt durch einen malerischen Felsdurchgang. Bei einer Verzweigung verlassen wir den Frankenweg (der rechts emporführt) und wandern geradeaus am Hang weiter (lokale Mk.). Bald erreichen wir die Aussichtskanzel der Schmittanlagen (19. Jh.) mit Prachtblick ins Wiesenttal.
Ein schöner Promenadenweg führt unter bizarren Felsen weiter und dann leicht ansteigend nach Gößweinstein. Wir erreichen den Ort beim Rathaus und biegen mit Blaukreuz u. a. scharf nach links. Bei der nächsten Abzweigung steigen wir nach links Richtung Wagnershöhe auf. Gleich nach der ersten Treppe sollte man nach links auf einem Pfad ohne Mk. steil zu einem Felskopf aufsteigen: Ein Prachtblick zur Burg und ins Wiesenttal ist Lohn der Mühe. Die Wagnershöhe selbst beeindruckt durch die Sicht auf Basilika und Ort, der Blick nach N ist dagegen etwas eingeschränkt.

Mein Wandertipp on top

Wer sich für die Landschaft um Gößweinstein begeistert und sie noch von einer anderen Seite kennenlernen möchte, dem sei der Balthasar-Neumann-Rundweg empfohlen: Er führt von der Ostseite der Basilika über den Kreuzberg mit fantastischer Aussicht auf den Ort über Theaterhöhle, Ölberg- und Elisabethgrotte zum Gernerfels, wo sich wiederum ein atemberaubender Blick auftut.

Über die Brückneranlage ins Tal Zur Abzweigung zurückgekehrt, halten wir uns mit Blaukreuz u. a. links, gehen die Badangerstraße hinunter, dann kurz links auf das Hotel Stempferhof zu, biegen aber gleich rechts ab ❻ und wandern am Minigolfplatz entlang. Nach Überquerung der Straße gelangen wir links über einen Parkplatz zum Eingang der Karl-Brückner-Anlage (Blaukreuz, Frankenweg). Der wunderschöne Hang und Treppenweg führt an imposanten Felsen wie dem schlanken Dorlstein vorbei, durch Felseinschnitte und einmal unter einer angelehnten Felsplatte hindurch zu gleich drei herrlichen Aussichtskanzeln nacheinander.
Die mittlere, die Luisenterrasse, zu der ein Stichpfad hinaufleitet, bietet den umfassendsten Blick auf Burg, Wiesenttal und Behringersmühle. Von der dritten, der Johannisburg, führt uns die Mk. Blaukreuz steil in Kehren, an gewaltigen Felstürmen vorbei, bergab. Zuletzt verläuft der Weg kurz parallel zur Straße, dann sehen wir gegenüber die Haltestelle am Eingang von Behringersmühle, von wo uns der Bus zum Startpunkt zurückbringt.

13

Höhlenwunder über der Püttlach

Windloch, Hätzerkirche und Dohlenloch

Mittel | 13 km | 390 Hm | 4:15 Std.

Tourencharakter
Wanderung durch eines der schönsten Täler der Alb zu spektakulären Höhlenmassiven an den Hängen und über aussichtsreiche Hochflächen. Überwiegend gute, mäßig steile Wege, allein der teils weglose und steile Abstecher zur Hätzerkirche ist anspruchsvoller.

Ausgangs-/Endpunkt
Elbersberg, Parkplatz bei der Elbersberger Kapelle (493 m) (GPS: 49.758323, 11.444786), oder Hst. Elbersberg, Feuerwehrhaus, der Buslinie 392 (von dort über den Kapellenweg in ca. 7 Min. zum Parkplatz)

Anfahrt mit ÖPNV
Mo–Fr gute (alle 1–2 Std.), Sa/So brauchbare (alle 2–4 Std.) Verbindung vom Bhf. Pegnitz mit Linie 392, teils Busse, teils Anruflinientaxis (Anmeldung mind. 1 Std. vorher: 09241/1448)

Höchster Punkt
Höhenweg zur Elbersberger Kapelle (496 m)

Gehzeiten
Zum Windloch 0:25 Std. – Hätzerkirche 0:40 Std. – Adamsfels 0:50 Std. – Dohlenloch 0:40 Std. – Burg Pottenstein 0:30 Std. – Aussichtsturm 0:40 Std. – Rückweg 0:30 Std. (nicht eingerechnet: Besichtigung der Höhlen)

Beste Jahreszeit
Mit Besuch des Dohlenlochs nur 1.7.–31.1. möglich (1.2.–30.6. Sperrung wegen Vogelbrut), im Winter aber im Tal sehr schattig

Einkehr
Zahlreiche Gasthöfe und Cafés in Pottenstein

Karte
ATK25 E11 Pegnitz

Als tief eingeschnittenes Tal zwischen bizarren Felsmassiven mit einem glasklaren Bach, an dem sich Wasseramseln tummeln, ist das obere Püttlachtal berühmt. Kaum einer kennt die großartigen Höhlengebilde hoch an den Hängen, die zu den formenreichsten der Alb zählen.

Unsere Tour führt von der schaurigen Schachthöhle des Windlochs zum einzigartigen Karstensemble der Hätzerkirche, dann durch das Tal und über das malerische Dohlenloch zu den Aussichtsfelsen über Pottenstein. Über einen freien Bergrücken wandern wir zurück.

Zum Elbersberger Windloch Von der Kapelle (Parkplatz) wandern wir mit Rotpunkt u. a. auf einem Fahrweg am Rand der Hochfläche nach O. Schon nach 5 Min. biegen wir, 10 m nach einem Kruzifix, links in einen Feldweg ohne Mk. ein (1), der an Holzscheunen vorbei zum Waldrand führt. Hier halten wir uns rechts und gehen auf breitem Weg am Waldrand entlang, dann im Bogen in den Wald hinein.

Nach einer weiteren Scheune zweigen wir rechts auf einen etwas schmaleren Weg ab und nähern uns, immer dem Hauptweg folgend, dem Rand des Püttlachtals. Bei einer Gabelung wählen wir den linken Weg, der eine Kuppe umrundet und dann im Linksbogen bergab führt. Links erblicken wir eine imposante Felswand, an deren Fuß sich die Jubiläumshöhle (nur

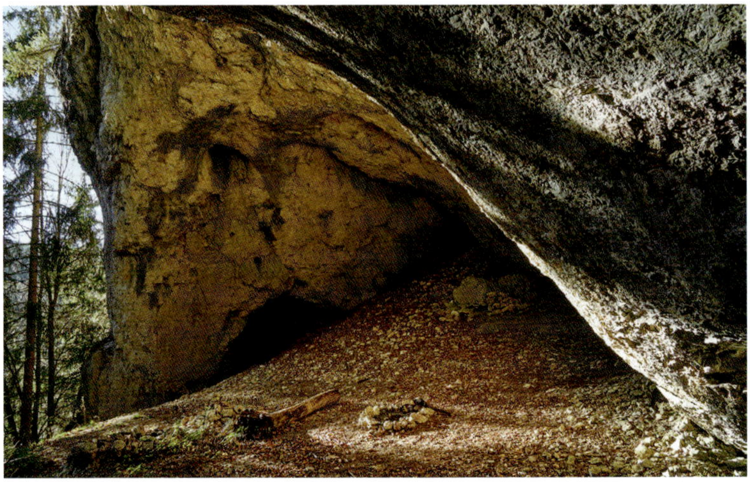

für Höhlenkundige!) befindet. Wenige Meter weiter stehen wir vor dem schaurigen Abgrund des Windlochs (Vorsicht!).

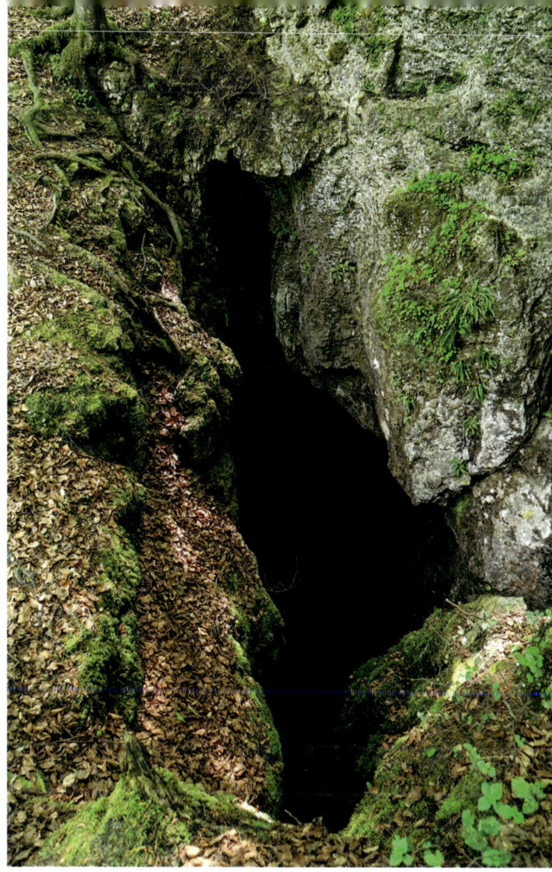

Ins Püttlachtal Wir steigen im Bogen weiter ab, halten uns bei Verzweigungen zweimal rechts und wandern auf nun schmalem Weg am Hang entlang. Nach einer zerklüfteten Felsgruppe geht es im Rechtsbogen in ein Seitental hinein. Wo die bemoosten Felsen bis zum Weg herabreichen, biegen wir links auf einen Pfad ab ❷, der zum Talgrund hinab und zum Wanderweg auf der anderen Seite hinüberführt. Hier halten wir uns links, treffen bald am Rand des Püttlachtals die Mk. Rotkreuz und folgen ihr nach links Richtung Pottenstein. Sie führt uns über die Püttlach und dann auf schmalem Pfad an bizarren Felsen vorbei.

Naturwunder Hätzerkirche Etwa 7 Min. nach dem Steg über die Püttlach treffen wir auf eine große Felswand, die bis zum Weg herabreicht und beidseits von Spalthöhlen flankiert wird. Kurz danach folgt ein ca. 6 m hohes Türmchen mit auffälligem Überhang. Wir gehen noch 40 m weiter und nehmen dann den Aufstieg zur Hätzerkirche in Angriff ❸ – den sich allerdings nur trittsichere Wanderer zutrauen sollten (die anderen gehen besser auf dem Talweg weiter).

Wir halten uns also hier scharf rechts und steigen auf schwachen Pfadspuren in Kehren durch den Steilhang zum gewaltigen halbkreisförmigen Überhang hinauf. Bei der Erkundung offenbart sich die Einzigartigkeit dieses Karstwunders: Genau im Zentrum des Halbrunds finden wir einen mannshohen Durchgang, der uns nach links (geradeaus führt ein niedriger Höhlengang in den Berg) zur oberen Etage hin-

Das Elbersberger Windloch bietet einen schaurigen Blick in die Tiefe.

Linke Seite: Hinten im Halbrund der Hätzerkirche findet man den Durchgang zur oberen Etage.

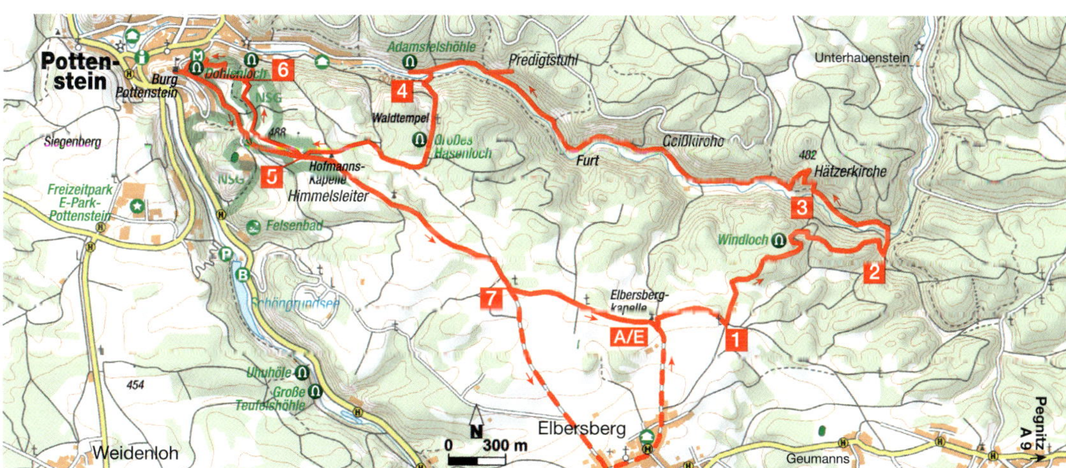

aufbringt, auf der sich eine hohe Wand mit runden Löchern, eine zerklüftete Kammer und ein schönes Felsentor aneinanderreihen.
Wir wandern auf einem Pfad über einen bemoosten Felssporn (Vorsicht!) zum Tor hinüber, besichtigen die Felskammer nebenan und steigen dann durch das Tor auf steiler Rampe zur Hangkante auf. Oben treffen wir auf einen Forstweg, folgen ihm in Richtung einer Holzlege und biegen kurz vor dieser scharf links auf einen Weg ab, der uns in ein Tälchen führt. Durch dieses steigen wir im tiefen Laub in Kehren ab und erreichen, zuletzt rechtshaltend an einer imposanten Felswand vorbei, wieder den Rotkreuz-Weg im Haupttal.

Geißkirche und Adamsfels Es folgt eine traumhafte Promenade talaus, immer am glasklaren Bach entlang und vorbei an zahlreichen Südwänden bis hin zu einem der eindrucksvollsten Massive der Alb: der riesigen Geißkirche mit der weit überhängenden Hohen Nase und dem tiefen Höhlenspalt in der Wand.
Wir folgen nun immer dem breiten Weg auf der rechten Talseite (auch wo Mk. Rotkreuz zum anderen Ufer überwechselt). Etwa 10 Min. nach der Geißkirche lohnt ein Abstecher: Vor einem eingezäunten Gelände führt ein Steig spitzwinklig rechts zum Predigtstuhl hinauf, der mit bauchigen Überhängen beeindruckt. Auf dem Hauptweg erreichen wir wenig später den bizarr überhängenden Adamsfels.

Hasenloch und Dohlenloch Vom Adamsfels gehen wir 50 m auf dem Talweg zurück, biegen dann rechts ab, überqueren die Püttlach und treffen am Hang auf den Rotkreuz-Weg. Ihm folgen wir nur wenige Meter nach rechts und biegen dann links auf einen Pfad ein ❹, der zur Felswand über uns hinaufführt. Hier treffen wir auf einen alten Weg der Romantik: Auf ihm geht es unter den zerklüfteten Felsen nach links über Stufen (Seil) aufwärts, dann durch ein schluchtartiges Tälchen empor.
Oben biegen wir links auf den Grünpunkt-Weg ein, der uns zwischen imposanten Felsen (Abstecher lohnend) zum idyllischen Waldtempel und zum breiten Portal des Großen Hasenlochs hinaufbringt. Nach der Besichtigung wandern wir mit Grünpunkt zur Hochfläche empor, mit Rechtsschwenk über einen Wiesensattel und zuletzt bei einer Kreuzung nach links zur Hofmannskapelle hinauf.
Wir gehen auf begrüntem Fahrweg rechts oberhalb der Kapelle vorbei, dann ab dem Schild »Naturschutzgebiet« nur noch 20 m auf einem Teerweg weiter zur entscheidenden Abzweigung ❺: Hier biegen wir rechts auf einen breiten Wanderweg ab, der zu einer Bank empor und danach, (eher sporadisch) als Elisabethweg markiert, mit prachtvoller Aussicht eben durch die Magerrasen führt. In einer Senke überqueren wir einen Schotterweg und wandern geradeaus auf begrüntem Fahrweg wieder bergan. Bei der Gabelung vor einem Baum mit dem Schild »freilaufende Ziegen« schwenken wir nach rechts und erreichen einen Kiefernwald.
An seinem Beginn zweigt rechts ein deutlicher Weg ab (Achtung: strikte Sperrung wegen dort brütender seltener Vögel vom 1.2.–30.6.!) ❻: Er führt uns zu einem Fenster in der Decke des Dohlenlochs (Vorsicht!), dann rechts in Kehren bergab, an einem Geländer entlang und links zum Eingang hinüber. Der wild zerklüftete Hohlraum mit seinen Deckenfenstern fasziniert ebenso wie der Blick ins Püttlachtal.

Schaukanzeln über Pottenstein Zum Hauptweg zurückgekehrt, halten wir uns rechts und wandern, an einem Sendemast vorbei, zur Aussichtskanzel der Hohen Warte. Prachtvoll der Blick auf Burg Pottenstein, den Ort und das große Portal des Schwalbenlochs gegenüber (auch der Felskopf weiter unten am Hang bietet spektakuläre Tiefblicke). Man könnte nun direkt zur Burg absteigen, würde dann aber einen der schönsten Panoramawege verpassen. Wir gehen daher zum Sendemast zurück, zweigen, einem Ww. folgend, links auf schmalem Pfad in den Hang ab und gelangen zum Sängerhäuschen hinunter, das mit einem herrlichen Blick ins Püttlachtal und auf den Ort aufwartet. Der Weg quert nun die Flanke und führt dann steil in einen imposanten Felszirkus mit Türmen und Halbhöhlen, zuletzt in Kehren zu einem Teerweg am Ortsrand hinab.

Höhenwanderung zurück Wir halten uns links und steigen zur Burg Pottenstein empor (Besichtigung lohnend). Bei der großen Straßenkehre vor ihr finden wir die Mk. Blau-Senkrecht, der wir bis zum Ziel folgen. Sie führt uns über die obere (linke) Teerstraße bergan, dann linkshaltend auf schmalerem Weg zur Hofmannskapelle und, bei der Verzweigung halb rechts, zum stählernen Aussichtsturm Himmelsleiter, der uns nach 150 Stufen eine umfassende Rundsicht bis zum Fichtelgebirge bietet. Von hier bringt uns eine bequeme Wanderung über den aussichtsreichen Bergrücken zur Elbersberger Kapelle zurück (Busbenutzer können schon zuvor bei einem Bildstock ❼ rechts auf einen direkten Weg nach Elbersberg abzweigen).

Bizarre Felsen mit charakteristischen Überhängen schmücken das Püttlachtal (li.). Das Dohlenloch begeistert mit zerklüfteten Räumen und seinen Deckenfenstern (re.).

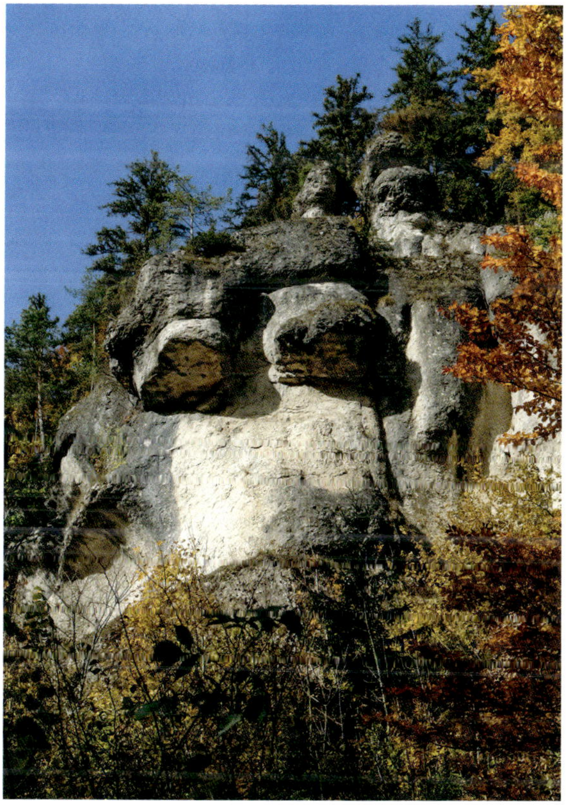

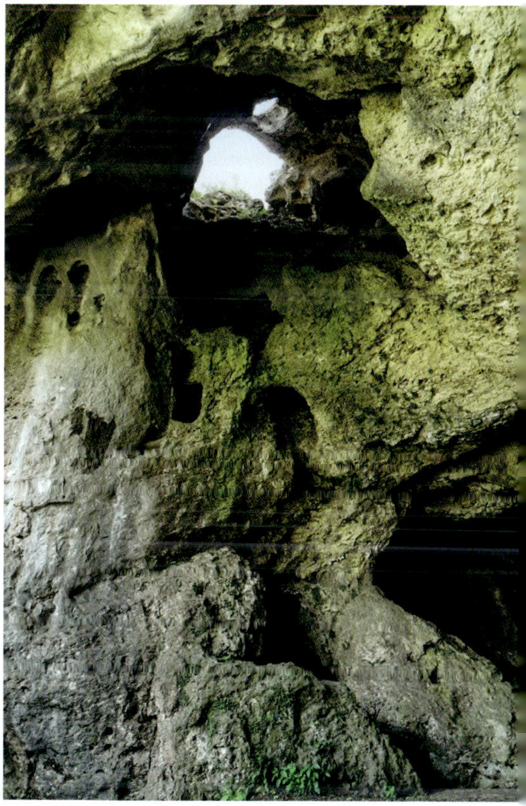

14

Traumpfade im Klumpertal

Winterleite, oberer Jägersteig und Burkartsstein

Mittel | 12 km | 210 Hm | 4:30 Std.

Tourencharakter
Wanderung durch wildschönes Tal mit einzigartigen Felsformationen und Höhlenlandschaften. Großteils auf felsnahen Promenadenwegen ohne größere Steigungen, in den unerschlossenen Felsregionen steilere Passagen auf Pfadspuren.

Ausgangs-/Endpunkt
Schüttersmühle (385 m). Parkplätze an der Abzw. nach Kirchenbirkig und an B 470 Richtung Teufelshöhle (GPS: 49.752479, 11.426373), Hst. der Linie 389 (aus Richtung Pegnitz im N, aus Richtung Ebermannstadt im S der Mühle)

Anfahrt mit ÖPNV
Im Winter Mo–Fr alle 2–4 Std. (Sa/So ausgedünnt), im Sommer (1.5.–1.11.) alle 1–2 Std. Busverbindung mit Linie 389 von Pegnitz und Ebermannstadt

Höchster Punkt
Am Jägersteig, oberer Teil (440 m)

Gehzeiten
Zum Drachenfels (über Amphitheater) 0:45 Std. – Edelsteine 0:45 Std. – Winterleite 0:40 Std. – Abzw. zum Jägersteig 0:15 Std. – Jägersteig unmarkierter Teil 0:50 Std. – Jägersteige II + I 0:35 Std. – Burkartshöhle 0:15 Std. – Abstieg 0:25 Std.

Beste Jahreszeit
Ganzjährig reizvoll, in den bewaldeten Felsgebieten bieten Frühjahr und Spätherbst Vorteile.

Einkehr
Gh. Schüttersmühle am Ausgangspunkt, unterwegs ab Wegpunkt 3 noch 0:15 Std. weiter mit MD-Weg nach Bronn (mehrere Gasthöfe)

Karte
ATK25 E11 Pegnitz

Beidseits von den bizarrsten Felsformationen gesäumt, verkörpert das stille Klumpertal das Ideal eines Juratals. Während die untere Hälfte durch markierte Wege erschlossen ist, wartet im oberen Teil und am Burkartsstein eine grandiose, unbekannte Felswildnis auf uns.

Von der wenig besuchten Ostseite des unteren Tals führt uns die Tour in die äußerst formenreiche Felsenwelt der Winterleite im oberen Teil. Auf dem Rückweg begehen wir den gesamten Jägersteig, von dem nur das untere Viertel markiert ist, und die vergessenen Pfade durch die Felsen- und Höhlenwelt am Burkartsstein.

Drachenfels und Schwarze Frau Gleich am Parkplatz stimmt uns die grandiose Felskulisse um das Weiherstaler Männchen auf die Tour ein. Wir können die Eindrücke noch steigern, indem wir bei der Straßenabzweigung ein Stück mit MD-Weg u.a. am Massiv entlang Richtung Teufelshöhle gehen und dann links auf Pfadspuren in das gewaltige Felsenrund des Amphitheaters aufsteigen. Im linken Teil finden wir eine Tunnelhöhle, an deren Ende sich ein Prachtblick auf die Felsen ringsum öffnet.

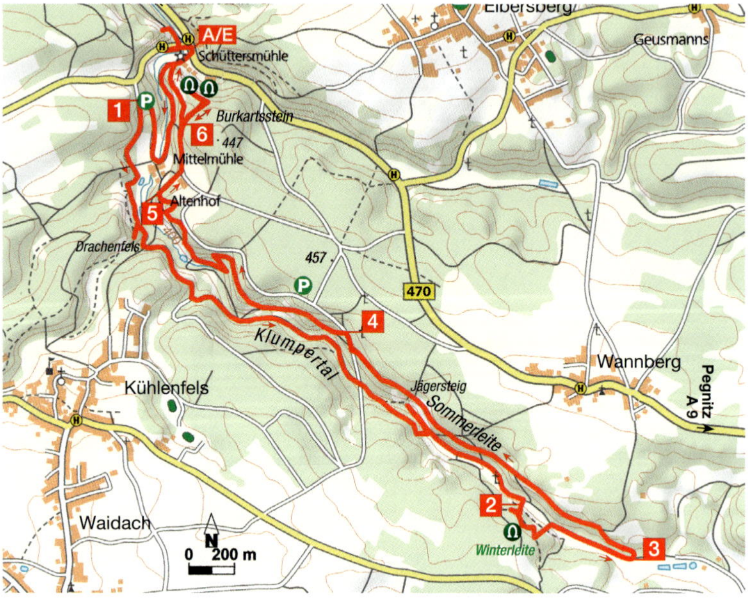

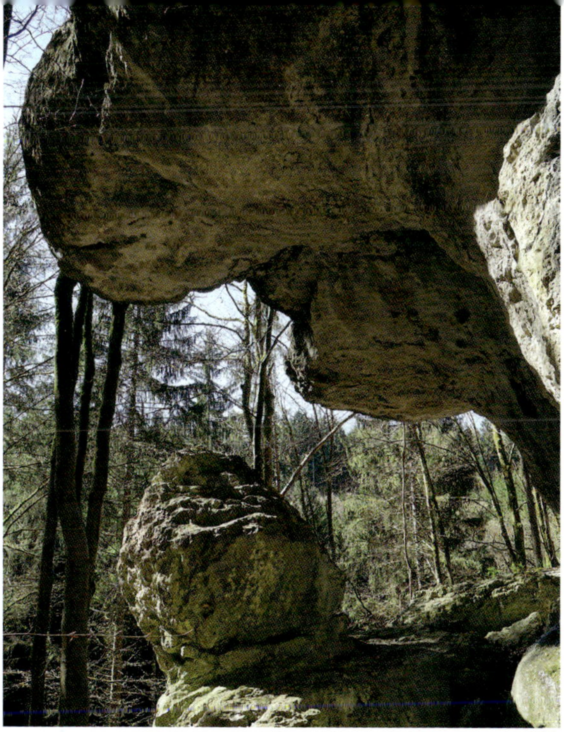

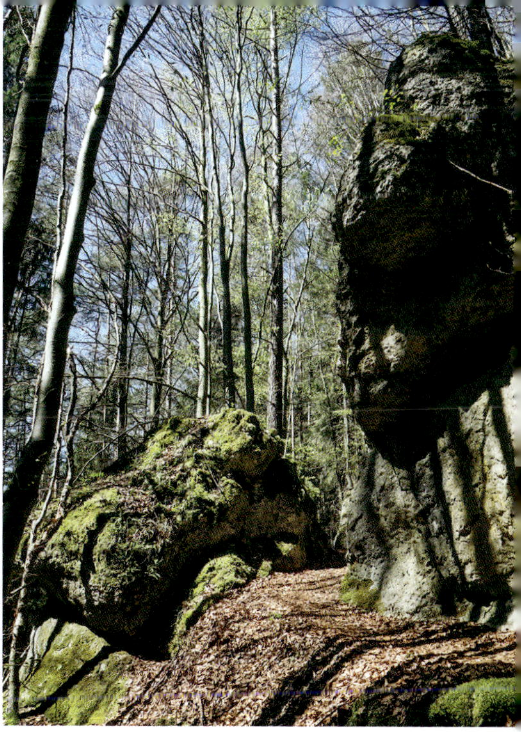

Gewaltige Überhänge kennzeichnen die Felsen des Klumpertals (li.). Der obere Jägersteig bietet eine Felspromenade abseits aller Markierungen (re.).

Zurück an der Abzweigung, wandern wir an der Straße auf den Gasthof Schüttersmühle zu und biegen dann mit Frankenweg u. a. rechts ins Klumpertal ein. Bald begrüßen uns die typischen Felsformationen des Tals: große Wände mit gewaltigen horizontalen Überhängen; den Höhepunkt bildet das riesige Dach des Hohlsteins, zu dem uns der links abzweigende Fahrweg hinaufbringt. Der Hauptweg erreicht kurz danach die idyllisch gelegene Mittelmühle, wo wir mit Rotring u. a. rechts auf ein Teersträßchen abbiegen, das am Gegenhang emporführt.
Oben halten wir uns links ❶ und wandern mit Rotring und Gelbraute auf einem Forstweg talein. Wir passieren das gewaltige Felsdach des Entensteins (mit Durchgang rechts), erreichen, immer dem Hauptweg folgend, den Drachenfels, dessen Drachengestalt man am besten von dem schon vorher rechts abzweigenden Stichpfad erkennt, und danach das plattige Massiv der Schwarzen Frau. Nach einer Kuppe führt der Weg links zum Talgrund hinunter.

Ins obere Tal Hier biegen wir rechts auf den Talweg (MD-Weg u. a.) ein. Linker Hand taucht ein großes Massiv auf, zu dessen rechtem Ende man auf Pfadspuren aufsteigen sollte: Unter dem imposanten Überhang hindurch erreicht man weitere bizarre Felsen. Der Hauptweg führt uns weiter talauf und wechselt schließlich zur linken Talseite hinüber. Hier beginnt ein wundervoller Abstecher: Genau bei Erreichen der anderen Seite zweigt links ein Pfad ab, der zu einem hohen Massiv empor und dann nach links an der Felskette entlangführt: Bald erreichen wir die »Edelsteine« mit ihren riesigen Überhängen. Zurück auf dem MD-Weg, geht es auf nun schmalem Pfad durch das malerische Waldtal aufwärts.

Felswildnis Winterleite Etwa 70 m nach einem großen bemoosten Block in der Talmitte erblicken wir am Gegenhang eine überhängende Felswand, queren über den

Grund hinüber und steigen durch eine Gasse zu ihr empor ❷. Vor uns öffnet sich die grandiose Felsenwelt der Winterleite. Wir können zuerst vom Hauptfels (Namensschild) nach rechts zu einer anderen großen Wand gehen und finden zwischen beiden eine geheimnisvolle Klamm mit eingeklemmten Blöcken und dunklen Seitenspalten.

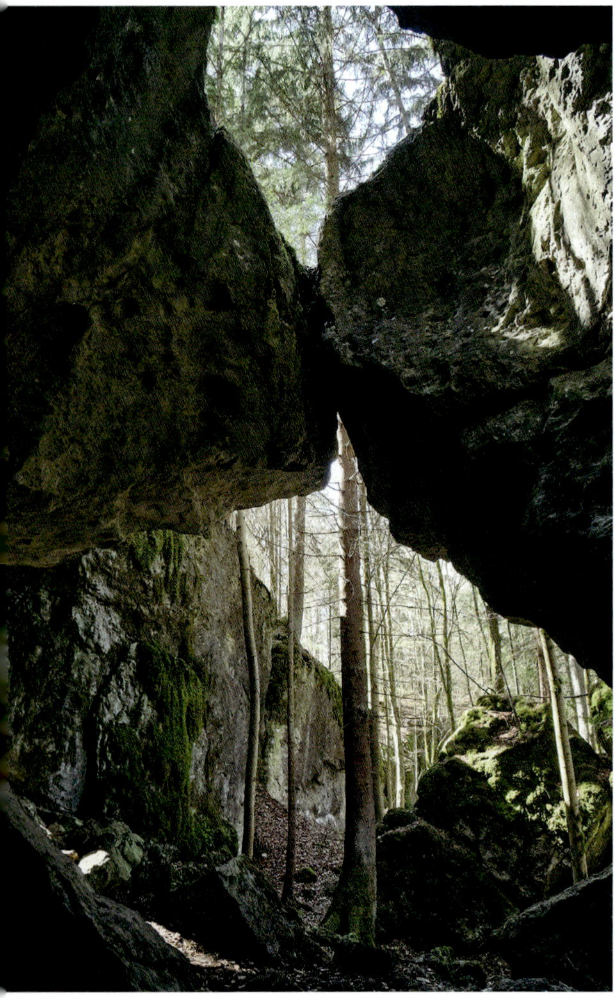

Wenn sich Felsen küssen: am Eingang der Burkartshöhle

Die größten Attraktionen kommen jedoch erst. Wir kehren zum Hauptmassiv zurück und steigen an ihm entlang auf Pfadspuren nach rechts in einen Felskessel empor, der zu den Glanzpunkten der Frankenalb gehört. In der Mitte finden wir eine Höhle, deren riesige flache Decke nur von einem kleinen Fuß gestützt wird, rechts von ihr ein bizarres Felsenlabyrinth, links von ihr etwas höher eine malerische Durchgangshöhle.

Durch diese Spalte steigen wir vorsichtig abwärts, dann nach rechts am Fuß der Felskette entlang, bis sich ein weiterer Kessel öffnet: Die Klamm auf der rechten Seite wartet mit bizarren Formen und einer hübschen Höhle auf. Wir steigen nun rechtshaltend zum Waldrand ab und stehen vor dem letzten Schaustück: einem gewaltigen Doppelfelsen, der eine tiefe Spalte umschließt.

Felsenpromenade am Jägersteig Von hier gehen wir weglos über den Grund zum Wanderweg hinüber und folgen ihm rechts talauf, bald mit Blick auf die Kirche von Bronn. Wenig später folgt die entscheidende Abzweigung ❸: Wir sehen rechts am Hang eine Scheune und entdecken links am Waldrand eine Holzbank. 5 m weiter zweigt scharf links ein Weg in den Wald ab, am Beginn ein altes Schild: »Zum Jägersteig!«. Dem Folge leistend, wandern wir zügig bergan, dann, nach Querung eines Forstwegs, immer auf gleicher Höhe weiter. Nun folgt eine traumhafte Hangpromenade, zunächst auf schmalem, später breiterem Weg, trotz fehlender Mk. nicht zu verfehlen, vorbei an der tiefen Sommerleitenhöhle, mehreren teils überhängenden Felswänden, durch eine malerische Felsgasse hindurch, dann an einer langen, zerklüfteten Felskette entlang.

Ein weiteres Schaustück ist ein riesiger Felsklotz links des Weges, der auf winziger Fläche aufliegt. Zuletzt mündet der Steig in eine Forststraße, der wir kurz nach rechts bergauf folgen. Zwischen zwei Baumstümpfen am linken Rand findet der Jägersteig seine Fortsetzung ❹: Es geht kurz bergab, dann eben durch den Hang, zuletzt leicht fallend zur Einmündung in einen breiteren Weg. Auf ihm wandern wir

nach links ein Stück abwärts und biegen dann scharf rechts in den unteren Jägersteig (Schwarzring II) ein. Er führt an zerklüfteten Felsen entlang, mit Prachtblick hinab zum Talgrund, und passiert die formschöne Gestalt der »Schildkröte«.
Kurz danach wird oberhalb eine Reihe überhängender Felsen sichtbar. Unterhalb der Hauptwand biegen wir scharf nach rechts und steigen auf steilem Pfad mit altem Geländer zur höheren Variante des Jägersteigs (Schwarzring I) auf (zur Erkundung der Felskette lohnt ein Abstecher nach rechts). Hier geht es nach links unter der gewaltigen Wand über Stufen empor.
Es folgt eine wundervolle Promenade, immer am Fuß imposanter Felsketten, sogar durch ein mannshohes Felsentor hindurch. Höhe- und Endpunkt ist ein riesiger Fels mit drei Überhängen übereinander. Danach steigen wir mit Schwarzring I ein Stück ab, biegen aber auf halber Höhe rechts auf einen Weg ohne Mk. ein ❺, auf dem wir, bei einer Verzweigung linkshaltend, den Hang über der Mittelmühle queren. Bald überschreiten wir einen Forstweg und gehen jenseits auf einem breiten, leicht fallenden Hangweg weiter.

Höhlenwelt Burkartsstein Nach einem markanten Felsen steigen wir nach rechts über eine Rampe zu einer höheren Hangstufe auf und folgen ihr auf gutem Weg bis zu einer Verzweigung ❻: Hier halten wir uns rechts und wandern auf deutlichen Wegspuren (später: verwachsener Fahrweg), an einem bizarren Turm vorbei, Richtung Kammhöhe empor. Bei kleinen Felsblöcken und Baumstümpfen leitet uns ein Trampelpfad nach links auf den Kamm hinüber. Wir gehen linkshaltend auf ihm entlang und überqueren bald eine Felsbrücke, von oben durch Steilabstürze beiderseits zu erkennen. An ihrem Ende steigen wir steil durch die Doline auf der linken Seite hinab, unterqueren die Brücke und erreichen die bizarr geformte Burkartshöhle mit Deckendurchbruch.
Zurück auf dem Kamm, folgen wir ihm noch ein Stück und stehen plötzlich vor einem gewaltigen Abgrund (Vorsicht!): Wenn man ihn linker Hand umrundet, kann man Einblicke in die riesige Spitzbubenhöhle gewinnen. Wir kehren nun zu Wegpunkt 6 zurück und biegen scharf rechts auf den Hangweg ein, den wir verlassen hatten. Er führt uns, an Schaukanzeln mit Talblick vorbei, zu den Wänden des Burkartssteins mit imposanten Spalten und Überhängen. Ein vergessener Pfad bringt uns dann über Steintreppen zum Talweg hinab; auf ihm kehren wir nach rechts zur Schüttersmühle zurück.

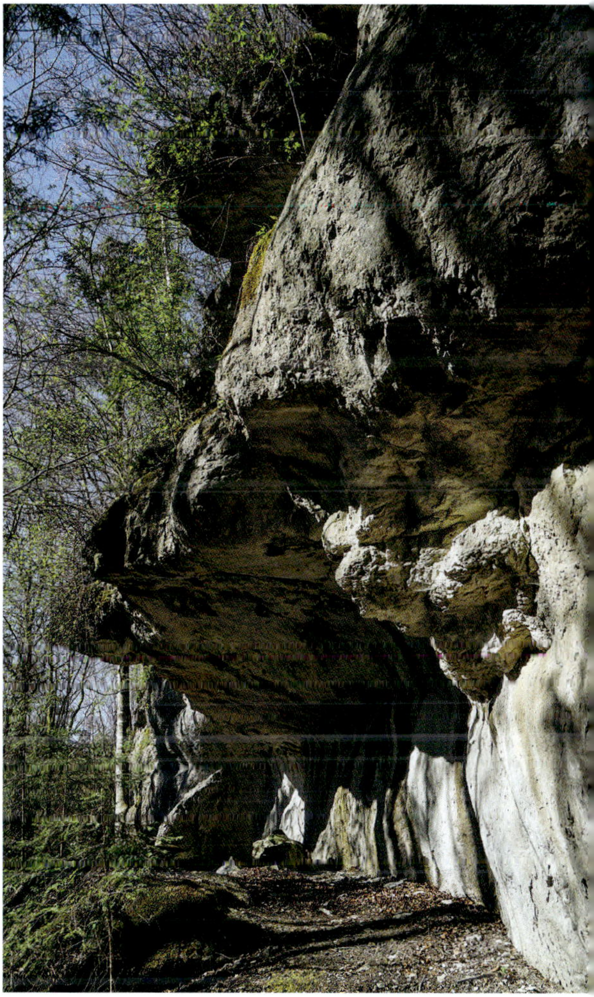

Ein vergessener Pfad führt unter den Wänden des Burkartssteins entlang.

15

Eldorado der Vertikale

Der große Rötelfels-Quergang

Anspruchsvoll | 4 km | 150 Hm | 1:45 Std.

Tourencharakter
Anspruchsvollere Route entlang einer gewaltigen Südwand-Flucht und zu schönen Aussichtspunkten oberhalb der Wände. Teils auf guten Wanderwegen, teils auf felsigem, im Bereich des Felsentors sehr steilem Pfad, der Trittsicherheit erfordert.

Ausgangs-/Endpunkt
Morschreuth, Parkplatz am Westrand des Oberen Dorfes (501 m) (GPS: 49.754313, 11.257160), bzw. Bus-Hst. Morschreuth Ort (von hier mit Blauring in ca. 8 Min. an der Kirche vorbei, dann rechts ins Obere Dorf, am Ortsrand links zum Parkplatz)

Anfahrt mit ÖPNV
Mo–Sa sporadische, aber nutzbare Busverbindung von Ebermannstadt mit Linie 234, von Gräfenberg/Egloffstein mit 226 oder von Gößweinstein (beide Linien), z. T. Vorbestellung am Vortag nötig, So nur Anrufsammeltaxi (am Vortag unter 09191/86 25 11)

Höchster Punkt
Beim Gipfel des Rötelfels (570 m)

Gehzeiten
Zum Rötelfels, östl. Ende 0:20 Std. – Hauptwand 0:25 Std. – Aussichtspunkte westl. des Felsentors 0:20 Std. – Rückweg 0:40 Std.

Beste Jahreszeit
Ganzjährig reizvoll (außer bei Schneelage), von April bis Okt. sollte man Wochenenden und Ferienzeiten meiden, da die vielen Seilschaften an der Wand eher stören.

Einkehr
Gasthöfe in Morschreuth

Karte
ATK25 E10 Ebermannstadt

Als Kletterroute existiert der große Rötelfels-Quergang schon seit 1932. Wanderer verirren sich kaum an den Fuß der längsten Südwand-Flucht der Alb, obwohl sich hier die ganze Pracht der Fränkischen Dolomiten mit ihren Türmen, Wänden, Zinnen und Toren präsentiert.

Unsere Tour kombiniert die Promenade unter den Wänden mit dem wildschönen Aufstieg durch das Felsentor und führt über den Wanderweg oberhalb der Abstürze zurück.

Zustieg Vom Parkplatz gehen wir mit den Mk. Blau- und Gelbring auf den Waldrand zu, biegen aber nicht mit Blauring zum Wald ab, sondern bleiben auf dem Schotterweg (die Mk. Gelbring taucht später wieder auf) ❶, wandern im Linksbogen am Rande eines Tälchens bergab und dann in den Wald hinein. 50 m nach Eintritt in den Wald biegen wir rechts auf einen breiten Weg ohne Mk. ein. Schon 80 m später zweigt rechts ein deutlicher Pfad ab ❷, auf dem wir zwischen zwei eng stehenden Bäumen hindurch und dann schräg durch den Hang, zuletzt steiler bergauf steigen.

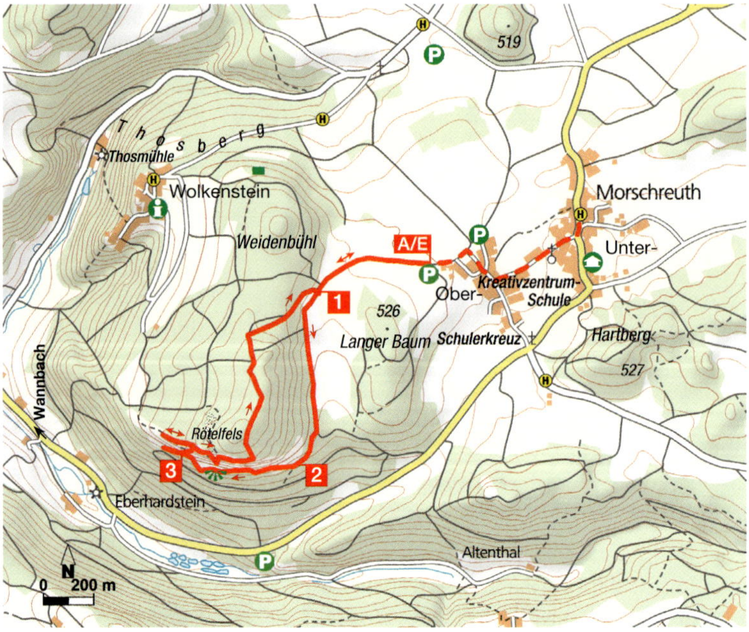

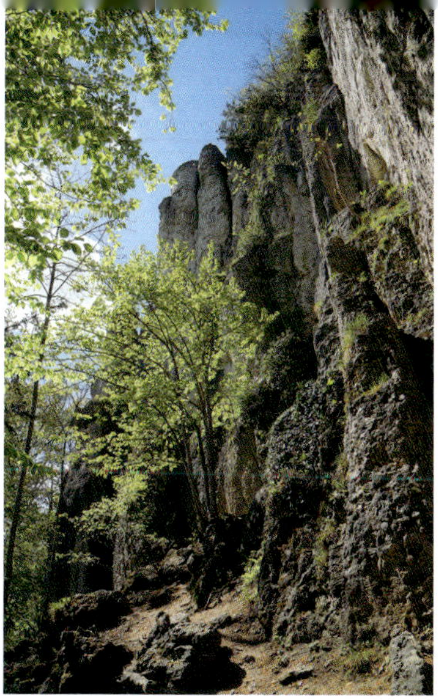 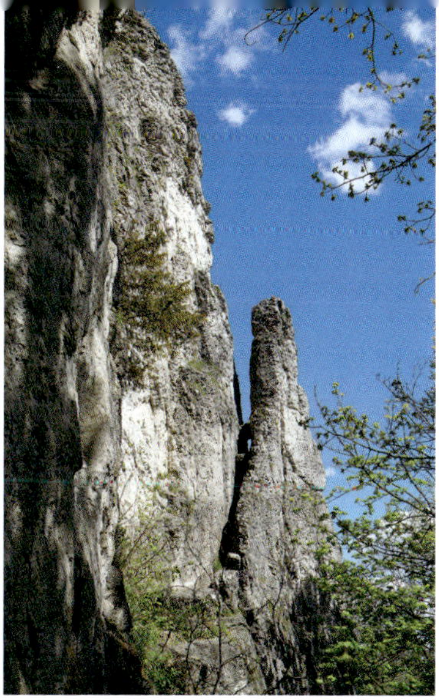 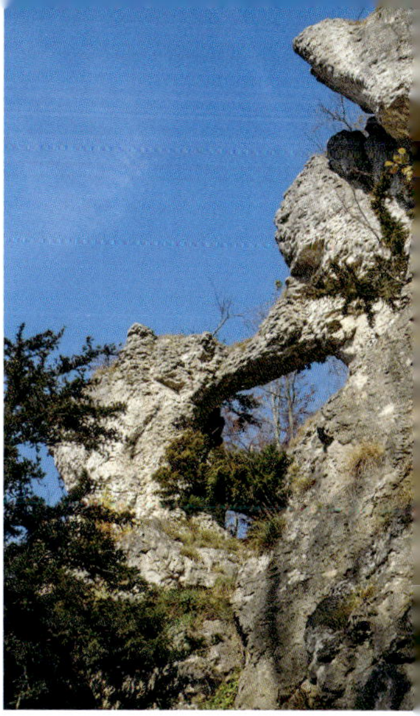

Fels-Promenade Zuletzt geht der Pfad in einen Steig über, der in stetem Auf und Ab am Fuß des Rötelfels entlangführt. Bald erreichen wir die erste mächtige Wand und kurz danach einen gewaltigen zinnenbekrönten Felskessel; links der schlanke Turm des Daniel. Wir umgehen die große Blockhalde an ihrem unteren Rand und steigen dann wieder zur Schauseite des Daniel auf.

Nun wählen wir immer den felsnahen Steig (nicht zu tief absteigen), passieren formschöne Felsbastionen, umrunden auf ausgeprägtem Absatz einen Eckpfeiler und gelangen zur riesigen überhängenden Hauptwand. An ihrem Ende führt der Steig steil links bergab, quert den Hang unterhalb einer Felsrippe und steigt dann wieder stark an. Bald erreichen wir einen fantastischen Felszirkus mit dem wild gezackten Geiereck und dem Felsentor oben am Hang ❸. Nach links führt ein lohnender Abstecher zuerst eben, dann steil bergab zu zwei weiteren imposanten Wänden.

Am Fuß des Rötelfels erlebt man den Zauber der fränkischen Felswelten: den Felskessel am Beginn (li.), den schlanken Daniel (Mitte) und das Felsentor (re.).

Aufstieg zum Felsentor Zum Felskessel zurückgekehrt, gehen wir auf dem obersten Weg direkt auf die Zacken zu und finden in Falllinie des Felsentors eine Rinne, durch die wir über Felsstufen sehr steil emporsteigen – einmal braucht man die Hände als Sicherung. Oben geht man entweder rechts durch das Tor oder links zu einem Aussichtspunkt mit Prachtblick auf Tor und Geiereck. Von hier sollte man an der Felskante noch weiter nach W wandern: großartig die Tiefblicke und die Fernsicht bis nach Forchheim.

Rückweg Wenige Meter von der Kante entfernt treffen wir auf Blau- und Gelbring. Sie führen uns oberhalb des Tores zu einem prachtvollen Aussichtspunkt. Etwa 3 Min. später erblickt man rechts des Weges einen vorgelagerten Felskopf: Wir steigen in weitem Bogen in den Graben hinab und erreichen jenseits über Stufen eine spektakuläre Schaukanzel. Auf dem Hauptweg wandern wir nahe der Felskante weiter; bei einer Sitzgruppe rechts des Weges bietet sich nochmals ein schöner Ausblick. Danach geht es zu den kleinen Gipfelfelsen empor, jenseits auf breitem Weg sanft bergab, zuletzt rechtshaltend zum Waldrand und an ihm entlang zum bekannten Weg und zum Parkplatz.

16

Hoch über der unteren Trubach

Altes Schloß, Schiessenfels und Heidelberg

Mittel | 15,5 km | 440 Hm | 5 Std.

Tourencharakter
Wanderung mit beträchtlichen Höhenunterschieden zu spektakulären Aussichtspunkten, imposanten Felsgebieten und durch eine Schlucht meist auf guten, teils steilen Wegen. Am Heidelberg Steige und kürzere weglose Abschnitte, die etwas Trittsicherheit erfordern.

Ausgangs-/Endpunkt
Schweinthal, Bus-Hst. am westl. Ortsrand (327 m), oder Parkplätze an der Zufahrtsstraße von N (GPS: 49.730490, 11.241987); von hier in den Ort und rechts über die Trubach zur Hst.

Anfahrt mit ÖPNV
Mo–Sa Buslinie 222 von Forchheim bzw. Gößweinstein (alle 1–2 Std.), So kein Verkehr

Höchster Punkt
Wichsenstein, Burgfelsen (589 m)

Gehzeiten
Altes Schloß 0:30 Std. – Tierpark 0:20 Std. – Unterzaunsbach 0:45 Std. – Schiessenfels 0:30 Std. – Wichsenstein Burgfelsen 1:10 Std. – Spitzenstein 0:15 Std. – Abzw. zum Heidelberg 0:20 Std. – Heidelberg-Umrundung 0:40 Std. – Abstieg durch Wolfsschlucht 0:30 Std.

Beste Jahreszeit
Ganzjährig reizvoll (außer bei Schneelage), nur die bewaldeten Felsgebiete im zweiten Teil sind im Frühjahr/Spätherbst reizvoller (im Sommer kann man die Heidelberg-Runde evtl. weglassen)

Einkehr
Im Tierpark Hundshaupten, Unterzaunsbach und Wichsenstein

Karte
ATK25 E10 Ebermannstadt

Das untere Trubachtal wartet mit den größten Höhendifferenzen und steilsten Hängen der Fränkischen Schweiz auf. Auf dem Schiessenfels und dem völlig unbekannten Alten Schloß hat man das Gefühl, wie im Flugzeug über der Landschaft zu schweben.

Daneben bilden der Tierpark Hundshaupten, das 360°-Panorama vom Burgfelsen in Wichsenstein, die schlanken Felstürme Lochturm und Spitzenstein, die stille Felswildnis am Heidelberg und die imposante Wolfsschlucht weitere Highlights unserer Rundtour.

Zum Alten Schloß Von der Haltestelle wandern wir ein Stück das Sträßchen nach Hundshaupten entlang und biegen dann mit Rotring und IFS-Weg (rot/weiß diagonal geteilt) links in einen Feldweg ein. Schon nach 200 m sehen wir beide Markierungen an einer Buschreihe rechts oberhalb 1 und steigen auf schmalem Pfad zu ihnen empor. Über Wiesen, später durch Wald geht es steil bergan, zuletzt durch einen Einschnitt zwischen den Felsen hinauf zur Höhe.

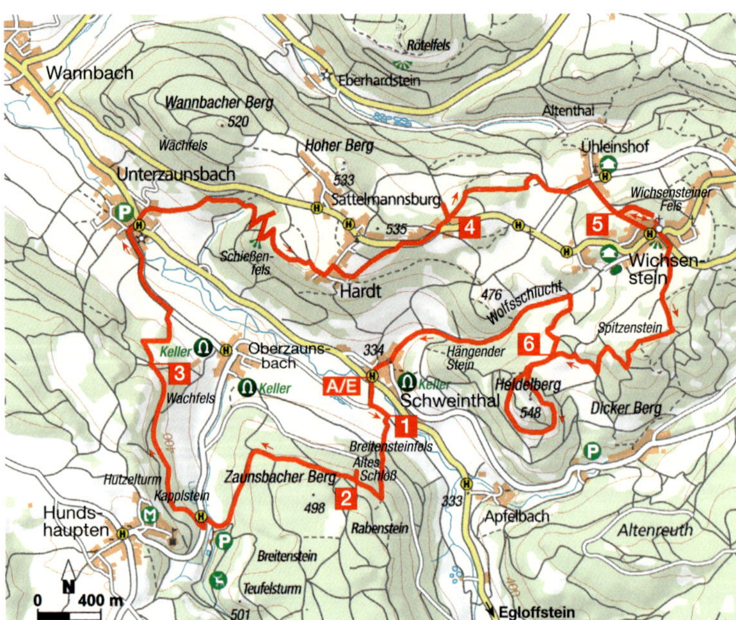

Oben biegt die Route scharf nach rechts. Wer sich ärgert, dass in dieser Panoramalandschaft alle Blicke durch Wald verstellt sind, kann Abhilfe schaffen: Etwa 230 m nach dem Rechtsknick ❷ sieht man rechts ein langes vorgelagertes Felsmassiv. Wir steigen auf Pfadspuren halb rechts in den trennenden Graben hinab, dann rechtshaltend am Gegenhang empor und zuletzt nach links zum Aussichtspunkt auf dem Alten Schloß. Begeisternd der Blick ins Tal und auf Schiessenfels, Wichsenstein und Heidelberg gegenüber!

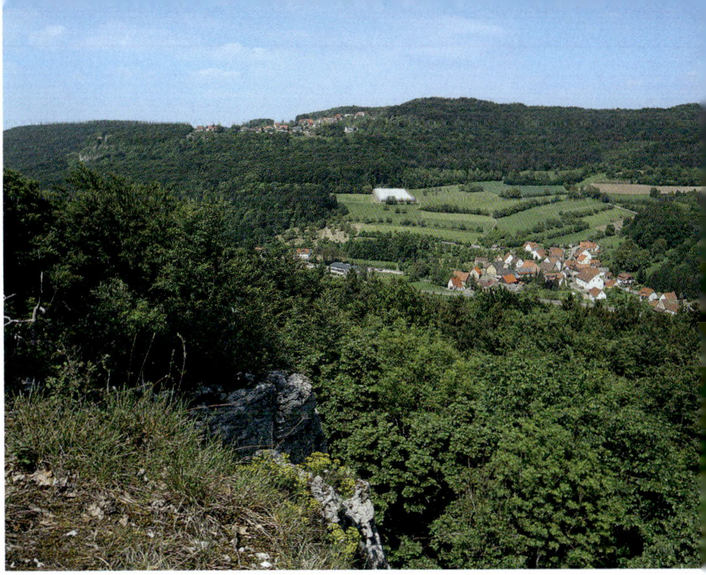

Zum Tierpark Auf dem Hauptweg geht es weiter nach NW; bei Einmündung in einen Forstweg tritt die Mk. Grünschrägstrich hinzu, der wir nun folgen. Sie führt uns, bei Wegteilungen geradeaus, sanft abwärts, dann mit stärkerem Gefälle ins Tal von Hundshaupten. Wir wandern am eingezäunten Wildpark (s. Tipp) entlang hinüber zur Zufahrtsstraße auf der anderen Talseite.

Vom Alten Schloß bietet sich ein Prachtblick auf Schiessenfels, Hardt und Schweinthal.

Zum Schiessenfels Hier halten wir uns links, steigen gut 100 m an der Straße aufwärts und biegen dann rechts auf Parkplatz 2 ein. Am hinteren Ende treffen wir auf einen Forstweg, der erst leicht steigend, dann eben talaus führt. Bei einer Verzweigung ❸ geht es mit Grünring rechts bergab und dann über Kehren ins Trubachtal hinunter; gegenüber beeindrucken die Abstürze des Schiessenfels.

Der Schiessenfels gehört zu den großen Aussichtslogen der Region (li.). Lochturm und Wichsensteiner Burgfelsen bilden ein malerisches Ensemble (re.).

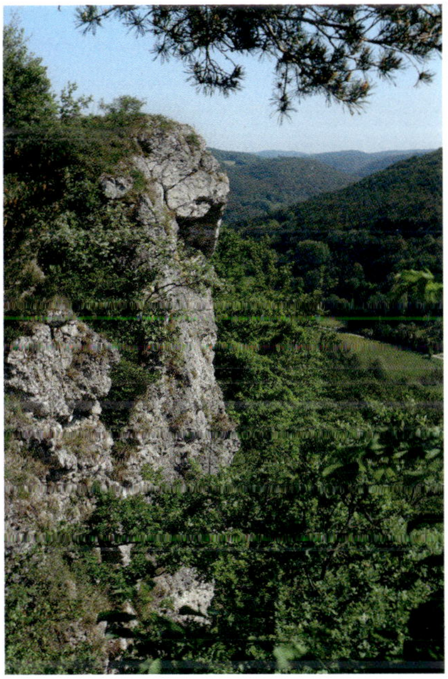

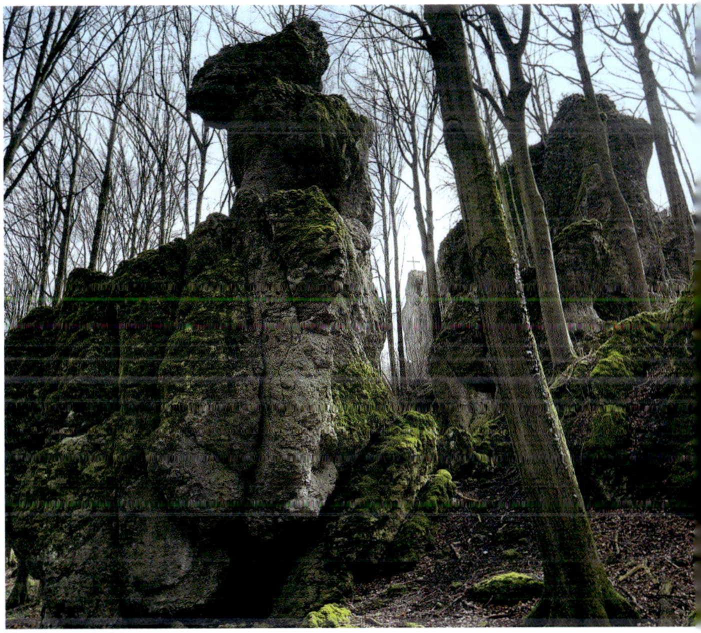

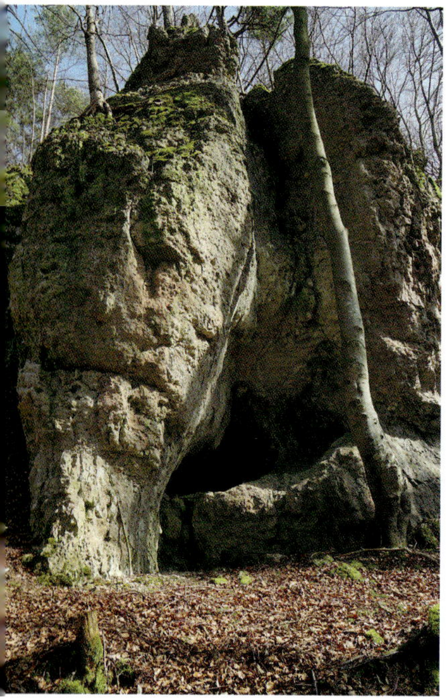

Bei Einmündung in eine Teerstraße halten wir uns links und kommen durch das malerische Tal nach Unterzaunsbach. Vor dem Café Holweg gehen wir nach rechts, überschreiten Trubach und Hauptstraße und steigen, gegenüber einem Fachwerkhaus mit Dachreiter, steil empor. Unsere neue Mk. Gelbring führt uns nach rechts einen gepflasterten Hohlweg hinauf, biegt dann rechts ab und leitet uns über Wiesen (prachtvolle Aussicht) in den Wald. Nun geht es eben am Hang entlang, dann in das Hofental mit kleinen Weihern hinein. An seinem Ende beginnt ein steiler Aufstieg über weite Kehren; bei der zweiten lohnt ein Abstecher nach links zu einem bizarren Felsen. Wenig später erreichen wir die Hochfläche und Mk. Gelbring leitet nach rechts zum Schiessenfels empor. Ein Stichweg führt rechts zum ersten Aussichtspunkt hinaus: großartig der Blick ins Tal und zum Hauptmassiv. Dieses erreichen wir über die Abzweigung kurz danach. Ein schwindelerregender Tiefblick und ein wundervolles Panorama über das untere Trubachtal bis zur Wiesent erwarten uns.

Über den Lochturm nach Wichsenstein Die Mk. führt uns nun über den Kamm nach SO, dann links zum Waldrand und über einen Schotterweg nach Hardt. Am Ortseingang wandern wir mit Gelb- und Schwarzring scharf links bergauf und biegen dann rechts in eine Seitenstraße ein. Diese geht bald in einen Pfad über, der an einem Wildgehege entlang aufwärts führt; an einer Stelle öffnet sich ein Prachtblick zur Burg Egloffstein.

Fernab aller Wege verbirgt sich diese Höhle am Heidelberg.

Der Hängende Stein beherrscht die Szenerie in der Wolfsschlucht.

Bei der Gabelung nach dem Gehege wandern wir mit Gelbring links empor zu einer Straße, folgen ihr ein Stück nach rechts und biegen dann bei einer Garage links in den Wald hinein. 80 m nach Eintritt in den Wald erreichen wir eine Verzweigung mit einem Metallstab ❹. Hier lohnt es, rechtwinklig (!) links abzubiegen und durch eine Schneise zum Waldrand abzusteigen: einmalig der Blick über die Bergwiese zur Felskette des Rötelfels. Wieder auf dem Gelbring-Weg, geht es sanft abwärts, an bemoosten Felsgruppen vorbei, dann zum Waldrand hinab und auf Schotterweg, zuletzt entlang der Straße zum Eingang von Ühleinshof. Vor einer Scheune biegen wir rechts ab und steigen mit Grünraute steil empor. Rechts lohnt der überhängende Angerstein einen Abstecher, nicht versäumen sollte man jenen zum Lochturm.

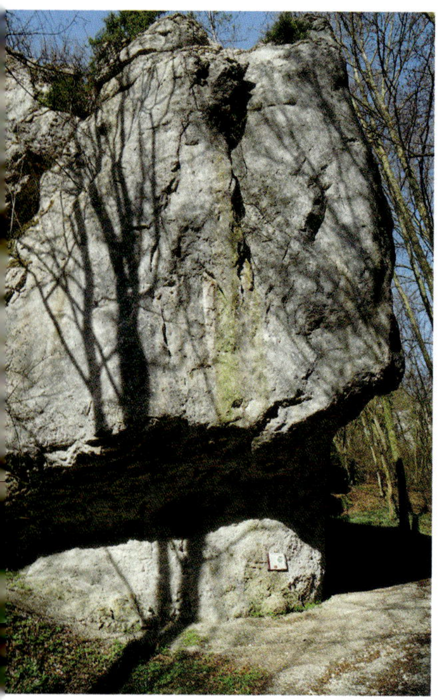

In Sichtweite der Wichsensteiner Friedhofsmauer biegen wir links auf einen Pfad ein ❺, der an einer Wiese entlang in den Wald führt und in einen Fahrweg übergeht. Bei der Wegteilung geht es nach rechts an einem Holzlager vorbei und dann nach links sanft hinab zum Lochturm: Der von zwei Tunneln durchzogene Fels bildet mit dem Burgfelsen dahinter eine malerische Szenerie.

Wieder auf dem Hauptweg, erreichen wir Wichsenstein, wo kurz vor der Hauptstraße nach links der Weg zum Burgfelsen abzweigt: Über 185 Stufen erreicht man den Aussichtpunkt mit grandiosem Rundblick und Fernsicht bis zum Fichtelgebirge.

Zum Spitzenstein Nach dem Abstieg gehen wir links Richtung Kirche, biegen rechts in die Straße nach Bieberbach ein und zweigen vor einem Parkplatz wieder rechts ab. 50 m später halten wir uns mit Blauring u. a. links und gelangen über die Hochfläche zum Waldrand und dann rechts zum Spitzenstein, einem der eindrucksvollsten Felstürme der Alb. Mit Blau- und Schwarzring wandern wir nach W über den Kamm, dann bergab zu einer zerklüfteten Felsgruppe. Kurz danach geht es scharf nach links und steil zum Waldrand hinunter, wo wir dem Ww. »Wichsenstein« nach rechts folgen.

Mein Erlebnistipp

Der Besuch des Wildparks Hundshaupten ist nicht nur für Kinder, sondern für alle Tierfreunde ein schönes Erlebnis, da die Tiere in naturnahen und geräumigen Gehegen in einem wunderschönen Juratal leben. Neben einheimischen Arten wie Wildschweinen und alten Haustierrassen werden ehemalige Bewohner des Frankenjuras wie Wisent, Wolf und Luchs, alpine Fauna wie Steinbock und Gämse sowie einige Exoten präsentiert. Näheres unter www.wildpark-hundshaupten.de.

Feldwildnis Heidelberg Bei Einmündung in einen breiteren Fahrweg halten wir uns links und folgen der Mk. noch ca. 100 m bis zu einer Wegteilung ❻: Hier zweigt links ein Weg ohne Mk. ab, der jedoch durch einen Holzbalken als Sperre unverkennbar ist. Auf ihm überqueren wir, an einem Schäferkarren vorbei, die Freifläche und wandern dann schräg links auf die Gipfelfelsen des Heidelbergs zu. Auf einer Hangterrasse queren wir nach links unter den Nordabstürzen entlang bis zur glatten Wand an ihrem Ende.

Von hier steigen wir weglos in Kehren ein Stück ab, queren dann im flacheren Gelände nach rechts und halten leicht ansteigend auf einen ca. 3 m hohen Felsen zu, der aus der Kammlinie vor uns herausragt. Unter ihm vorbei erreichen wir die Höhe, überqueren einen Fahrweg und gehen auf gleicher Höhe weiter, bis wir auf einen Fahrweg treffen, der uns rechts zu den Südwänden hinaufführt. Dort geht er in einen Steig über, auf dem wir, immer die felsnahe Variante wählend, an Türmen, Wänden und kleinen Spalthöhlen entlangwandern.

Nach einer großen Wand übersteigen wir eine Felsrippe und steigen schräg rechts zum oberen Felsgebiet auf, das durch bizarre Überhänge begeistert. Von der kleinen Höhle am Ende steigen wir ein Stück ab und gelangen dann rechtshaltend durch den Hang zur Freifläche mit dem Schäferkarren und der Wegteilung zurück.

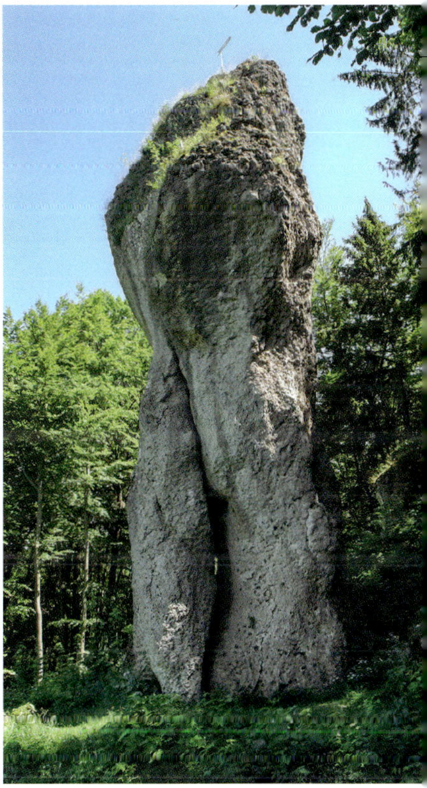

Wie ein Obelisk steht der Spitzenstein am Waldrand.

Durch die Wolfsschlucht Mit Schwarzring geht es nun nach links, dann mit auffallendem Linksknick am Waldrand entlang, zuletzt auf einem Fahrweg hinüber in ein Tälchen. Hier biegen wir links in einen breiten Weg (Blauring u. a.) ein und steigen zügig bergab. Bald tauchen wir in die wilde Felsenwelt der Wolfsschlucht ein; Höhepunkt ist der gigantische Hängende Stein mit seinem Riesenüberhang über dem Weg. Von hier erreichen wir bald Schweinthal und, am Brunnen rechtshaltend, Haltestelle bzw. Parkplatz.

17

Arches Park bei Türkelstein

Geißkirche, Gesteinig und Löwentor

Mittel | 9 km | 190 Hm | 3:15 Std.

Tourencharakter
Im Grunde leichte Tour mit nur geringen Anstiegen durch ein nahezu unberührtes Karstgebiet mit Felsentoren, Höhlen und Felsketten, die aber wegen des Fehlens jeglicher Markierung und des recht hohen Anteils an weglosen Passagen einiges an Orientierungsvermögen verlangt.

Ausgangs-/Endpunkt
Türkelstein, Ortsmitte (518 m), Bus-Hst. der Linie 226 und 234, verschiedene Parkmöglichkeiten in der Nähe der Hst. (GPS: 49.751943, 11.320582)

Anfahrt mit ÖPNV
Mo–Sa sporadische, aber brauchbare Busverbindung mit Linie 226 von Gräfenberg oder Gößweinstein oder Linie 234 von Ebermannstadt, z. T. Rufbus (Anmeldung am Vortag unter 09191/86 25 11), So kein Angebot

Höchster Punkt
Am Buchenberg (540 m)

Gehzeiten
Zur Geißkirche 0:10 Std. – Gesteinig-Felsentore 0:35 Std. – Krummer Stein 1 Std. – Löwentor 0:15 Std. – Doppeltor 0:25 Std. – Etzdorf 0:20 Std. – Rückweg 0:30 Std. (nicht eingerechnet: Besichtigung der Höhlen)

Beste Jahreszeit
Ende Oktober bis Ende April; im Sommer wegen der dichten Vegetation nicht voll zu empfehlen

Einkehr
Türkelstein, Gasthaus zum Felsentor, Tel. 09242/381

Karte
ATK25 E10 Ebermannstadt

Im Südwesten der USA sind sie zu Hunderten versammelt, bei Türkelstein finden sich auf wenigen Quadratkilometern immerhin neun spektakuläre Felsentore und Felsdurchgänge. Dafür gibt es hier keinen Massenansturm, nicht einmal markierte Wege.

Unsere Rundtour führt vom riesigen Durchgang der Geißkirche in den Felskessel Gesteinig mit seiner beeindruckenden Vielfalt an Tor-Formen, dann durch die wilde Karstlandschaft des Krummen Steins und im Anschluss über Löwentor und Doppeltor zurück.

Zur Geißkirche Von der Haltestelle in Türkelstein gehen wir ein Stück mit der Mk. Gelbring Richtung Allersdorf, biegen aber, einem Ww. folgend, bald rechts auf einen Feldweg ohne Mk. ein und wandern, bei einer Gabelung linkshaltend, zum Waldrand hinüber. Nach kurzem Anstieg stehen wir staunend vor dem gewaltigen zinnenbekrönten Felsdurchgang der Geißkirche, der zu den bedeutendsten Naturdenkmälern der Alb gehört.

Über Gesteinig zum Buchenberg Am anderen Ende der Geißkirche steigen wir etwas ab und treffen auf einen Pfad, der nach rechts zu einer malerischen Halbhöhle hinüberführt. Von ihr wandern wir nach rechts schräg abwärts, queren den Hang auf halber Höhe, passieren einen Baum

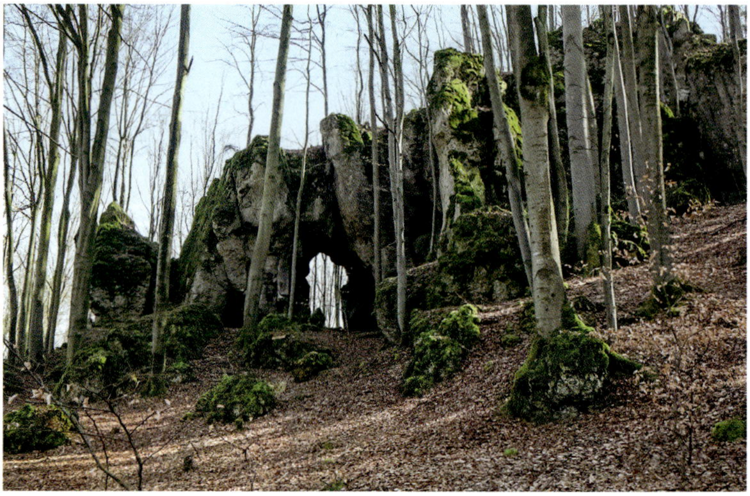

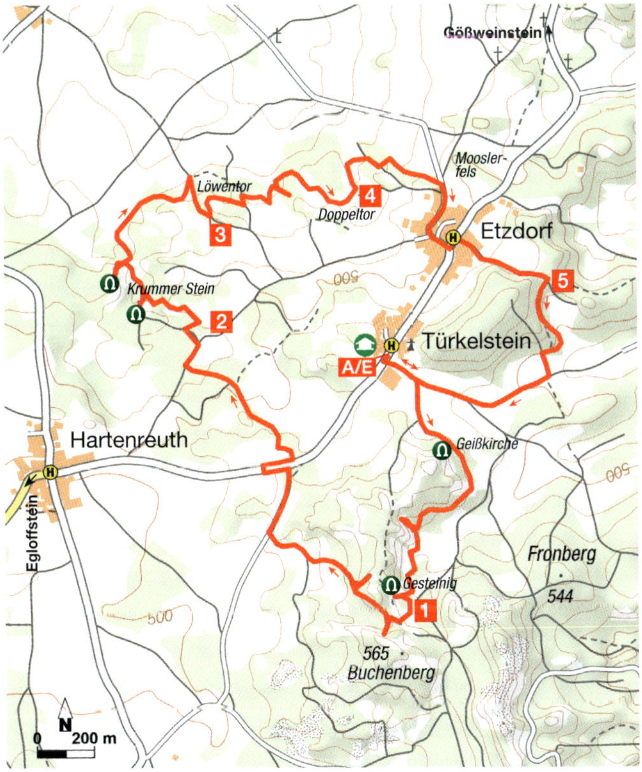

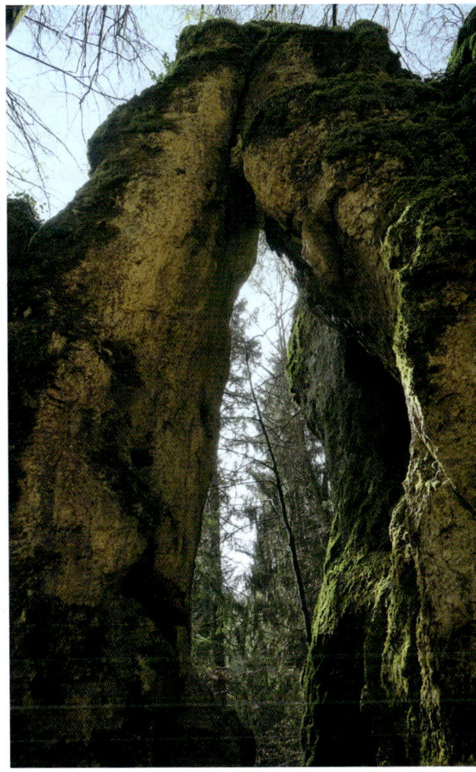

Die hochovale Form macht das Gesteinig-Felsentor einzigartig.

mit gelbem Punkt und steigen dann wieder zu einem kegelförmigen Fels an der Hangkante auf. Von hier geht es auf einem Wildwechsel nach rechts in einen Felskessel hinein, möglichst ohne größeren Höhenverlust über eine Senke hinweg, dann nach rechts aufwärts und im Linksbogen zu einer Anhöhe hinauf.

Jenseits erreichen wir leicht absteigend einen großen Felskessel; es lohnt – am besten in einem nach links ausholenden Bogen – zu dem Massiv vor uns mit der Halbhöhle aufzusteigen. Danach wandern wir an der Felsreihe abwärts bis zur imposanten Wand an ihrem Ende. Wir gehen rechtshaltend auf Pfadspuren an ihrem Fuß entlang, steigen dann Richtung Waldrand ab, bleiben aber im Wald und wandern parallel zum Rand nach rechts, bis wir auf einen Fahrweg treffen. Auf ihm gehen wir links zur Wiese hinunter, umrunden diese rechtshaltend und steigen am Gegenhang weglos zu einem großen Felsturm auf. Hier sehen wir rechts bereits das Eingangstor zum Felskessel Gesteinig, einen Felsdurchgang, den man gebückt durchqueren oder links umgehen kann.

Wir halten nun auf den linken der zwei Türme im Zentrum des Kessels zu und stellen mit Staunen fest, dass es sich um ein einzigartig geformtes Felsentor mit einem hohen ovalen Durchgang handelt. Nach der Durchquerung finden wir im Turm rechts davon ein weiteres Felsentor. Noch weiter, am Rand des Kessels, das bizarrste Gebilde: Wir steigen in der Mitte der Höhlenruine unter einem Felsenbogen in wild zerklüftetes Terrain auf. Anschließend gehen wir nach S auf eine Wiese hinaus und steigen an ihrem Ende ❶ nach rechts auf breitem Weg an zwei kleinen Türmen vorbei den Hang empor.

Linke Seite: Schon beim Aufstieg werden die gewaltigen Dimensionen der Geißkirche deutlich.

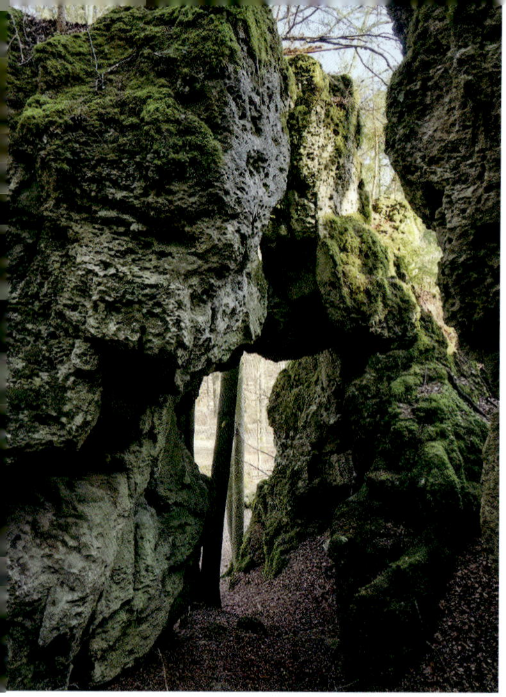

Bald treffen wir auf einen Forstweg und biegen rechts auf ihn ein. Wir passieren die glatten Nordwände des Buchenbergs (lohnender Abstecher nach links) und gehen bei einer Verzweigung auf dem mittleren Weg geradeaus. Nach einem kleinen Felsturm am Wegrand sehen wir rechts ein imposantes Massiv und steigen zu seiner Kante empor: Am Fuß der Felsen gelangen wir in einen Kessel mit glatten Wänden auf der einen, wild zerklüfteten Felsen auf der anderen Seite. Zurück auf dem Forstweg geht es leicht bergab, aus dem Wald hinaus und im Rechtsbogen zu einem Fahrweg, der uns nach rechts zur Straße nach Hartenreuth bringt.

Krummer Stein und Löwentor Wir gehen auf ihr kurz nach links und wandern dann rechts auf einem neuen Forstweg zu einem Holzlagerplatz hinüber. Hier geht es rechtshaltend über den Platz und dann am Waldrand auf breitem Weg in ein malerisches Tälchen hinunter, zuletzt durch Wald weiter abwärts. Bei einer Verzweigung biegen wir rechtwinklig nach rechts und gehen kurz am Waldrand entlang. Auf einem links abzweigenden Forstweg wandern wir etwa 100 m geradeaus unterhalb eines Holzlagers vorbei und biegen dann rechts in einen Fahrweg ein, der an bemoosten Türmen entlangführt.

Die Höhlenruine im Gesteinig begeistert durch zerklüftete Formen.

Das Löwentor ist unverwechselbar.

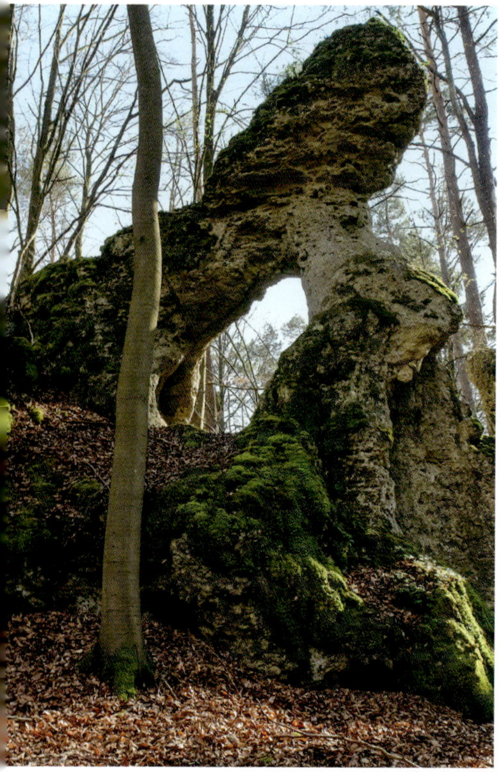

Bald erreichen wir eine mit Ziegeln überdachte Holzlege ❷: Wir steigen links von ihr weglos zu einem Sattel zwischen zwei Felsen auf. Jenseits geht es erst weglos, dann auf Fahrspuren zu einer Reihe kleiner Felstürme (links) hinab, dann scharf rechts auf deutlichem Fahrweg durch ein offenes Metalltor in ein links von einer Wandflucht, rechts von bizarren Türmen umrahmtes Tälchen. Bald quert ein anderer Forstweg; auf ihm lohnt nach links ein Abstecher zum eindrucksvollen Schafloch.

Zurück an der Vereinigung der zwei Fahrwege, gehen wir nach links (genau in Fortsetzung des ersten Weges) zu einem Einschnitt zwischen zwei Felsmassiven hinunter. Links lädt der zerklüftete Krumme Stein mit malerischem Felskessel und formschöner Spalthöhle zur Erkundung ein. Wir gehen nun zur überhängenden Wand auf der anderen Seite hinüber, dann links auf die Wiese hinaus und am Waldrand entlang, zuletzt geradeaus über ein Tälchen hinweg und auf einem Forstweg in den Wald hinein.

Nach einem Turm mit auffallenden Löchern durchstreifen wir, rechts vom Weg abbiegend, einen zerklüfteten Felskessel und kehren dann über eine Schneise zum Waldrand zurück, wo eine gelbe Bank mit Blick nach Leutzdorf auf uns wartet. Von hier steigen wir rechtshaltend auf einem Schotterweg bergan, bis von rechts ein anderer Forstweg mündet. Hier, genau beim Zeichen »WP 200 4,5« ❸, biegen wir scharf links (!) in den Wald und wandern weglos auf die Felsen zu. Bald stehen wir vor dem »Löwentor«, einem der schönsten Felsentore der Alb.

Wir steigen zum Fuß des Tors ab, umrunden das anschließende Massiv, das eine niedrige Durchgangshöhle aufweist, und wandern rechtshaltend über eine Schneise, an großen Blöcken vorbei, zum Waldrand empor.

Über das Doppeltor nach Etzdorf Am Waldrand zweigen wir links ab und gelangen an ihm entlang in ein Tälchen und zu einem Fahrweg; auf diesem steigen wir nach links an drei markanten Türmen vorbei (lohnender Abstecher zum Felskessel auf ihrer Rückseite) ab. Kurz nach ihnen biegen wir halb rechts auf einen begrünten Weg ab, der zu einer großen Waldwiese emporführt. An ihrem Beginn gehen wir rechts an einer Felskette bergauf, queren dann zur linken Seite hinüber und wandern auf Fahrspuren zu ihrem Ende hinauf.

Hier biegen wir links in einen Fahrweg ein und sehen bald links am Waldrand ein seltenes Naturjuwel: das Doppeltor mit zwei Bögen nebeneinander ❹. Wir zweigen hier links ab und wandern unterhalb des Tors und an einer langen Felsreihe vorbei in ein Tälchen hinab. Danach geht es rechtshaltend an einer eingezäunten Schonung entlang und an ihrer anderen Seite rechts auf einem Fahrweg bergauf. An ihrem Ende biegen wir links ab, passieren eine Felsgruppe mit klammartigen Spalten und steigen dann nach rechts auf dem Feldrain an schönen Türmen vorbei bergan. Auf einem Fahrweg erreichen wir bald Etzdorf und wandern nach rechts in den Ort, an der Verkehrsinsel links zur Hauptstraße.

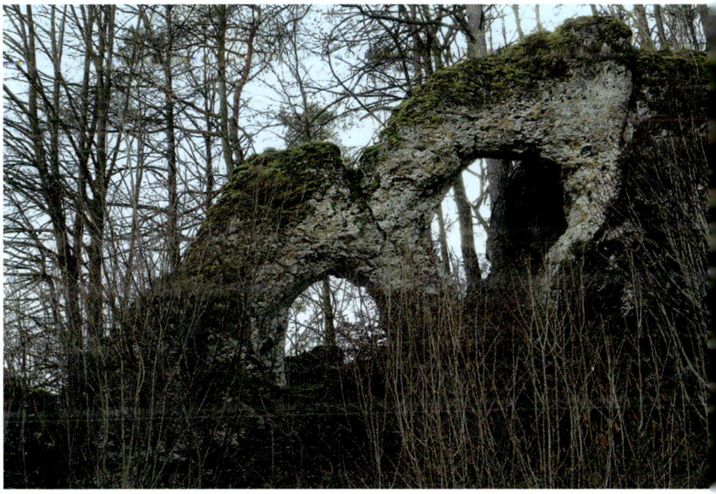

Das Doppeltor bei Etzdorf gehört zu den unbekannten Naturwundern der Alb.

Rückweg Auf der Hauptstraße gehen wir 30 m nach links und biegen dann rechts in eine Seitenstraße ein. Mit prachtvoller Fernsicht steigen wir am Waldrand empor (rechts ein bizarrer Fels mit kleinem Felsentor am Gipfel) zu einem Sattel, jenseits zu einer Wiese hinunter und vor ihr rechtshaltend bergab ❺. Der Weg führt in weitem Bogen am Waldrand entlang, dann links in den idyllischen Fürstenweggrund hinab. Wir biegen rechts auf den Talweg ein und kommen bald, zuletzt mit Gelbring, nach Türkelstein zurück.

Wunderwelt Geißkirche(n)

Der aufmerksame Leser wird sich über die Vielzahl der Naturdenkmäler mit dem Namen Geißkirche (in verschiedenen Varianten) wundern. Es handelt sich um einen alten Begriff der Bauernsprache für einen natürlichen Hohlraum, in dem man Vieh unterstellen kann. Dass viele der spektakulärsten Naturwunder der Alb heute noch diesen Namen tragen, zeigt den »wilden« Charakter der Region. Einzig die berühmte Riesenburg, einst auch eine Gaiskirche, wurde bei der touristischen Erschließung umbenannt.

18 Kunstwerke der Erosion bei Allersdorf

Föhrenstein, Wasserstein und Förstelstein

Mittel | 9 km | 280 Hm | 3 Std.

Tourencharakter
Wanderung ohne große Anstiege durch Wälder und Täler der Kuppenalb zu eindrucksvollen Felsentoren, Durchgangshöhlen und Felsmassiven. Oft auf schmalen und unmarkierten, aber gut sichtbaren Wegen, nur kurze, problemlos begehbare weglose Passagen.

Ausgangs-/Endpunkt
Allersdorf (517 m). Mehrere, aber begrenzte Parkmöglichkeiten im Ort (an der Einmündung des Forstweges [GPS: 49.740311, 11.348546] oder auf der anderen Seite Richtung Campingplatz)

Anfahrt mit ÖPNV
Mo–Fr fahren nur wenige Busse der Linie 222 über Allersdorf, an Sa und So keine. Alternative: Beginn der Wanderung in Kleingesee (Busverbindungen wie Tour 22) und Wanderung nach Allersdorf in 0:20 Std., Rückkehr wie im Text beschrieben mit Blauring.

Höchster Punkt
Lindenstein (540 m)

Gehzeiten
Zum Föhrensteinturm 0:25 Std. – Wasserstein (Felsentor) 0:20 Std. – Vordere Stadelhofener Wand 1 Std. – Förstelstein 0:25 Std. – Lindenstein 0:35 Std. – Allersdorf 0:15 Std. (nicht eingerechnet: Besichtigung der Höhlen und Karstgebilde)

Beste Jahreszeit
Frühjahr und Spätherbst, im Sommer zwar machbar, aber weitaus weniger reizvoll als in der laubarmen Zeit

Einkehr
Keine

Karte
ATK25 E10 Ebermannstadt

Der Wasserstein bei Allersdorf zählt mit seinem eleganten Felsentor und seinen einzigartigen Erosionsformen fraglos zu den bedeutendsten Naturwundern der Frankenalb, ist aber nahezu unbekannt. Doch auch die anderen Felsformationen der Region wissen zu beeindrucken.

Unsere Wanderung beginnt mit dem imposanten Föhrenstein, wo es einen der spektakulärsten Überhänge der Alb zu bewundern gibt, und führt über den Wasserstein zu den malerisch zerklüfteten Felsburgen bei Stadelhofen.

Föhrenstein-Umrundung Wir beginnen unsere Tour auf dem Fahrweg (Mk. Gelbstrich und Blauring), der am Nordrand von Allersdorf vor den letzten Häusern rechts abzweigt (am Beginn begrenzte Parkmöglichkeiten). Er führt uns, mit schönem Blick zum Föhrenstein, in einen Wiesengrund hinunter. Am Waldrand, gegenüber einem kleinen Weiher, zweigen wir rechts ab ❶ und steigen auf breitem Weg in Richtung auf das Massiv empor. Ein kurzer Stichpfad bringt uns zu seinem linken Ende mit einer reizvollen Höhle und einer zerklüfteten Wand empor.
Zum breiten Weg zurückgekehrt, wandern wir unterhalb der Felsreihe entlang. Bald bietet sich ein malerisches Bild: vor uns der riesige Föhrensteinturm, links die hellen Südwände des Hauptmassivs. Wir steigen auf dem Fahrweg ein Stück ab und biegen dann bei einem bemoosten Block

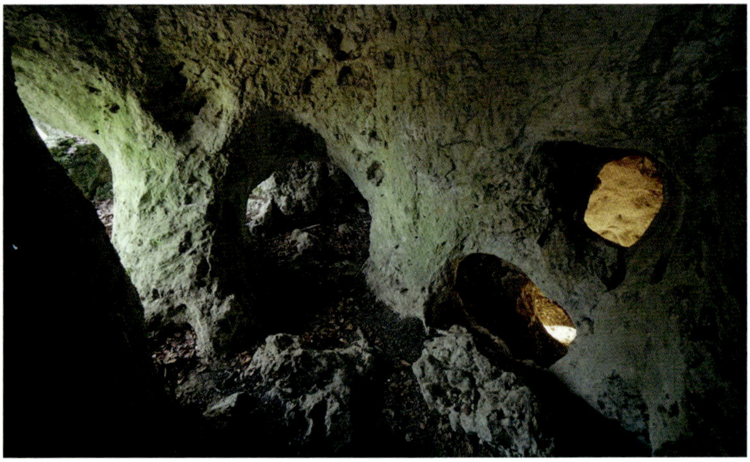

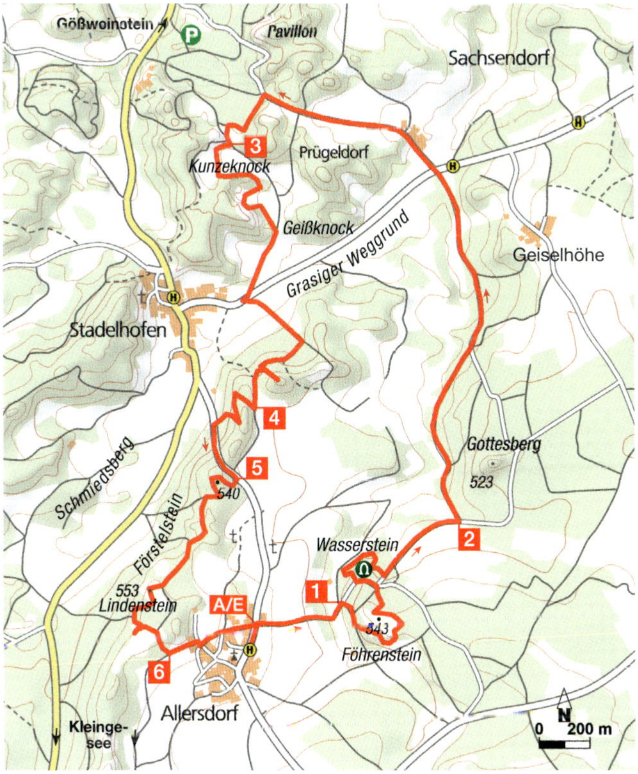

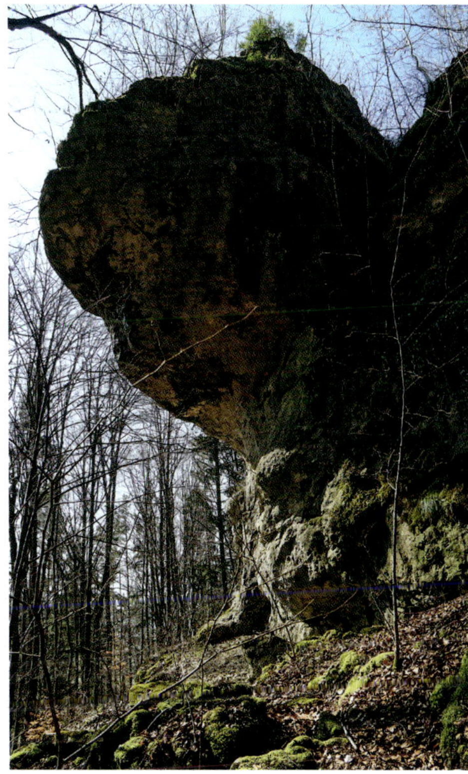

links auf Pfadspuren ab, die uns am Fuß des Turmes entlangführen, dann wieder links an seiner Ostseite bergauf. Schaustücke sind der gewaltige schiffsbugartige Überhang des Turmes und die Südwandflucht dahinter.

Der riesige »Bug« des Föhrensteinturms gehört zu den Glanzpunkten der Tour.

Wir halten, teils weglos, auf den Durchgang zwischen dem rechten Ende des Massivs und einem einzelnen Klotz zu und wechseln auf die Nordseite hinüber, an der wir linkshaltend entlangwandern. Wir passieren eine imposante Halbhöhle und gelangen zuletzt zu einem vorgelagerten Klotz, von wo uns ein Pfad nach rechts zu einem Fahrweg hinüberführt. Auf ihm erreichen wir linkshaltend bald eine Forststraße, der wir nach links folgen.

Naturwunder Wasserstein Schon nach 100 m folgt die entscheidende Abzweigung: Am Ende einer Linkskurve biegen wir auf schmalem Pfad nach rechts ab; an einem Baum erkennt man noch Reste der schwarzen Markierung. Kurz danach erreichen wir den ersten Fels des Wassersteins mit einem Loch am Wandfuß. Wir steigen (Mk. Schwarzpunkt) am Fels unter einem kleinen Überhang empor und stehen bald vor einer der faszinierendsten Durchgangshöhlen: Was zunächst wie ein reiner Felstunnel wirkt, entpuppt sich als äußerst komplexes Gebilde mit etwa zehn Felsbögen und Felsenfenstern.

Zu seinem Fuß zurückgekehrt, wandern wir rechts bergab, durch eine enge Klamm hinunter und dann nach rechts auf halber Hanghöhe unterhalb des Massivs entlang. Bald durchqueren wir einen Felsbogen, an den sich rechts eine zerklüftete Spalthöhle anschließt, und steigen dann zur Talseite eines riesigen überhängenden Turms

Linke Seite: Die Durchgangshöhle des Wassersteins bietet mit ihren Bögen einen einmaligen Anblick.

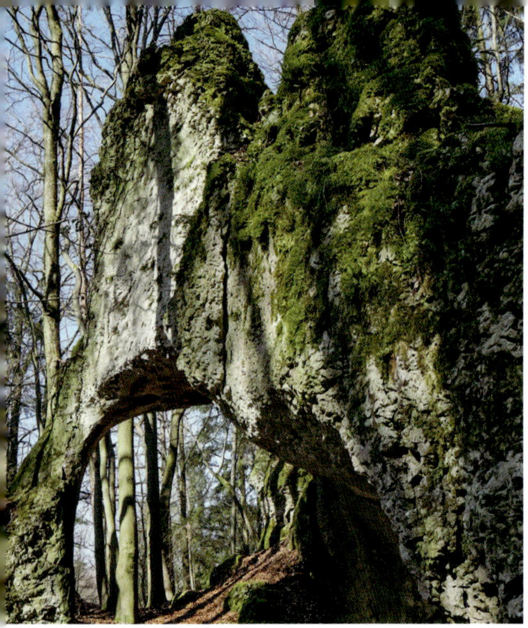 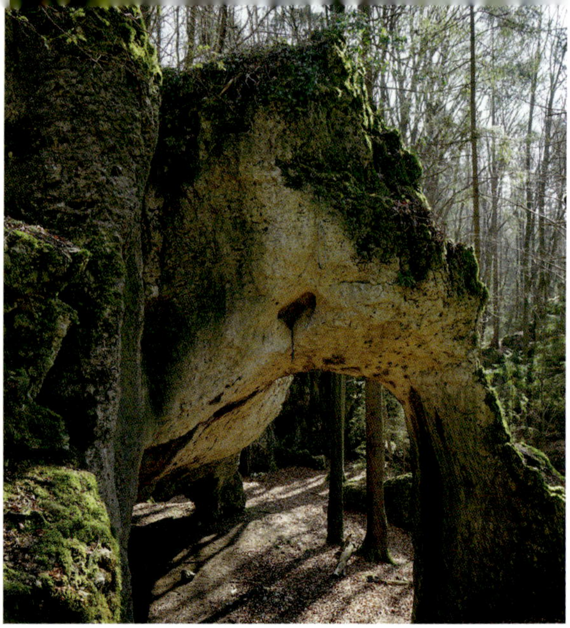

Als filigraner Bogen fasziniert das Wasserstein-Felsentor sowohl von unten (li.) wie vom Hang oberhalb (re.).

hinunter. Wir umrunden diese und steigen am Fels entlang wieder bergan, dann nach rechts in den zentralen Kessel des Wassersteins hinauf: Bald stehen wir staunend vor dem eleganten Bogen eines der filigransten Felsentore der Alb.
Nach der Besichtigung steigen wir auf dem Anstiegsweg wieder ein Stück ab, dann nach rechts durch die Senke zum Forstweg empor und biegen nach links auf ihn ein.

Zu den Stadelhofener Wänden Von hier an folgen wir der Mk. Gelbstrich. Sie leitet uns bei einer Wegteilung ❷ nach links am Waldrand und kleinen Felsen entlang, dann durch ein reizvolles Tal. Wo eine Stromleitung ins Tal kommt, lohnt ein Abstecher: 25 m nach dem Eisenmast verbirgt sich rechts im Wald ein Massiv mit zwei Grotten und schönem Felsenfenster. Die Mk. überquert nun die Straße nach Geiselhöhe und führt uns, am Weiler Prügeldorf vorbei, auf schmaler Teerstraße zum Wald empor. Wo es wieder abwärtsgeht, biegen wir (nun auch Mk. Gelbring) links ab und wandern auf einem Forstweg an bizarren Felsgruppen entlang.
Bei einer Wegteilung halten wir uns mit Gelbring links, steigen zu einem Sattel hinauf und biegen bei einer gelben Bank rechts vom markierten Weg ab ❸: Über einen Feldrain wandern wir im Linksbogen zum rechten Ende der Hinteren Stadelhofener Wände hinüber. Wir passieren linkshaltend eine Reihe überhängender Türme und Wände und steigen dann auf Pfadspuren zu einem Sattel empor. Jenseits geht es wieder bergab und rechtshaltend um einen Acker herum zur imposanten Vorderen Stadelhofener Wand hinüber. Wir wandern nach links an ihr entlang und folgen dem Waldrand; nach einer Scheune erreichen wir wieder den Wanderweg.

Zum Förstelstein Auf dem Wanderweg kommen wir zur Straße nach Stadelhofen, halten uns kurz rechts und steigen dann am Gegenhang mit Gelbring empor, zuletzt nach rechts durch Wald zu einer Anhöhe hinauf (links ein schöner Felsturm, der einen Abstecher lohnt). Oben wird der Blick zum Föhrenstein frei.
Etwa 80 m weiter heißt es aufgepasst: Wir biegen spitzwinklig nach rechts ❹ und steigen auf einem Fahrweg zur Kammhöhe auf, von wo uns ein Pfad links zum Fels-

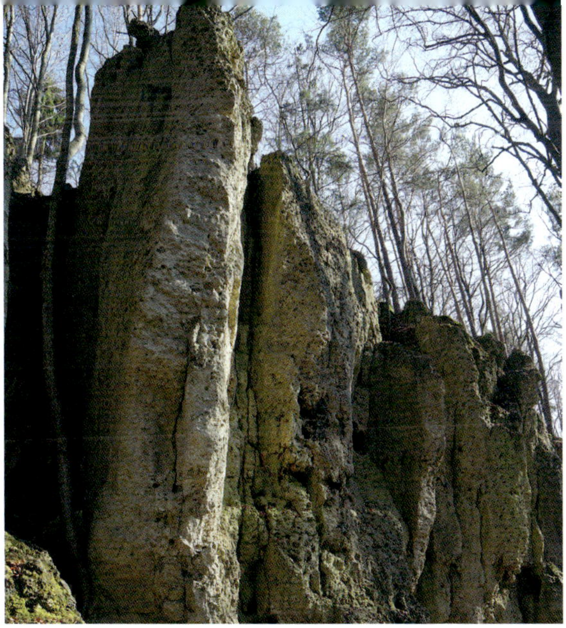

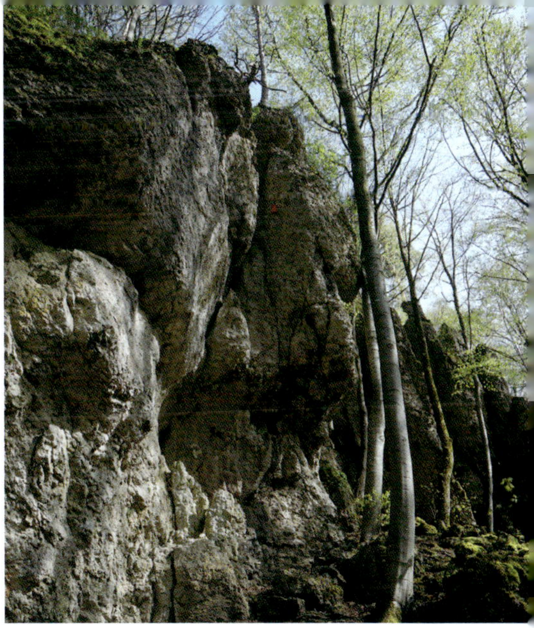

Malerisch zerklüftete Felsburgen prägen das letzte Tourdrittel: Links der Förstelstein, rechts der Lindenstein.

gebiet des Förstelsteins hinüberführt. Schaustücke sind bizarre Türme, Kanten und Überhänge, eine Höhle in der Mitte des Massivs und eine weitere, flache am Südende. Von dort führt uns ein deutlicher Pfad steil zur Straße nach Allersdorf hinunter, auf der wir nach links bis zur Hochfläche emporwandern.

Über den Lindenstein zurück Kurz nach dem höchsten Punkt biegen wir rechts auf einen Forstweg ein ❺, verlassen ihn aber schon nach 30 m wieder und gehen nach rechts über eine aufgeschüttete Fläche zu einem großen Massiv hinüber. Wir steigen linkshaltend weglos am Fuß der zerklüfteten Felsen zu einem kleinen Sattel (mit Miniatur-Felsentor) auf, gehen jenseits ein Stück bergab und dann nach links auf Pfadspuren durch den Hang.

Nach einer Anhöhe geht es weglos zu einem Forstweg hinab und auf ihm nach rechts zu einer Wegteilung: Hier halten wir uns links und folgen einem anfangs breiten, später schmalen Weg, der zunächst ansteigt, dann eben knapp unterhalb des Kamms entlangführt. Wo er in einen begrünten Fahrweg mündet, gehen wir geradeaus auf das Massiv des Lindensteins vor uns zu. Dort angekommen, steigen wir auf ausgetretenem Pfad steil zu einem Sattel an seinem rechten Ende auf und jenseits über Felsstufen zur Südseite hinunter. Die wilde Felskette beeindruckt mit bauchigen Überhängen, weiter oben mit bizarren Türmen und Spalten.

Nach der Erkundung gehen wir von der SW-Kante (kleiner Granitklotz im Boden) auf steilem Weg den Hang hinunter, folgen linkshaltend einer deutlichen Hangstufe und steigen dann nach rechts kurz weglos zu einem Forstweg ab. Er führt uns nach links bald zum Gelbring-Wanderweg, auf dem wir linkshaltend aufsteigen. Man sollte es nicht versäumen, nach wenigen Metern einen Abstecher zu den zerklüfteten Felsen rechts des Weges mit einer kleinen Höhle zu unternehmen.

Der Mk. Gelbring folgend geht es weiter aufwärts, an bizarren Felsen vorbei, dann rechts zum Waldrand hinüber (hier rechts mit Mk. Blauring nach Kleingesee) ❻. Von hier führt uns die Mk. links nach Allersdorf hinein und zur Hauptstraße, auf der wir nach links den Startpunkt, nach rechts die Bus-Hst. erreichen.

19

Gipfelrunde über Leutenbach

Burgstein, Katzenkopf und Hölzerberg

Leicht | 11 km | 370 Hm | 3:45 Std.

Tourencharakter
Hang- und Höhenwanderung zu bizarren Felsgruppen mit großartigen Fernblicken, überwiegend auf guten Wegen. Etwas anspruchsvoller der Aufstieg zum Aussichtspunkt beim Katzenkopf (steiler Schuttpfad und Blockkamm). Empfehlenswert ist nur die angegebene Gehrichtung, andernfalls ist die Orientierung schwieriger.

Ausgangs-/Endpunkt
Leutenbach (338 m), Parkplätze beim Friedhof am nördl. Ortsrand (GPS: 49.713017, 11.174120) und westl. der Kirche (Aufstieg zur Ehrenbürg)

Anfahrt mit ÖPNV
Mo–Fr Buslinie 223 von Igensdorf (Bahn von Nürnberg) und Forchheim (alle 1,5–2 Std.). Man spart ein kleines Stück Wegs, wenn man bei Hst. »Raiffeisenstraße« aussteigt und heimwärts Hst. »Leutenbach Ort« im Zentrum benutzt. So (und Sa Nachmittag) nur Anruf-Sammeltaxi.

Höchster Punkt
Hölzerberg (530 m)

Gehzeiten
Zum Burgstein 1 Std. – Moritzquelle 0:15 Std. – Katzenkopf 1:15 Std. – Hölzerberg 0:20 Std. – Abstieg 0:55 Std.

Beste Jahreszeit
Ganzjährig reizvoll (außer bei Schneelage), besonders schön im Frühling zur Kirschblüte und im Spätherbst. Im Sommer auf schmalen Wegstücken erhöhte Zecken-Gefahr.

Einkehr
Gasthöfe in Leutenbach

Karte
ATK25 F10 Eckental

Auf der Ostseite von Leutenbach, gegenüber der vielbesuchten Ehrenbürg mit Rodenstein und Walberla, reihen sich schroffe Felsklippen wie Perlen an einer Kette aneinander. Viele davon bilden auch für Wanderer zugängliche, aber kaum besuchte grandiose Aussichtsplätze.

Unsere Tour verbindet als Höhenweg alle Schaukanzeln miteinander und wartet mit weiten Panoramen, oft auch mit atemberaubenden Tiefblicken auf die vorgelagerten Felstürme auf.

Entlang der Sinterstufen nach St. Moritz Wir durchwandern Leutenbach nach S (an der Hauptkreuzung links) und biegen rechts in die Mittelehrenbacher Straße ein, wo wir auf die Mk. Gelbpunkt treffen (kürzer hierher von der Haltestelle Raiffeisenstraße: erst geradeaus, dann rechts). Nun sind es noch 400 m auf der Teerstraße bergauf, dann zweigen wir links in einen Feldweg ein (Mk. Gelbpunkt u. a.), der mit Prachtblicken ins Tal sanft steigend durch den Hang führt.
Bald geht er in einen Steig über, und wir erblicken ein Kleinod der Karstlandschaft: Über Stufen aus Kalktuff stürzt ein kleiner Wasserfall zu Tal. Am Bach entlang geht es über Treppen steil bergauf, dann linkshaltend zur Kapelle St. Moritz, die pittoresk auf einem Felshügel steht. Ein Besuch lohnt: Wir gehen unterhalb der Kapelle entlang, betreten den schmucken Kirchhof über die Westpforte und verlassen ihn über den Nordeingang.

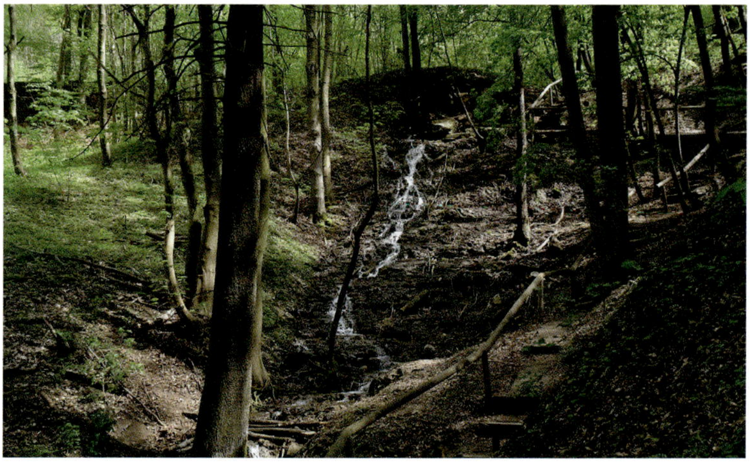

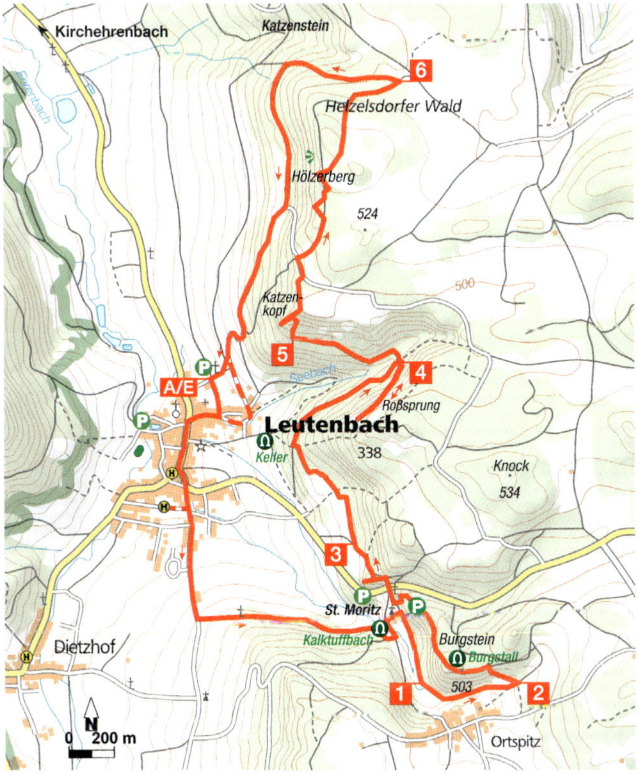

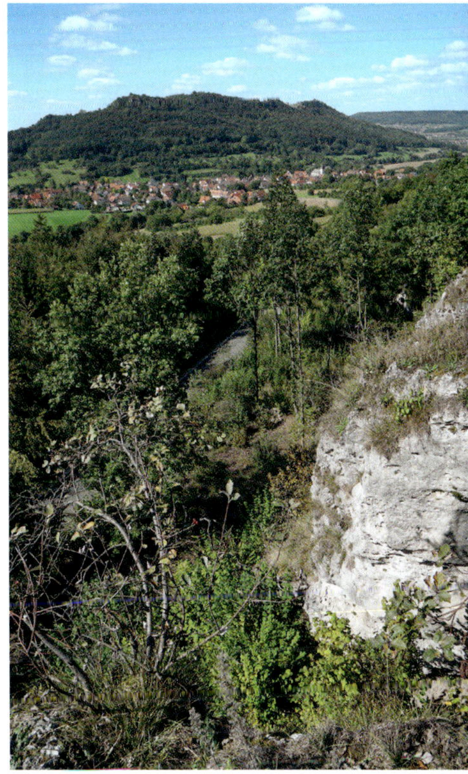

Von der Aussichtskanzel bei St. Moritz bietet sich ein Prachtblick auf Leutenbach und Ehrenbürg.

Schluchtweg zum Burgstein Von hier wandern wir nach rechts mit Gelbpunkt in das stille Wiesental hinein. Bei der Wegteilung im Talschluss (Jägerstand) ❶ verlassen wir die Mk. (die rechts zum Weiler Ortspitz hinaufführt) und gehen links auf schmalem Pfad auf markante Felsen zu. Hier betreten wir eine unberührte kleine Schlucht, flankiert von bizarren Felsen und stellenweise mit großen Versturzblöcken angefüllt. Der Weg führt am linken Talhang empor und dann auf eine idyllische Wiese hinaus.

Schon 60 m nach Austritt aus dem Wald müssen wir aufpassen: Genau dort, wo der Weg in einen gepflasterten Feldweg übergeht, zweigen wir in spitzem Winkel links in den Wald ab ❷; Wegmarke ist ein im Boden eingelassener kleiner Granitklotz. Unterhalb von ihm vorbei steigen wir am Rand einer auffälligen Hangstufe nach NW empor, bis wir nach 200 m wieder auf einen Weg mit Mk. (Blauring u. a.) treffen; ein Pfeil an einem Baum weist die Richtung.

Bald ist die Kuppe vor uns erklommen, und nach Überquerung des ehemaligen Burggrabens stehen wir am Gipfel des Burgsteins. Die Aussicht über St. Moritz zur Ehrenbürg beeindruckt jeden, noch schönere Motive finden Fotografen, die links des Gipfelfelsens etwas absteigen (Vorsicht!).

Abstieg zur Moritzquelle Die Mk. Blauring führt uns nun in aussichtsreicher Querung, später über Kehren durch Wald zum Denkmal für den Heimatdichter Dr. Georg Kanzler und zur Moritzquelle hinab (die in der Osterzeit bunt geschmückt wird). Nebenan ein Parkplatz an der Straße nach Egloffstein (s. Tipp).

Linke Seite: Der Wanderweg führt an den Wasserfällen des Kalktuffbachs vorbei.

Höhenwanderung ins Seebachtal Wir überqueren nun die Straße und steigen mit Rotring über Kehren steil zu einer Wiese empor. Oben führt uns ein Stichpfad nach links zu einem Rastplatz mit Bänken und weiter, zuletzt über eine Treppe, zu einem kürzlich freigeschnittenen Aussichtspunkt empor. Schwindelfreie sollten noch den Felskopf unmittelbar vor der Bank erklimmen (im Rechtsbogen um die trennende Spalte herum): begeisternd der Blick in die Schlucht vor uns und hinüber zur Ehrenbürg.

Zum Hauptweg zurückgekehrt, steigen wir entlang mehrerer Stationen des Kreuzwegs von St. Moritz bis zu einer Wegteilung ❸ ab: Hier biegen wir mit Rotring rechts in einen schmalen Hangweg ein (Ww. »Ehrenbachtal Rundweg«) und wandern am Waldrand entlang. Bald geht es steiler bergab, der Steig mündet in einen Forstweg, dann folgt ein noch breiterer Weg, dem wir rechtshaltend für längere Zeit folgen.

Wo Rotring ins Tal abzweigt, gehen wir mit der Mk. des IFS-Wegs (rot/weiß diagonal geteilt) geradeaus weiter. Mit sanfter Steigung geht es in das felsenreiche Seebachtal hinein. Bald erreichen wir den ebenen Talboden und eine dreifache Wegteilung ❹. Hier lohnt ein Abstecher (ca. 0:20 Std.) in das Felsrevier des Roßsprungs: Der rechts abzweigende Forstweg führt uns in ein Reich aus Türmen, Kegeln und Klötzen beidseits der Route.

Der Katzenkopf zählt zu den originellsten Felsgestalten der Alb.

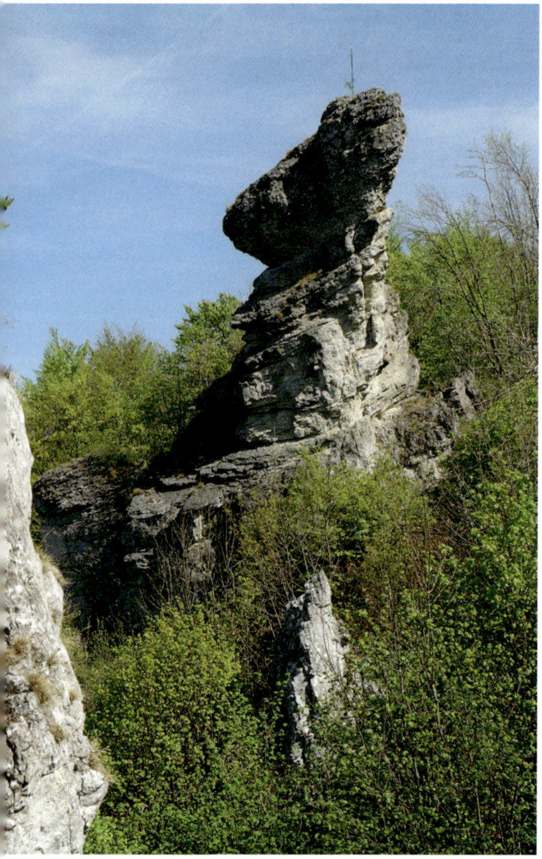

Zum Katzenkopf Zum Talboden zurückgekehrt, wandern wir nach links zu einem Wendeplatz für Holzfahrzeuge hinüber und steigen dann auf breitem Forstweg ohne Mk. durch eine parkähnliche Landschaft mit Felsgruppen und einzelnen Bäumen nach NW empor (immer dem Hauptweg folgend). Am höchsten Punkt folgt die entscheidende Abzweigung: Am linken Rand des Weges steht eine große Buche, zu ihren Füßen ein flacher Felsblock. Vom Block aus gehen wir noch 5 m weiter, dann entdecken wir rechts eine schmale Gasse zwischen den Büschen ❺. Wir biegen in diese ein und steigen sehr steil auf einem Schuttpfad empor, im Schlussteil leicht rechts auf einen Felsen mit Überhang zu.

Unter dem Überhang hindurch erreichen wir die Kammhöhe, wo der originell geformte Katzenkopf sichtbar wird. Von hier gelangen wir linkshaltend über den blockigen Kamm auf Pfadspuren zu einem Felskopf, der zu den großartigsten Aussichtspunkten der Alb zählt: Neben dem weiten Panorama fesselt der spektakuläre Tiefblick auf die Leutenbacher Türme.

Höhenweg zum Hölzerberg Zum Überhangfelsen zurückgekehrt, folgen wir linker Hand den Pfadspuren, die oberhalb an seiner Bergseite vorbeiführen, und stei-

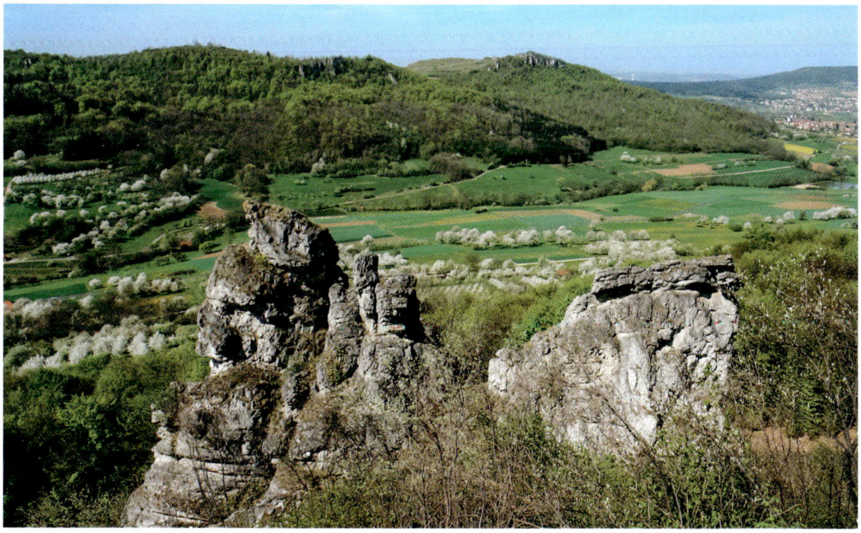

Für Genießer: Blick über die Leutenbacher Türme auf Ehrenbürg und Wiesenttal

gen dann schräg links durch den steilen Hang empor. Oben erreichen wir eine Bergwiese und wandern an ihrem Rand nach links zu einem offenen Tor hinab. Auf einem Fahrweg geht es sanft bergab, er mündet in einen noch breiteren, dann folgt eine Wegteilung: Wir biegen rechts mit Gelbpunkt auf den Wanderweg Richtung Reisberg ein.

Über eine Wiese, dann durch Wald geht es stetig bergan, bald führt nach links ein Pfad an der Felskante entlang (Vorsicht!) zu einer Aussichtskanzel: Über dem massigen Felsturm vor uns ragt die Ehrenbürg empor. Am Nordrand der Kanzel bringt uns ein Pfad zum Hauptweg zurück. Schon 200 m weiter folgt die nächste Abzweigung nach links und wir erreichen ein weites Felsplateau am Hölzerberg, eine großartige Aussichtswarte für Ehrenbürg und Wiesenttal.

Abstieg Wieder führt vom Nordrand ein separater Pfad zurück zum Gelbpunkt-Weg. Auf ihm geht es kurz zu einer bewaldeten Kuppe hinauf, dann stetig bergab. Genau dort, wo wir aus dem Wald heraustreten, gilt es, auf die letzte Abzweigung 6 zu achten: Wir biegen links in einen Fahrweg ein, der am Waldrand entlangführt; erst nach einigen Metern ist die Mk. Rotring zu erkennen, die uns bis ins Tal begleitet.

Auf nun schmalerem Weg geht es zügig bergab, dann auf einem Forstweg in leichtem Auf und Ab durch lichten Wald. Nach einer Wegteilung (hier rechts) verlassen wir den Wald und erreichen einen schönen Rastplatz mit Walberlablick. Wir folgen nun weiter dem Fahrweg (Rotring zweigt links ab) und wandern durch Obstgärten, die zur Zeit der Kirschblüte einen einmaligen Anblick bieten. Von hier geht es geradeaus ins Zentrum von Leutenbach oder nach rechts zum Parkplatz am Friedhof.

Meine Tour-Variante

Wer mit dem Auto anreist und Wert auf eine gemütliche Mittagspause legt, kann auch bei der Moritzquelle an der Bergstraße nach Egloffstein parken, dann mit der Etappe »Höhenwanderung ins Seebachtal« in die Tour einsteigen, in Leutenbach zu Mittag essen und über die erste Hälfte der beschriebenen Route zurückkehren. Wer zum ersten Mal in Leutenbach ist, sollte den Besuch der Ehrenbürg (schöne Felsgruppen und weite Fernsicht) nicht versäumen (stille Ecken finden sich an der Ostseite des Rodensteins und bei den Felstürmen der Zwillinge im NO des Walberla).

20

Romantische Pfade um Egloffstein

Frauenhöhle, Spiegelfelsen und Kugelspiel

Mittel 13,5 km 490 Hm 4:45 Std.

Tourencharakter
Hang- und Talwanderung zu einer großen Höhle, spektakulären Felsformationen und großartigen Aussichtspunkten. Überwiegend gute, aber schmale und oft recht steile Wege und Pfade.

Ausgangs-/Endpunkt
Egloffstein (364 m), Parkplätze am südlichen Ortseingang (GPS: 49.699147, 11.264887), dort auch der neue Bus-Bhf.; bei Anreise aus N steigt man günstiger schon bei der Hst. »Talstraße« aus.

Anfahrt mit ÖPNV
Mo–Fr gute Busverbindung von Forchheim mit Linie 222 (alle 1–2 Std.), nur eine sehr frühe mit Linie 226 ab Bhf. Gräfenberg, Sa/So vom 1.5.–1.11. gute Verbindung (alle 2 Std.) mit Gräfenberg (Linie 229), nach Forchheim nur mit Umsteigen. Vom 2.11.–30.4. an Sa wenige Busse der Linien 222 und 226, So kein Angebot

Höchster Punkt
Hang über Pfarrfelsen (465 m)

Gehzeiten
Zum Felsentor 0:30 Std. – Frauenhöhle 0:20 Std. – Rabenstein 0:25 Std. – Spiegelfelsen 0:45 Std. – Pfarrfelsen 0:50 Std. – Egloffstein 0:25 Std. – Kugelspiel 1 Std. – Abstieg über Augustusfelsen 0:30 Std.

Beste Jahreszeit
Ganzjährig reizvoll (außer bei Schneelage), besonders schön im Spätherbst

Einkehr
Gasthof Schlossblick in Mostviel, Gasthöfe und Cafés in Egloffstein

Karte
ATK25 F10 Eckental

Auch bei Burg Egloffstein wurden schon in der Romantik Wege zu den eindrucksvollsten Felsgebilden angelegt, die heute teils nur noch als vergessene Pfade existieren. Zusammen mit den modernen Steigen erschließen sie eine Fülle an Ausblicken und Karstformen.

Unsere Tour führt von der Burg zu den spektakulären Felsformationen von Felsentor, Frauenhöhle und Rabenstein, besucht auf der anderen Talseite drei wunderschöne Aussichtskanzeln, leitet über das malerische Todsfeldtal auf vergessenem Pfad zum Kugelspiel hinauf und über den Felstunnel des Augustusfelsens zurück.

Felsentor und Frauenhöhle Vom Parkplatz oder Bus-Bhf. wandern wir nach N, von der Hst. Talstraße nach S ins Ortszentrum und beim Posthotel mit Blaupunkt u. a. über Stufen steil bergauf. Im oberen Ortsteil geht es erst links über die Burgbergstraße, dann rechts über den Kirchenweg empor zu einer Wegteilung. Die Markierungen leiten hier links zum schönen Platz vor Burg und Kirche hinauf, wir halten uns aber rechts und wandern ohne Mk., dem Ww. folgend, sanft abwärts zur Komtessenruh: ein malerischer Rastplatz zu Füßen der auf hohem Fels errichteten Burg.
Der Weg führt weiter bergab, dann eben unter dem massigen Wilhelmsfelsen vorbei und vereinigt sich mit Rundweg Nr. 1. Mit ihm biegen wir bald links ab ❶ und steigen über Stufen an der gewaltigen Talwand des Felsentors steil empor. Zuletzt leitet ein Stichpfad links zum formschönen Tor selbst hinüber: prachtvoll der Blick ins Trubachtal. Auf dem Hauptweg geht es weiter bergauf; links ein Aussichtspunkt mit malerischem Blick über das Felsentor ins Tal, rechts eine Halbhöhle mit Rastplatz. Am Rand der Hochfläche bringt uns ein Stichpfad nach links in 3 Min. zur Aussichtskanzel des Wilhelmsfelsens mit Prachtblick auf Burg und Tal. Zurückgekehrt gehen wir mit Nr. 1 geradeaus weiter, biegen dann nach rechts und wandern auf schmalem Pfad teils durch die Steilflanke, teils an der Hangkante bis zu einer Wegteilung: Rechtshaltend erreichen wir (Mk. 1 und Blauring) nach kurzem Abstieg das riesige obere Tor der Frauenhöhle, durch das man ein Stück weit in das zerklüftete Innere vordringen kann. Eine Kehre tiefer folgt der untere Eingang, an den sich ein ebenso eindrucksvoller Raum anschließt. Vor dem Eingang zweigt links ein Pfad ab und leitet über eine Kehre zu einer sehenswerten Nebengrotte hinauf.

Zum Rabenstein Auf der Hauptroute gelangen wir über Kehren und Stufen zu einer Forststraße hinunter und biegen, der Mk. Grünstrich folgend, links auf sie ein. Wo sie in einer Kehre talwärts führt, gehen wir mit der Mk. geradeaus auf schmalerem Weg weiter. 300 m weiter treffen wir auf einen Pfahl mit drei Markierungen ❷ und biegen vor ihm auf schmalem Pfad nach links ab: Bald stehen wir vor dem riesigen, wild zerklüfteten Rabenstein (nach dem Durchgang am Gipfel auch Erlanger Felsentor genannt). Nach der Erkundung kehren wir zum Grünstrich-Weg und nach rechts zur genannten Kehre zurück. Hier halten wir uns links und wandern nach Mostviel hinunter.

Zum Spiegelfelsen Wir überqueren die Trubach und folgen linkshaltend für 80 m der Straße. Dann zweigt rechts ein Fahrweg (Mk. Grün-Senkrecht) ab, der uns, zuletzt hoch über der Schlucht des Adlergrabens, steil bergauf führt. In flacherem Gelände mündet er in eine Forststraße, auf die wir scharf rechts einbiegen. Bei einer großen Linkskurve zweigt rechts ein deutlicher Pfad ab, der zum Spiegelfelsen hinaufführt: großartig der Blick über das mittlere Trubachtal von Egloffstein bis Hardt.

Studesteig und Balkenstein Nach der Gipfelrast gehen wir nur ein Stück zurück, dann rechts zu einer Sitzgruppe hinüber. Hier treffen wir auf den neuen Gerhard-Stude-Gedächtnissteig (Mk. Schwarzring): Auf ihm geht es über Stufen durch eine Schlucht (Prachtblick zur Burg) steil bergab, dann zur imposanten Unentwegtenwand hinüber und schließlich unterhalb der Felskette um den schlanken Mostvieler Turm abwärts. Zuletzt leitet ein breiter Weg rechts zum Talweg des Brunnleitentals hinunter.
Auf ihm wandern wir nach links ca. 2 Min. talauf, bis scharf rechts ein Fahrweg ohne Mk. abzweigt ❸. Wir überqueren auf ihm den idyllischen Grund und erreichen gegenüber den tief eingeschnittenen Heugraben. Hier stoßen wir auf einen Pfad, der uns oberhalb der alten Wasserfassungen steil am linken Talhang emporführt. Oben biegen wir rechts auf einen Wanderweg (Rotring und 2) ein und durchqueren die von bizarren Felsen geschmückten Steilhänge. Bei einer Wegteilung ❹ steigen wir mit 1, 2 und Gelbring links bergauf und gelangen über Kehren zur Hochfläche und nach rechts zum Gipfel des Balkensteins, von wo der Tiefblick ins Trubachtal atemberaubend ist.

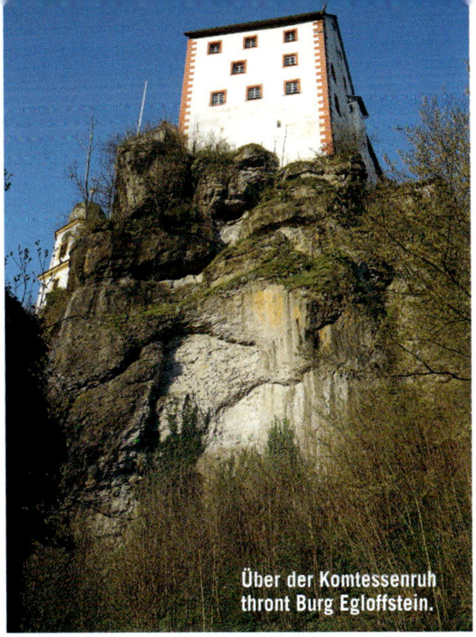
Über der Komtessenruh thront Burg Egloffstein.

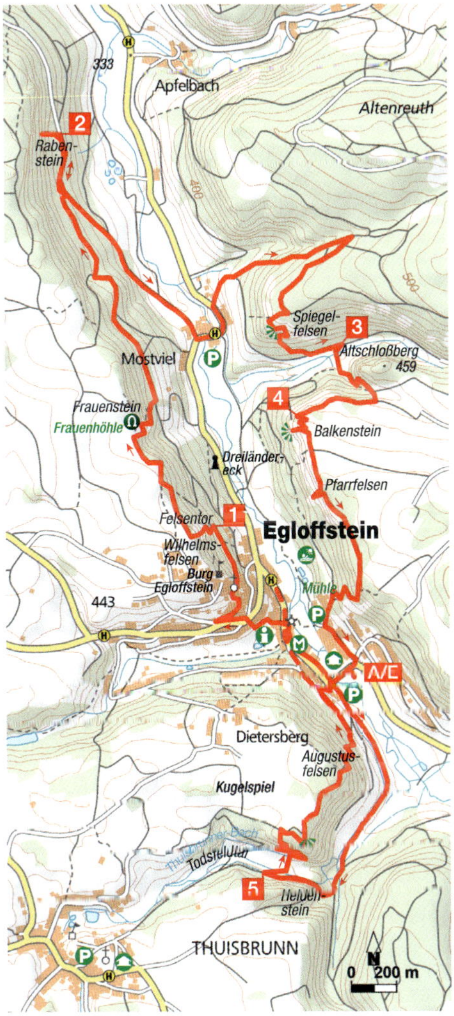

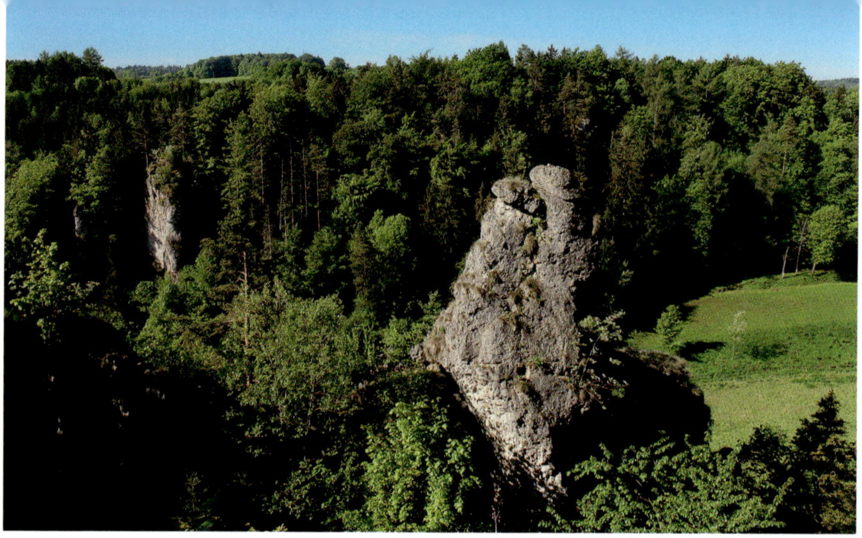

Vom Kugelspiel kann man diesen Blick auf Kapuziner und Kugelspielturm genießen.

Über den Pfarrfelsen ins Tal Der Hauptweg führt uns an der Hangkante weiter und nach stärkerem Anstieg rechts über die tiefe Randkluft (Brücke) hinüber auf die Felskanzel des Pfarrfelsens: Von keinem Ort bietet sich ein schönerer Blick auf Burg und Wilhelmsfelsen. Zum Hang oberhalb zurückgekehrt, wandern wir sanft bergab und biegen dann rechts in einen schmaleren Pfad ein, der über Kehren ins Tal, dann links zum Rand von Egloffstein hinabführt (rechts Rastplatz mit Prachtblick zur Burg). Hier gehen wir links durch die Badstraße, dann nach rechts am Parkplatz vorbei.

Nicht minder beeindruckt der Blick über das Felsentor ins Trubachtal.

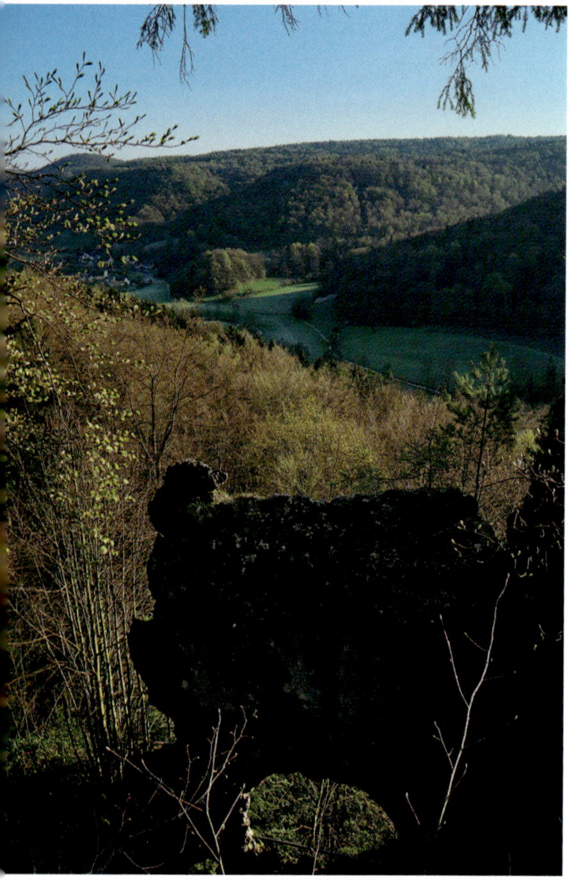

Vergessene Pfade am Kugelspiel Nachdem wir die Trubach auf der Fußgängerbrücke überschritten haben, wechseln wir zur anderen Straßenseite und wandern mit Frankenweg u. a. Richtung Thuisbrunn. Immer geradeaus geht es auf romantischem Hangweg an einem kleinen Bewässerungskanal entlang. Über idyllische Wiesen erreichen wir den Waldrand, biegen rechts ins Todsfeldtal ein und steigen im Rechtsbogen bergan. Am Beginn der folgenden Linkskurve lohnt es, nach rechts auf Pfadspuren zum Bach hinüberzugehen: Er stürzt hier über Sinterstufen zu Tal.

Beim weiteren Aufstieg schimmern beidseits schroffe Felsen durch die Bäume. Bald endet die Buschreihe rechts und es öffnet sich ein Prachtblick auf die Wände des Kugelspiels. Genau hier (!) verlassen wir die Mk. 5: Wir biegen rechts in spitzem Winkel auf einen Weg ein, der zum Talgrund hinunterführt, überschreiten den Bach und wandern am rechten Rand der Wiese zur anderen Talseite hinüber. Von hier geht es auf schmalem Pfad rechts durch den

Hang, dann links steil zur gewaltigen Brüchigen Wand mit den vier in einem Kamin eingeklemmten riesigen Felskugeln hinauf.
Links der Wand beginnt ein alter Weg, der uns, an imposanten Felsbastionen und Schluchten vorbei, durch den Hang zu einem Turm, dann nach rechts in Kehren steil zur Hochfläche hinaufführt. Hier biegen wir rechts auf den Rotring-Weg ein und erreichen auf einem Stichpfad die Kugelspielhütte. Die Aussicht vom Vorplatz (mit kleinem Felsentor) ist zugewachsen, doch besteht Abhilfe: Wir gehen bergseitig an Haus und Toilettenhäuschen vorbei, überschreiten zwei Kuppen und steigen von der anschließenden Senke über Felsstufen zur dritten hinauf. Einmalig schön ist hier der Blick über den Kugelspielturm ins Todsfeld und hinüber zum schlanken Kapuziner.

Abstieg über den Augustusfelsen Nach der Gipfelrast gehen wir über die mittlere Kuppe zurück, dann rechts zu Waldrand und Rotring-Weg hinüber. Er führt uns erst sanft bergauf, dann scharf nach rechts und über Stufen eine Felsrinne hinab, zuletzt zu einem weiteren Naturwunder hinunter: Vor uns erhebt sich der riesige Augustusfelsen mit seiner Tunnelhöhle. Mit Rotring geht es über Kehren tiefer (bei der zweiten Stichpfad zur imposanten Talwand), dann erreichen wir auf gutem Hangweg Egloffstein. Von der nächsten Kreuzung geht es scharf rechts zum Parkplatz oder Bus-Bahnhof oder stets geradeaus zur Haltestelle Talstraße.

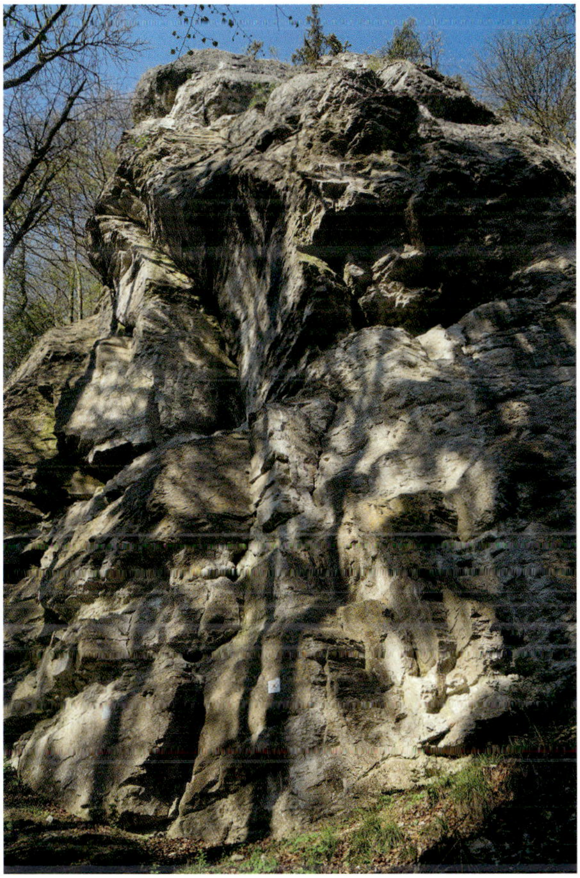

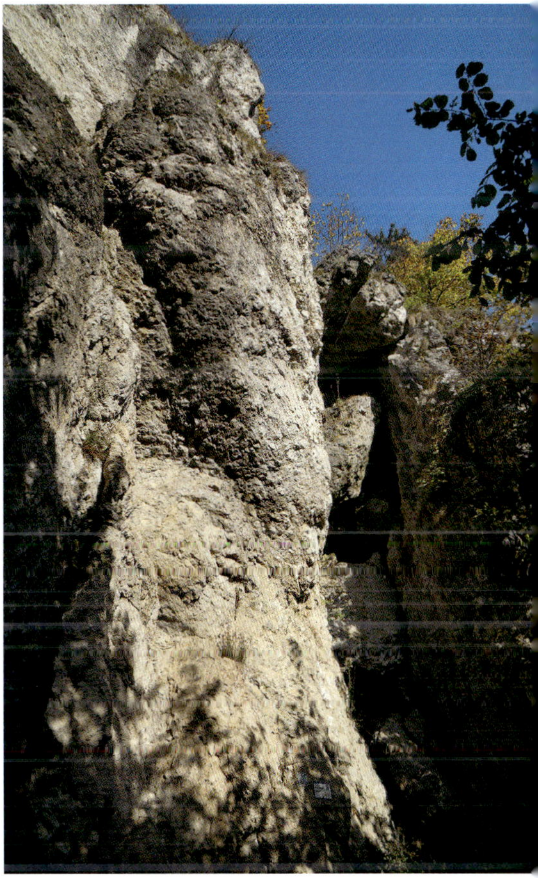

Nahe Egloffstein finden sich einige der gewaltigsten Felsgestalten der Alb: Links der Rabenstein, rechts die Brüchige Wand am Kugelspiel.

21

Magerrasen und Felsgiganten

Vom Großen Mönch nach Großenohe

Mittel | 11 km | 420 Hm | 3:45 Std.

Tourencharakter
Tour zu beeindruckenden Felstürmen, durch ein malerisches Tal und zu einem einzigartigen Aussichtspunkt, teils durch Wald, teils auf Hochflächen und an Talhängen. Z. T. gute Wege, z. T. Steige, die Trittsicherheit erfordern.

Ausgangs-/Endpunkt
Haselstauden, Weiler an der Straße Egloffstein–Obertrubach (380 m). Parkplätze und Bus-Hst. südlich der Straße (GPS: 49.683836, 11.284879)

Anfahrt mit ÖPNV
Mo–Fr Busverbindung von Forchheim mit Linie 222 (nach Gößweinstein) alle 1–2 Std., an Sa/So vom 1.5.–1.11. gute Verbindung (alle 2 Std.) mit Bhf. Gräfenberg (Linie 229), nach Forchheim nur mit Umsteigen. Vom 2.11.–30.4. an Sa wenige Busse der Linie 222, So kein Angebot.

Höchster Punkt
Burggraf (479 m)

Gehzeiten
Zum Fuchsstein 0:35 Std. – Saufels 0:35 Std. – Gr. Mönch 0:40 Std. – Dörnhof 0:35 Std. – Großenohe 0:25 Std. – Hohle Kirche 0:40 Std. – Abstieg 0:15 Std.

Beste Jahreszeit
Am schönsten zur Blütezeit der Küchenschellen (Ende März/Anfang April), sehr reizvoll auch im Spätherbst. Im Sommer wird das Erlebnis der Felswelten in der ersten Streckenhälfte durch die dichte Belaubung beeinträchtigt.

Einkehr
Gasthöfe in Großenohe

Karte
ATK25 F10 Eckental, Appelt 1:35 000 Hersbrucker Schweiz

Rund um das Trubachknie versammeln sich einige der spektakulärsten Felstürme der Region, heute nur mehr auf vergessenen Pfaden zu erreichen. In den Wacholderhängen bei Großenohe ist viel vom ursprünglichen Charakter der Fränkischen Schweiz erhalten.

Unsere Wanderung verbindet beide Gebiete. Weitere Höhepunkte sind das malerische Tal um die Spiesmühle und der Aussichtspunkt der Hohlen Kirche mit seinem einzigartigen Zugang durch eine 12 m tiefe Durchgangshöhle.

Zum Fuchsstein Vom Parkplatz gehen wir zur Trubach hinunter, halten uns nach der Brücke rechts und wandern auf breitem Weg (Mk. Grünring u. a.) aufwärts. Schon bald biegen wir links auf den Weg zum Burggraf ein, den wir bei der nächsten Gabelung ❶ gleich wieder verlassen: Wo er rechts abzweigt, gehen wir geradeaus weiter und wandern mit Grünring fast eben durch den Hangwald. Bald öffnet sich ein schöner Blick ins Tal bis Wolfsberg, dann erreichen wir die ersten Häuser von Untertrubach.

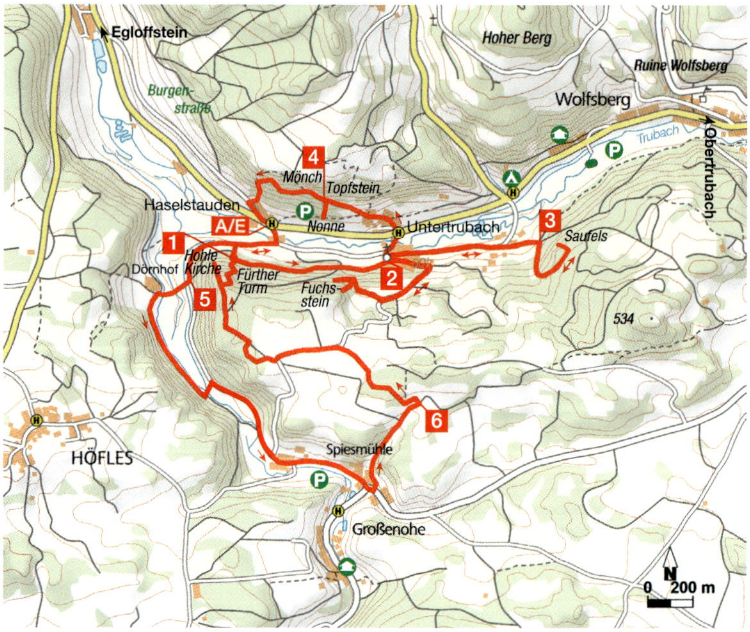

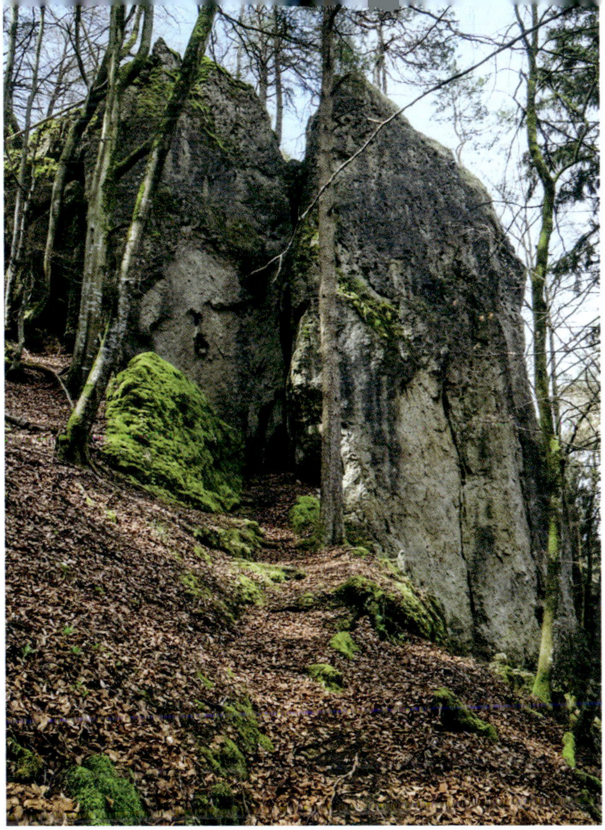

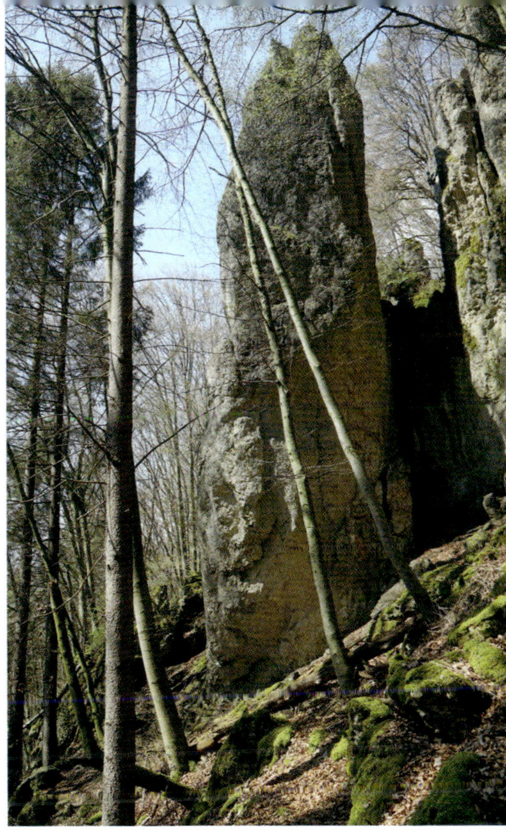

Die Felsen am Trubachknie sind bei Kletterern weltberühmt: links der Fuchsstein, rechts der riesige Turm des Großen Mönchs.

Gleich bei Beginn der Teerdecke ❷ biegen wir rechts in die bergauf führende Straße ein und gelangen im Rechtsbogen zu einer Wiese mit schönem Talblick hinauf. Nach einem eingezäunten Weidegelände zweigen wir rechts ab und wandern an seinem linken Rand auf deutlichem Pfad zum Wald hinüber. Dort trifft man auf einen Steig, der zuerst leicht bergab, dann eben durch den Hang und zuletzt steil hinauf zum zerklüfteten Massiv des Fuchssteins führt (Felsenbegeisterte können noch 70 m weiter den schlanken, aber recht eingewachsenen Turm des Wettersteins besuchen). Besonders beeindruckt die linkshaltend auf gutem Kehrenweg erreichbare Ostseite mit riesiger Felsspalte und dem Denkmal der Klettergilde Trettachspitzler. Danach kehren wir nach Untertrubach zurück und steigen bis zur Kirche ab.

Zum Saufels An der Kirche halten wir uns rechts und wandern auf einem Teersträßchen mit schönem Talblick in den östlichen Ortsteil hinüber. Wo die Straße links hinabführt, gehen wir mit Blaustrich u. a. geradeaus weiter und steigen an der Bergwachthütte vorbei bergauf. Kurz nach Eintritt in den Wald biegen wir bei einem Metallstab mit vier Markierungen ❸ rechts auf einen steil aufwärts führenden Forstweg ab.

Nach einer scharfen Linkskurve zweigen wir links in einen anderen Forstweg ein und folgen ihm, bis Pfadspuren nach links in den Kessel unter der Ostseite des Saufels hinabführen. Besonders beeindruckt die kaum 1 m breite Felsspalte zwischen Hauptmassiv und Saufelsblock. Man kann das Massiv auf Pfadspuren umrunden (romantisches Blockgelände) und kehrt dann auf bekannter Route zur Kirche von Untertrubach zurück.

Felsenwege um Topfstein und Großer Mönch Vor der Kirche gehen wir rechts zur Trubachtalstraße hinab, überqueren sie und steigen gegenüber den Hang empor. Die Straße beschreibt einen Linksbogen und geht bald in einen begrünten Hangweg ohne Mk. über, der zuletzt durch Wald zu einem Sattel mit einer dreifachen Wegteilung ❹ emporführt. Es lohnt sich, zunächst den links abzweigenden Pfad zu wählen. Auf ihm gelangt man in steilem Abstieg zunächst zum Pater, dann zur Nonne, zwei der formschönsten Felstürme der Alb.

Zur Wegteilung zurückgekehrt, steigen wir halb rechts auf deutlicher Pfadspur zu dem großen Turm vor uns auf: Es ist der Topfstein, dessen geschwungene Form ebenso begeistert wie die schlanke Gipfelnadel. An seinem Fuß treffen wir auf Pfadspuren, die nach links eben durch den Hang führen. Bald stehen wir vor einer der eindrucksvollsten Felsszenerien der Alb: dem vom Massiv abgesprengten ebenmäßigen Felskegel des Großen Mönchs. Von hier steigen wir ein Stück am Hang ab und biegen dann rechts in einen ausgeprägten bergauf führenden Hangweg ein.

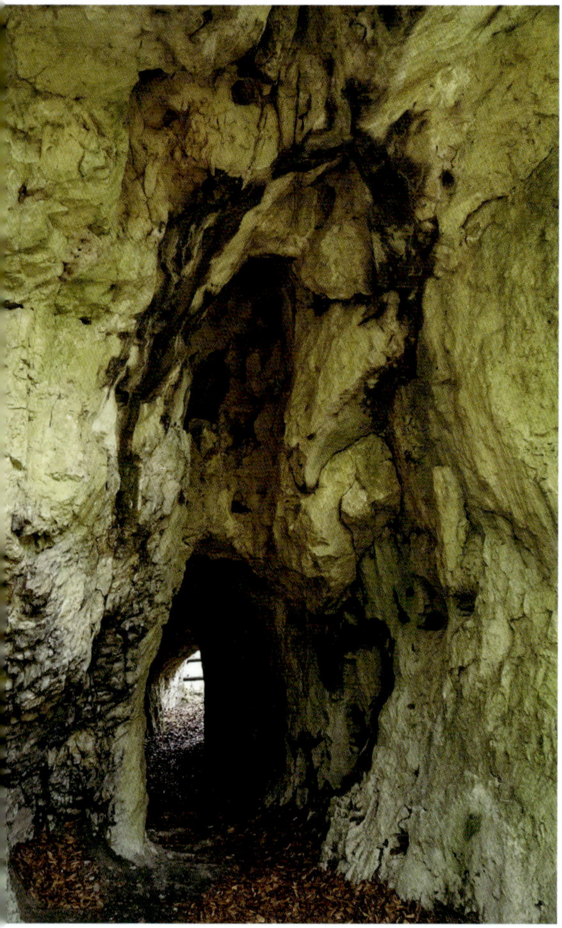

Durch die Hohle Kirche führt der Weg auf eine prachtvolle Aussichtskanzel.

Schon nach wenigen Metern zweigt bei einem kleinen bemoosten Felsen ein Trampelpfad nach links ab. Auf ihm gelangen wir in zunächst leichtem, dann steilerem Anstieg zur glatten oberen Haselstaudenwand mit schönem Vorturm hinauf, dann sanft fallend zur zerklüfteten unteren Wand. Weiter absteigend treffen wir auf einen guten Steig, auf dem wir linkshaltend schräg durch den Hang, dann über Stufen ins Tal absteigen. Er mündet zuletzt in einen Teerweg, der uns nach links zurück zum Parkplatz bringt.

Nach Großenohe Wir überqueren wieder die Trubach und halten uns wie am Morgen rechts, wandern dann jedoch geradeaus auf breitem Weg Richtung Großenohe. Nach 5 Min. folgt eine Wegteilung ❺: Wir biegen mit Blaustrich u. a. rechts ab und erreichen jenseits des Baches den malerisch gelegenen Weiler Dörnhof. Gleich beim ersten Fachwerkhaus zweigt links ein Pfad ab, der (sporadisch mit Grünstrich markiert) an der Westseite des Tales unter großen Felswänden entlangführt. Hauptmassiv ist die glatte Wand der Hohen Gaisl, zu der ein steiniger Stichpfad hinaufführt; die Abzweigung ist mit einem blauen Strich an einem Baum links des Hauptwegs gekennzeichnet.

Der letzte Fels, den der Wanderweg passiert, ist der schlanke Turm des Großen Kurfürst; von seinem Fuß führt ein Fahrweg zur anderen Talseite hinüber, wo wir rechts auf den breiten Talweg (Grünstrich u. a.) einschwenken. Durch das malerische Tal erreichen wir, an der Spiesmühle vorbei, bald Großenohe. Im Frühjahr bietet sich kurz vor dem Ortseingang ein wunderschöner Anblick: Auf den Magerrasen über

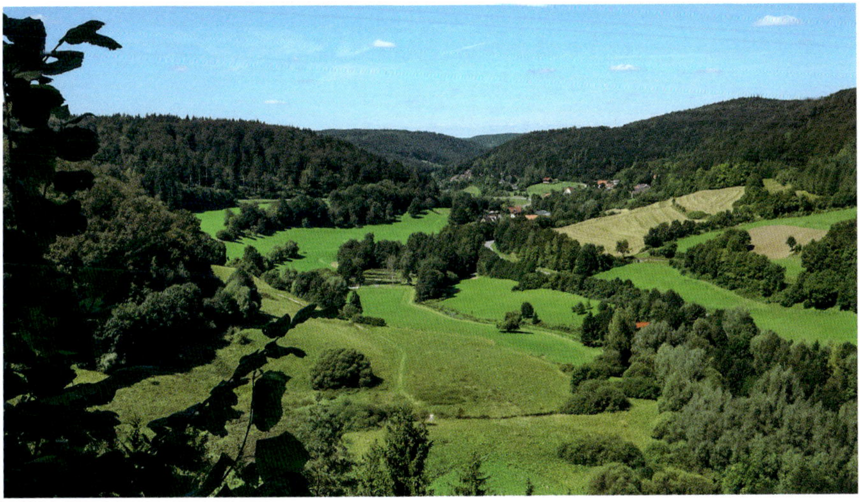

Weit schweift der Blick von der Hohlen Kirche über das Trubachtal Richtung Egloffstein.

dem spitzwinklig links abzweigenden Teerweg blühen die blauen Glocken der Küchenschellen (streng geschützt: Hang nicht betreten!).

Über die Hohle Kirche zurück Mit schönem Blick auf die Felsgruppe der Drei Zinnen wandern wir durch den Ort zu einer Wegteilung, halten uns links und biegen nochmals links in den Grünring-Weg zum Burggraf ein. Er führt uns über Magerrasen zur Hochfläche empor; prachtvoll der Blick zurück ins Tal. Wir überqueren eine Forststraße und biegen kurz danach links in einen schmalen Pfad ein ❻. Immer der Mk. Grünring folgend, wandern wir über die aussichtsreiche Hochfläche, dann wieder durch Wald und steigen schließlich steil zu einer Kuppe über dem Trubachtal empor.

Hier teilt sich der Weg: Nach links gelangen wir leicht abwärts zum letzten Höhepunkt. Vor uns öffnet sich die bizarre Durchgangshöhle der Hohlen Kirche und nach ihrer Durchquerung stehen wir plötzlich auf einer Felskanzel, von der sich ein Prachtblick ins Trubachtal auftut. Zur Wegteilung zurückgekehrt, steigen wir nach links mit Grünring auf gutem Stufenweg steil bergab; unterwegs fesselt der kantige Fürther Turm unsere Blicke. Am Ende mündet unser Weg in die vom Morgen bekannte Route, auf der wir bald den Ausgangspunkt erreichen.

Die Magerrasen bieten zur Blütezeit der Küchenschellen einen einmaligen Anblick.

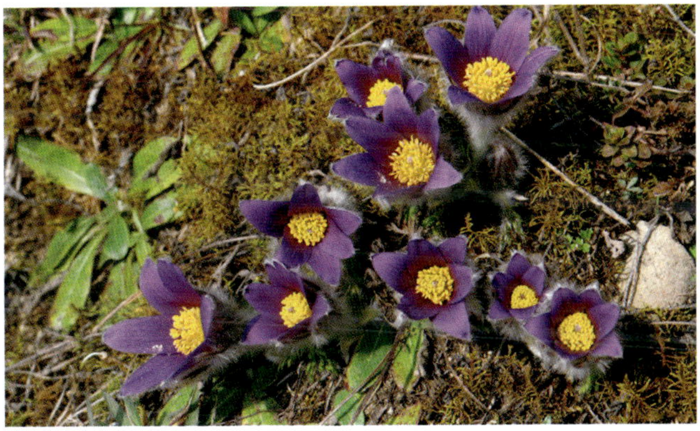

Im artenreichen Biotop

Kalkmagerrasen und Wacholderheiden gehören zu den wertvollsten, da artenreichsten Lebensräumen Mitteleuropas. Auf ihnen hat man in der Frankenalb 40 verschiedene Orchideenarten gezählt, auch Küchenschellen und Silberdisteln gedeihen vorrangig hier. Sie sind auch der Lebensraum bedrohter Tierarten wie des äußerst seltenen Apollofalters. Zugleich gehören sie zu den am meisten bedrohten Landschaftsformen: Ohne regelmäßige Beweidung droht im mitteleuropäischen Klima eine rasch fortschreitende Verbuschung.

22 Durch die wilde Kuppenalb

Pitztal, Bleisteine, Steinkirche und Leienfels

Anspruchsvoll | 14 km | 460 Hm | 4:30 Std.

Tourencharakter
Wanderung durch einen kaum besuchten Teil der Kuppenalb mit bizarren Felsbastionen, Höhlen und Felsentoren. Nur z. T. gute Wege, oft Pfade durch steile Hänge, die Trittsicherheit verlangen. Kurze Strecken sind weglos.

Ausgangs-/Endpunkt
Obertrubach (434 m), Wanderparkplatz am Pitztal-Eingang rechts der Straße nach Bärnfels (GPS: 49.699919, 11.346244) oder Bus-Hst. im Ort (von hier nach N parallel zur Straße, vorbei am Felsmassiv Alte Küche, in 7 Min. zum Parkplatz)

Anfahrt mit ÖPNV
Mo–Fr Busverbindung von Forchheim mit Linie 222 (nach Gößweinstein) alle 1–2 Std., an Schultagen einige Fahrten mit 226 (Umsteigen in Egloffstein) bzw. 219 von und nach Gräfenberg, an Sa/So vom 1.5.–1.11. gute Verbindung mit Gräfenberg (Linie 229, alle 2 Std.). Vom 2.11.–30.4. an Sa wenige Busse der Linie 222, So kein Angebot.

Höchster Punkt
Burgruine Leienfels (590 m)

Gehzeiten
Zum Leienfelser Pfeiler 0:50 Std. – Sorangerfelsen 0:40 Std. – Bleisteine 0:35 Std. – Monsloch 0:20 Std. – Steinkirche 0:30 Std. – Burgruine Leienfels 0:15 Std. – Pitztaler Klettergarten 0:45 Std. – Rückweg 0:35 Std.

Beste Jahreszeit
Frühjahr und Spätherbst

Einkehr
Leienfels, Gasthof Zur Burgruine, Tel. 09244/366

Karte
ATK25 F10 Eckental

Rings um die Burgruine Leienfels und die Dörfer Soranger und Graisch erstreckt sich ein wildes, kaum besuchtes Bergland mit spektakulären Felsketten, Nadeln, Felsentoren, Durchgangshöhlen und der einzigartigen Steinkirche, die zu den Glanzpunkten der Alb zählt.

Unsere Wanderung führt zum Höhlenmassiv bei Soranger, durchstreift die Kette der Graischer Bleisteine mit malerischen Durchgängen und besucht dann die Höhlen am Graischenstein, die Steinkirche, die Aussichtskanzel von Leienfels und die verborgenen Felswelten über dem Pitztal.

Vom Pitztal nach Soranger Vom Parkplatz wandern wir, zunächst dem breiten Weg im Talgrund folgend, in das idyllische untere Pitztal hinein. Bei einer Informationstafel biegen wir mit dem Herzsymbol (therapeutischer Wanderweg) halb links auf einen Pfad ab, der uns unter einer Laube aus Zweigen talein führt und dann wieder in einen Fahrweg mündet. Wenig später zweigen wir mit dem Herz rechts ab und erreichen auf schmalem Hohlweg eine Wegteilung ❶: Mit Gelb- und Blaukreuz geht es nach links steil empor.

Bald taucht rechts am Hang das formschöne Bäckerleiten-Felsentor auf. Um zu ihm zu gelangen, steigt man bis zu einem markanten Felsen am rechten Wegrand auf und quert dann nach rechts fast eben zum Tor hinüber. Auf dem Wanderweg geht es weiter bergauf, über eine Forststraße hinweg und dann auf Wiesen mit Blick zur Bergkuppe von Leienfels hinaus. Kurz nach einem Jägerstand biegen wir links in einen Fahrweg ohne Mk. ein ❷, steigen auf ihm zu zwei roten Bänken und dann weiter zu einem Schotterweg auf. Auf ihm geht es nach links, an bizarren Felsen vorbei, leicht bergab. Nach einer Kurve lohnt ein Abstecher nach rechts zum Leienfelser Pfeiler, einem imposanten Felsgrat.

Mit Blick zur Burgruine wandern wir auf dem Forstweg durch einen Märchenwald voller Felsblöcke weiter abwärts, bis ein Wanderweg (Blaukreuz, Frankenweg) kreuzt; auf ihn biegen wir nach links ein. Nach steilem Abstieg queren wir eine Teerstraße, wandern auf breitem Feldweg über Wiesen und durch Wald und zweigen dann rechts in einen Teerweg ein, der uns zum Eingang von Soranger führt. Bei einer Wegteilung gehen wir mit Gelbstrich geradeaus weiter, dann auf der Hauptstraße nach links und biegen kurz nach Ortsende rechts in einen Forstweg ein.

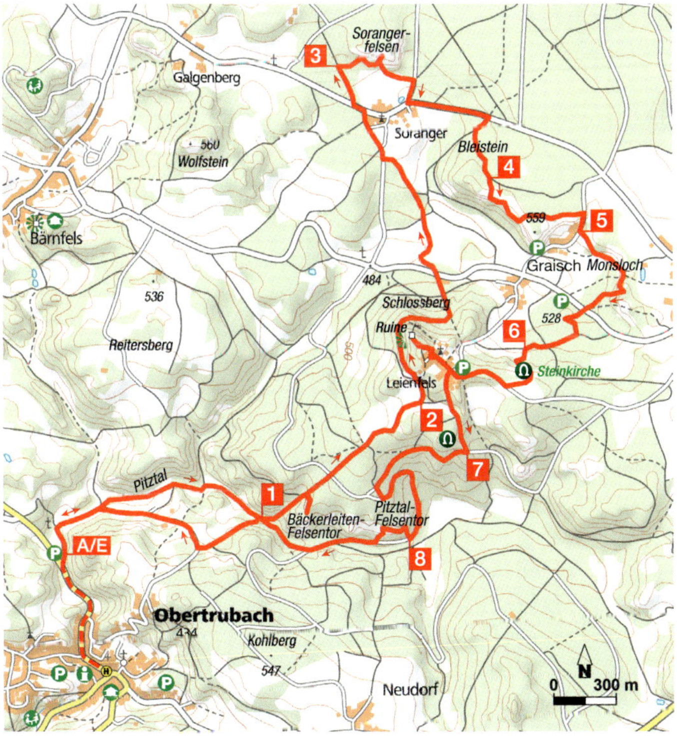

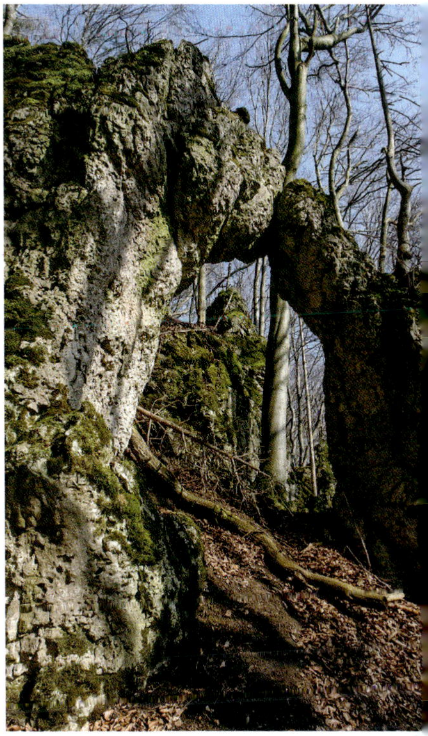

Ein zerbrechlich wirkendes Felsentor gehört zu den Glanzpunkten der Bleisteine.

Zu den Sorangerfelsen Wir folgen dem Forstweg für rund 200 m, zweigen dann rechts ab ❸ und wandern auf Pfadspuren durch eine Schneise auf die Sorangerfelsen zu. Nach kurzem Anstieg erreichen wir eine zerklüftete kleinere Höhle, weiter am Fels entlang das imposante Tor einer zweiten.

Von der großen Höhle geht es auf einem Steig in einer Kehre den Hang hinab, dann linkshaltend an kleineren Felsen entlang bis zu einer Waldschlucht, durch die uns ein Pfad nach links zur imposanten Durchgangshöhle des Schaflochs (rechts) emporbringt. Wir steigen wieder ein Stück ab und biegen dann links auf einen Steig ab, der uns durch den Hang zum Waldrand hinunterführt. Wir gehen nach links an diesem entlang, dann rechts auf einem Forstweg zu einem Parkplatz hinüber.

Bleisteine und Graischenstein Nun folgen wir linkshaltend der Straße Richtung Weidenhüll für ca. 400 m, biegen dann spitzwinklig rechts in einen Fahrweg (Schild Privatweg) ein, 80 m später schließlich links in einen begrünten Forstweg, der auf das Massiv der Bleisteine zuführt. Am Ende einer Kurve schwenken wir rechts auf den zweiten (!) abzweigenden Fahrweg ein ❹, wandern zum Fuß eines bizarren Vorturms (mit Überhang rechts) hinüber und steigen links direkt an ihm vorbei steil in den dahinter liegenden Kessel auf.

Links vor uns erkennen wir eine ausgeprägte Spalte. Sie bildet einen Durchgang, durch den wir nach 20 wildromantischen Metern die Südseite des Massivs erreichen. Hier führen uns Steigspuren nach links durch eine Rinne bergab, dann am Hang unter einem schönen Felsentor vorbei, zuletzt über eine Senke zum Fuß einer bizarren Felsgruppe hinüber. Von hier geht es auf deutlichem Pfad eben weiter,

dann leicht aufwärts zu einem engen Felsdurchgang, der durch eine riesige Deckplatte die Form eines Tores erhält.
Von hier lohnt ein Abstecher zur Bleisteinnadel: Man steigt etwas ab und erreicht linkshaltend auf schmalem Pfad eine der schlankesten Felsnadeln der Alb. Danach gehen wir durch das Tor zur Nordseite hinüber und rechts auf einem Waldweg an ihr entlang. Er mündet in einen Schotterweg, auf dem wir nach rechts absteigen, bis eine Teerdecke beginnt. 20 m später ❺ biegen wir links auf einen Weg ab, der uns unter bizarren Felsen entlang, zuletzt steil in einen imposanten Felskessel emporführt: links das große Tor des Monslochs, dessen zerklüfteter Hauptraum die Erkundung lohnt, weiter rechts können Trittsichere einen steil ansteigenden Felstunnel erforschen.
Wir steigen nun zum Fuß des großen Turms am Ende des Kessels ab, überqueren eine Senke (Stromleitung) und erreichen den Graischenstein. Nach der bauchigen Hauptwand steigen wir links durch eine Durchgangshöhle empor zu einem bizarren Turm, dann den Hang hinab zu einem Fahrweg; auf ihm erreichen wir linkshaltend eine Straße.

Naturwunder Steinkirche Wir gehen auf dieser Straße kurz nach links und biegen dann rechts in einen Forstweg ein. Rechts taucht die Graischer Nadel auf, zu der man durch den offenen Wald hinüberwandern kann.
Zurück auf dem Fahrweg, erreichen wir aufsteigend eine Kreuzung, wo wir rechts abbiegen und dann geradeaus bis zum Waldrand (Jägerstand) ❻ wandern. Wir gehen um die Wiese herum oder schräg links über sie hinüber und in den Wald hinein. Links über uns wird die Steinkirche mit ihrem markanten Turm sichtbar: Wir steigen durch den Graben rechts von ihr steil empor und queren dann zu ihr hinüber. Das vorgelagerte Felsentor und der fantastisch zerklüftete Hauptraum machen sie zu einem Glanzstück der Alb.

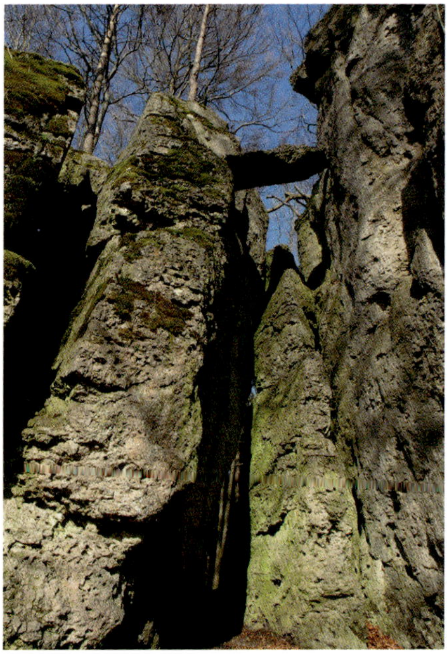

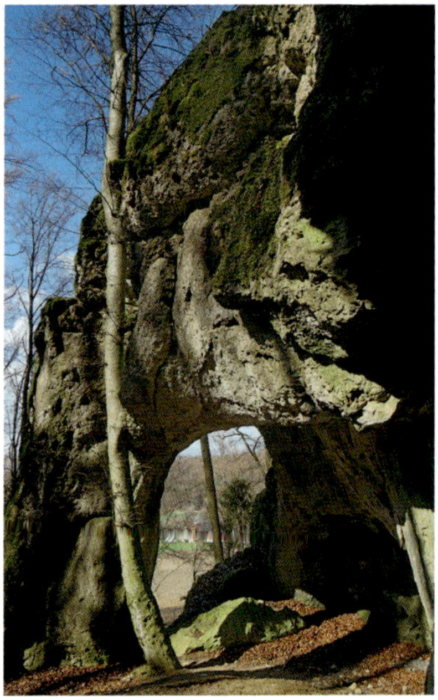

Durch diesen Durchgang gelangt man von der Süd- zur Nordseite der Bleisteine (li.). Durch das große Felsentor der Steinkirche sieht man das Dörfchen Graisch im Tal (re.).

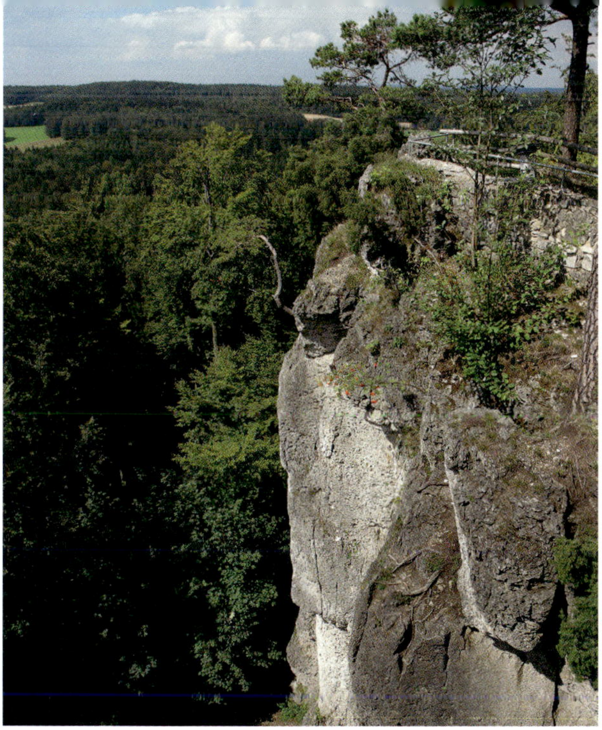 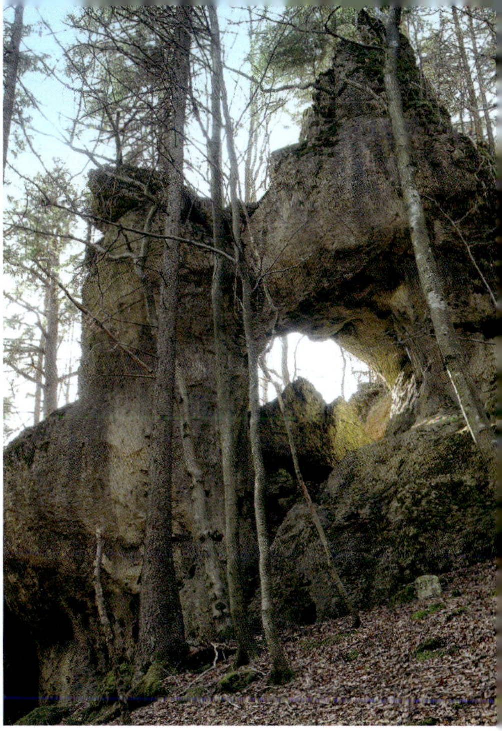

Von der Ruine Leienfels bieten sich Prachtblicke auf die Felsen und in die Ferne (li.). Das Pitztal-Felsentor ist unser Eintrittstor zu einer vergessenen Felsenwelt (re.).

Über Leienfels zu den Pitztaler Felsentoren Wir steigen nun über den Graben weiter auf, gehen dann rechts an einer Wiese entlang, schließlich auf der Straße nach rechts in den Ort Leienfels. Immer geradeaus bergan erreichen wir die malerische Burgruine: begeisternd der Tiefblick in die Felswand und die weite Rundsicht.

Auf gleichem Weg gehen wir bis zum Gasthof Zur Burgruine zurück, biegen hier rechts ab, überschreiten eine Kuppe, halten uns dann mit Frankenweg u. a. links und wandern an einem zerklüfteten Massiv vorbei bergab. Wenig später zweigen wir rechts auf eine Forststraße ohne Mk. ab 7, die uns unter bizarren Türmchen (lohnender Abstecher) fast eben durch den Hang führt. Bei einer Wegteilung biegen wir nach links und wandern mit der Mk. Herz u. a. in weitem Bogen ins Pitztal hinab.

Bald taucht rechts oberhalb das malerische Pitztal-Felsentor auf 8: Wir steigen auf Pfadspuren in Kehren zu seinem Fuß auf, dann rechts am Fels entlang zu einem Sattel empor und links in den imposanten Kessel oberhalb des Tors hinein. Vom Sattel wandern wir nach links weglos auf gleicher Höhe durch ein Tälchen, dann am Gegenhang empor. Zwischen zwei ca. 2 m hohen Türmchen hindurch erreichen wir die nächste Senke, queren eben hinüber, steigen dann zu einer auffälligen Felsgruppe auf und gehen an ihrer rechten Seite entlang (kleine Höhle). Gegenüber zeigt sich das Massiv des Pitztaler Klettergartens mit imposanten Türmen, Spalten und einem malerischen Felsenfenster links.

Rückweg Von hier steigen wir über eine Schneise zum Talweg ab und biegen rechts auf ihn ein. Bei einer Gabelung folgen wir mit der Mk. Herz u. a. rechtshaltend dem Talgrund und erreichen die vom Hinweg bekannte Kreuzung. Mit Gelb- und Blaukreuz steigen wir nach links bergan und biegen dann mit Blaukreuz rechts auf einen Fahrweg ab, der uns durch den Hang mit Prachtblick ins Pitztal wieder zum Grund hinabführt. Von hier ist es ein kurzer Weg auf bekannter Route zum Parkplatz.

23 Wunderland der Felstunnel

Höllenstein, Langer Berg und Geißleite

Mittel 15 km 460 Hm 4:45 Std.

Tourencharakter
Route mit nur mäßigen Steigungen durch einen der an Karstphänomenen reichsten Teile der Kuppenalb mit gewaltigen Felswänden, Türmen, Höhlen, Felsentoren und Felstunneln. Überwiegend auf guten, meist schmalen Wegen, daneben Steige und kürzere, problemlos begehbare weglose Passagen.

Ausgangs-/Endpunkt
Obertrubach (434 m), Parkplätze beim Saustein links an der Straße nach Neudorf (GPS: 49.693788, 11.351733), hierher von der Bus-Hst. im Ort nach S zur Hauptkreuzung, dann links bergan und links in den Neudorfer Weg

Anfahrt mit ÖPNV
Verbindungen mit öffentlichen Verkehrsmitteln wie bei Tour 22

Höchster Punkt
Langer Berg, Ostgipfel (612 m)

Gehzeiten
Zum Höllenstein (Tunnelhöhle) 0:25 Std. – Langer Berg (3 Tunnel) 0:40 Std. – Jura-Elefant 0:20 Std. – Gemsenwand 0:30 Std. – Ostgipfel 0:15 Std. – Burgruine Stierberg 0:30 Std. – Wetterstein 0:35 Std. – Geißleite (doppelter Felstunnel) 0:30 Std. – Rückweg 1 Std.

Beste Jahreszeit
Frühjahr und Spätherbst; auch im Sommer beeindruckend, aber in den Felsgebieten durch die dichte Belaubung weniger reizvoll

Einkehr
Landgasthof Fischer, Stierberg 25, Tel. 09244/384

Karte
ATK25 F10 Eckental, Appelt 1:35 000 Hersbrucker Schweiz

Die Region um den Langen Berg, die längste und formenreichste Felskette der Fränkischen Schweiz, hat neben dem berühmten Jura-Elefanten noch viele, oft verborgene Naturschätze zu bieten: Nirgendwo sonst gibt es so viele und so gleichmäßig geformte Felstunnel wie hier.

Von der bizarren Höhlenwelt des Höllensteins führt unsere Tour zum Langen Berg, wo sich abseits des bekannten Fuchswegs noch manche Karstwunder verbergen. Über malerische Aussichtspunkte und den imposanten Wetterstein kommen wir dann zu den Tunneln der Geißleite.

Zum Höllenstein Vom Parkplatz beim Saustein gehen wir auf der Straße nach Neudorf bergan, bis der Rotring-Weg bei einer Bank rechts abzweigt. Er führt uns zügig zu einer Wegteilung empor, dann nach rechts steil auf das Massiv des Höllensteins zu. Zuvor biegen wir jedoch rechts (Pfeil) ab und wandern, weiter mit Rotring, im Bogen zum Waldrand ❶. Von hier steigen wir nach links weglos zu einer Felsgruppe mit markantem Überhang auf, dann rechtshaltend auf Pfadspuren am Rand der Fel-

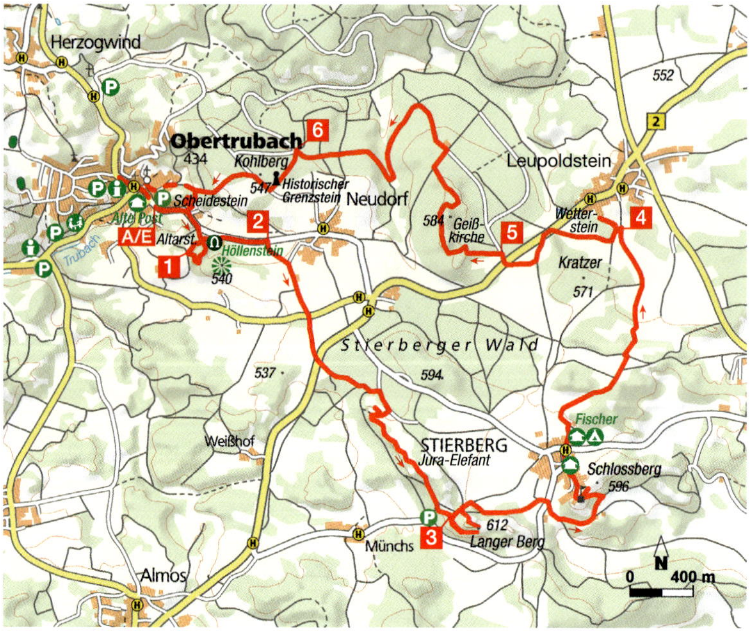

sen empor. Zuletzt gehen wir im Linksbogen direkt zum Felsfuß hinüber und kommen durch einen malerischen Durchgang zur anderen Seite zurück.

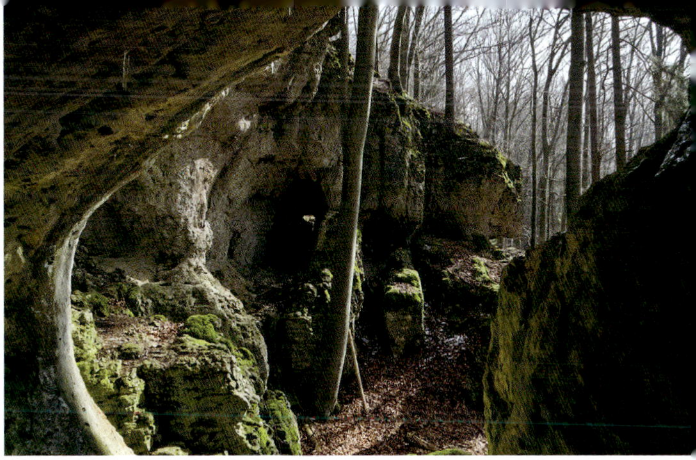

Wir steigen nun nach rechts zu dem zuvor gesehenen Überhang ab, der an ein Krokodil erinnert, gehen unter ihm durch und am Kamm weiter, dann in Kehren in einen Engpass zwischen zwei Felsen hinab. Von hier geht es links bergab: Wir treffen wieder auf die Mk. und sehen rechts die große Tunnelhöhle des Höllensteins, durch die wir zu einer Halbhöhle, überragt von bizarren Türmen, gelangen. Mit Rotring steigen wir zur bekannten Wegteilung ab, biegen nun aber rechts auf einen Pfad ohne Mk. ein, passieren eine interessante Höhle (offener Keller) und erreichen auf einem Fahrweg die Straße.

Am Langen Berg findet man drei Felstunnel in direkter Linie – ein einmaliges Karst-Phänomen.

Karstwunder Langer Berg Wir folgen ihr ein Stück bergauf, biegen aber 250 m vor Neudorf rechts auf einen begrünten Fahrweg ab (Gullideckel am Beginn) ❷, dann wieder rechts auf einen Schotterweg. Wir überschreiten eine Straße, wandern jenseits geradeaus weiter und erreichen die B 2. Nach ihrer Überquerung gehen wir am linken Rand der Waldwiese gegenüber entlang, dann in den Wald hinein. Bei einer Verzweigung halten wir uns links und folgen dem Fahrweg bis zu einem Graben, queren diesen auf Steigspuren und wandern jenseits durch eine Schneise geradeaus weiter.

Beim nächsten Graben gehen wir kurz nach rechts, dann auf einem Pfad hinüber und kommen so zu einer Schneise, die auf die Westabstürze des Langen Bergs zuläuft. Bei Einmündung in eine Forststraße wandern wir links bergauf zu einer Kreuzung und gehen hier mit dem Ww. zum Fuchsweg nach rechts. Wenig später biegen wir mit der Mk. Fuchs rechts in einen Steig ein, der uns in einen malerischen Felskessel hinaufführt. Um alle seine Wunder kennenzulernen, muss man den Wanderweg verlassen. Dazu gehen wir von einem Baum mit drei Markierungen (Fuchs, Blatt, 7) noch 10 m weiter und gelangen dann nach rechts auf Pfadspuren zu einem faszinierenden Felsengarten mit bizarren Türmen und Schluchten.

Zur Abzweigung 10 m nach dem Baum zurückgekehrt, wenden wir uns der linken Seite zu, steigen durch eine Steilrinne zwischen bemoosten Felsen auf

Die breite Tunnelhöhle zählt zu den Glanzpunkten des Höllensteins.

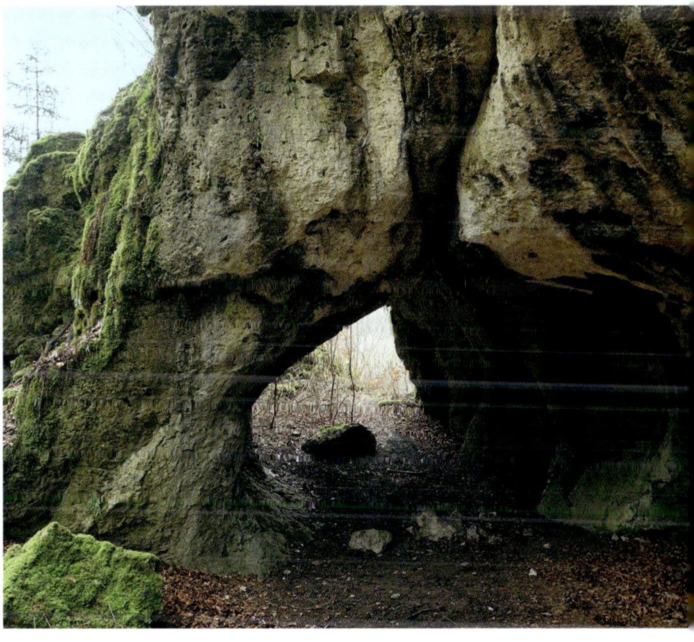

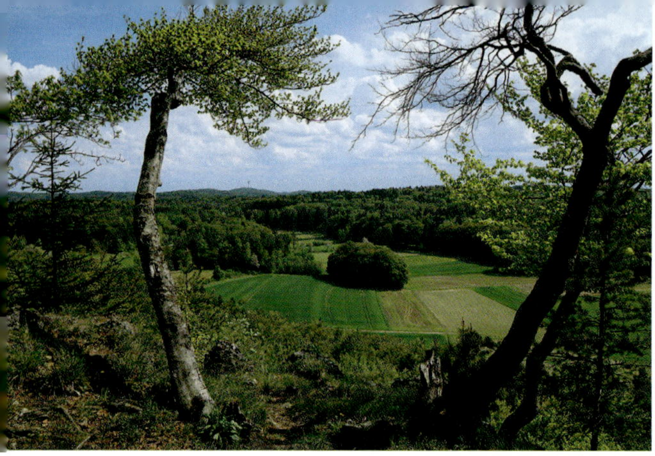

und stehen staunend vor einem ca. 10 m langen Felstunnel, der beiderseits eine Fortsetzung in zwei weiteren Tunneln findet. Auf dem Fuchsweg geht es nun im Bogen um das Tunnelmassiv herum, dann in wundervoller Hangwanderung an einer Fülle bizarrer Felsen vorbei, zuletzt auf Stufen in eine Senke hinab und jenseits zum doppelten Felsentor des Jura-Elefanten hinauf.

Es folgt eine traumhafte Promenade vorbei an Felskesseln, scharfen Kanten, bizarren Überhängen und glatten Wänden. Nach einer etwas felsenärmeren Zone steigert sich das Szenario nochmals: Man sollte unbedingt in den engen Felszirkus der Münchser Wand mit dem Felsentor rechts aufsteigen.

Vom Gipfel des Langen Bergs bietet sich ein weiter Blick nach Osten.

Wieder auf dem Fuchsweg, wandern wir an zwei schlanken Türmen vorbei und biegen dann rechts auf einen Fahrweg ohne Mk. ab ❸. Wo er zu fallen beginnt, zweigen wir links auf einen Steig ab, der uns am Hang entlang, zuletzt über Kehren zur gewaltigsten Felsszenerie emporführt: Neben einem rundlichen Vorturm baut sich die zinnenbekrönte Gemsenwand auf. Zum Fuchsweg zurückgekehrt, steigen wir zu einem Sattel auf und folgen dem Ww. »Zur Aussicht«. Nach rechts führt ein Steig über viele Stufen zum Ostgipfel empor: prachtvoll der Fernblick bis zum Fichtelgebirge.

Ein Felsentor und schlanke Türme schmücken den Mittelteil des Langen Bergs.

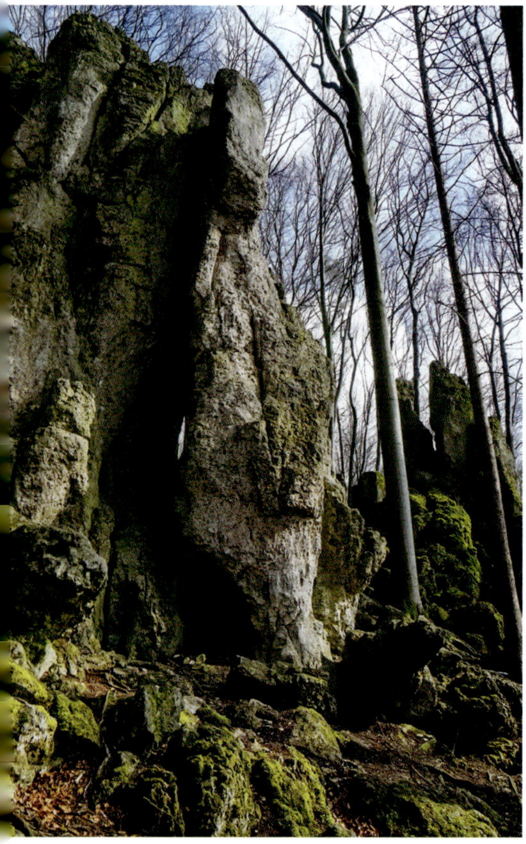

Über Stierberg zum Wetterstein Zurück am Sattel, gehen wir nach N zum Waldrand hinab, halten uns rechts und wandern mit der Mk. BN an den Nordwänden entlang. Nach Querung einer Straße folgt bald eine Wegteilung: Wir gehen linkshaltend mit Gelbraute unter dem Stierberger Burgfelsen entlang und biegen bei einem Acker links auf einen Weg (BN) ab, der uns steil zur Burgruine und rechts zum höchsten Punkt mit schöner Sicht auf Stierberg emporbringt.

Vom Fuß der Ruine wandern wir nach N in den Ort hinab, halten uns dort rechts (Ww. »Betzenstein«), überschreiten die Hauptstraße, gehen mit Blauring gegenüber weiter, passieren den Gasthof Fischer und steigen durch malerische Streuobstwiesen bergan. Am Waldrand und über Wiesen geht es geradeaus weiter, dann nähern wir uns dem Wetterstein am Rand von Leupoldstein. Bei der Wegteilung vor ihm ❹ halten wir uns kurz links und wandern dann rechts auf schmalem Steig an den gewaltigen Nordwänden entlang. An ihrem Ende erblickt man die Felsbögen einer riesigen Höhle, doch ist der Weiterweg zu diesem lange frei zugänglichen Naturjuwel derzeit durch einen Zaun versperrt.

Wir müssen also umdrehen, können aber beim Rückweg durch eine Steilrinne zwischen zwei bemoosten Felsen zu einer Tunnelhöhle am Südende aufsteigen. Nach dem Abstieg führt uns ein Pfad im Rechtsbogen um die Südspitze herum zu einem schönen Felskessel. Von hier steigen wir zu einer Hütte ab und treffen dort auf einen Fahrweg, der sich bald gabelt: Wir halten uns rechts und gelangen so zur B 2. Wir gehen linkshaltend 50 m an ihr entlang und folgen dann einem Feldweg nach links bis zum Waldrand. Dort treffen wir auf die Mk. Blauschrägstrich und wandern mit ihr nach rechts über die B 2 hinweg bis zum Wald.

Felswildnis Geißleite Etwa 50 m nach Eintritt in den Wald biegen wir links in einen Forstweg ohne Mk. ein ❺, der erst parallel zu einer Waldwiese verläuft, dann rechts abknickt und an einem verfallenen Zaun entlangführt. Bei Einmündung in einen anderen Forstweg wandern wir links zu einer Anhöhe empor, zweigen dort halb rechts auf einen breiten Weg ab und steigen zuletzt auf Pfadspuren zum linken Eckpfeiler des Massivs der Geißleite auf. Wir gehen links am Fels entlang und stehen bald staunend vor dem breiten Tunnel der Geißkirche, der abwärts durch das Massiv führt.

Am anderen Ende gehen wir links um den Fels herum und finden einen parallel verlaufenden kleineren Tunnel. Vom Nordende des großen Tunnels steigen wir ein Stück am Hang ab und queren dann rechtshaltend (nach N) über eine Schneise zu einem auffälligen Massiv mit bizarrem Felskessel. Wir gehen nun am Fuß der Felsen links am Massiv entlang, dann unten an einem bemoosten freistehenden Turm vorbei und steigen nach ihm (!) rechts schräg durch den Hang auf. Bald sehen wir vor uns ein breites Felsentor, durchschreiten es und gehen geradeaus weiter zu einem Forstweg; auf ihn biegen wir nach links ein.

Die zwei Felstunnel der Geißkirche (hier der kleinere) sind ein verborgenes Wunder der Alb.

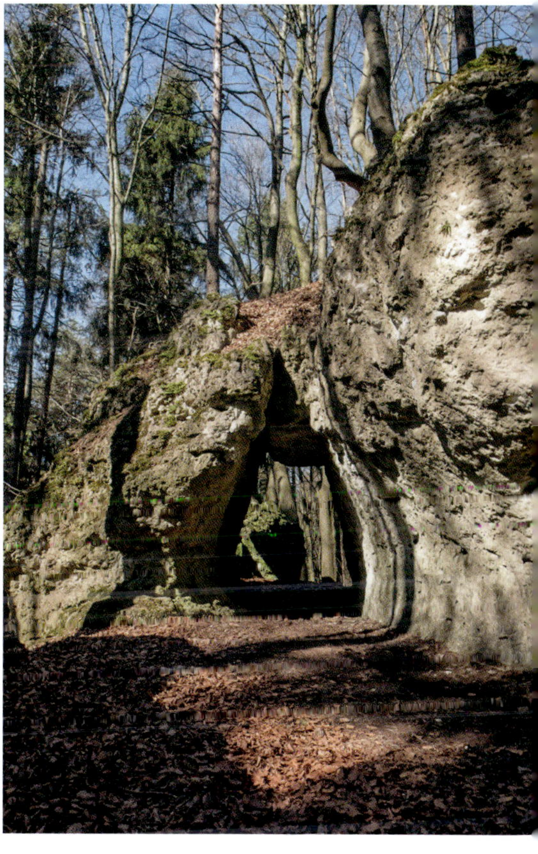

Rückweg Bei der nächsten Verzweigung halten wir uns rechts und gelangen so zu einer Rasthütte und einem Forstweg mit der Mk. Schwarzring. Mit ihr geht es nach links bergab, in weitem Bogen über ein Tal hinüber und am Gegenhang empor, dann geradeaus durch den Wald. Bei einer Wegteilung ❻ heißt es aufgepasst: Wir biegen scharf (!) links auf einen Wanderweg (Frankenweg u. a.) ab, der uns, an einem Grenzstein von 1607 vorbei, zum Kohlberg emporführt.

Mit prachtvoller Aussicht geht es nach rechts am Waldrand entlang (weiterer Grenzstein und Informationstafel), dann links auf schmalerem Weg über Wiesen und durch Wald bergab bis zu einer Wiese am Rand von Obertrubach. Von hier gelangen wir mit Rotring links zur Neudorfer Straße hinab und zum Parkplatz oder geradeaus mit dem Frankenweg zu Kirche und Haltestelle.

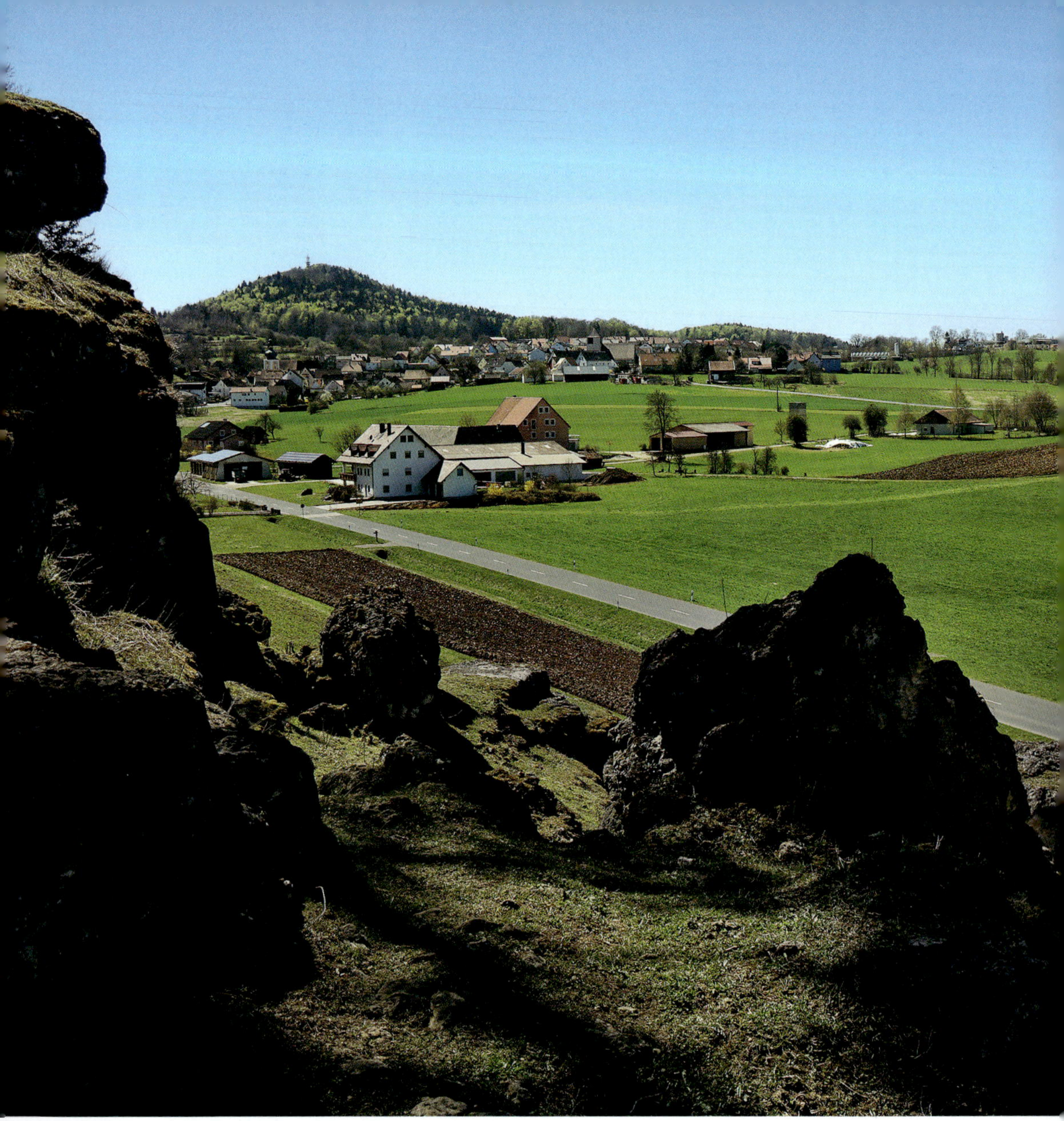

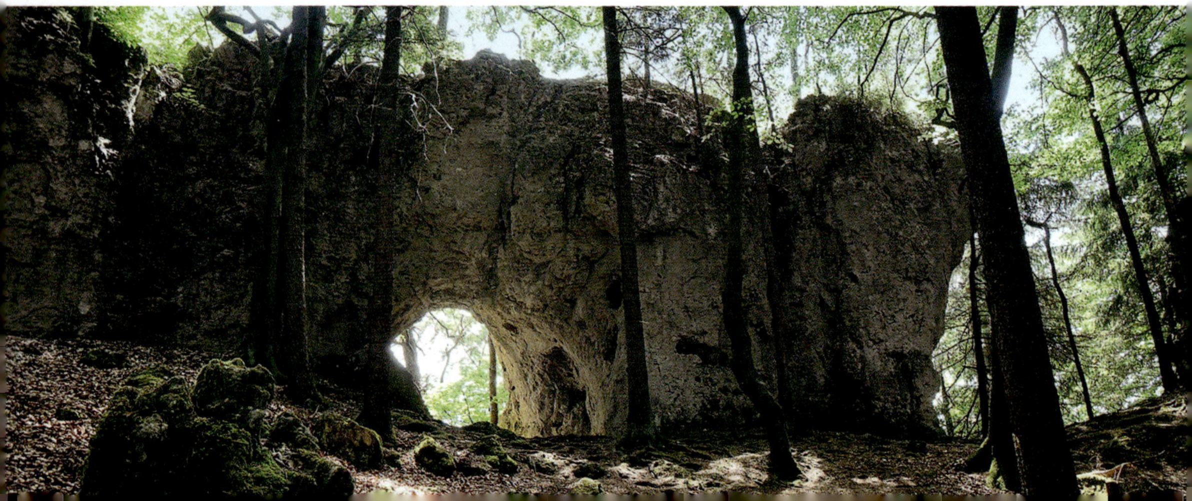

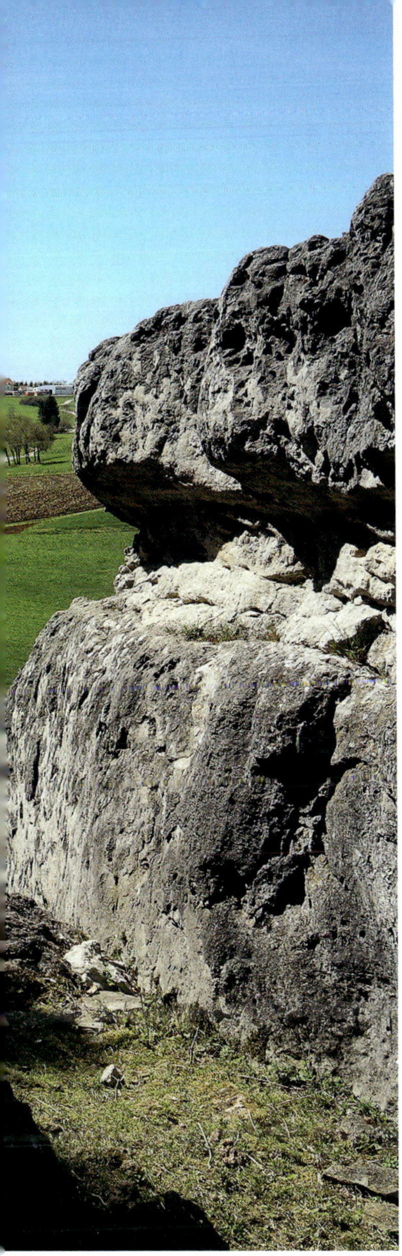

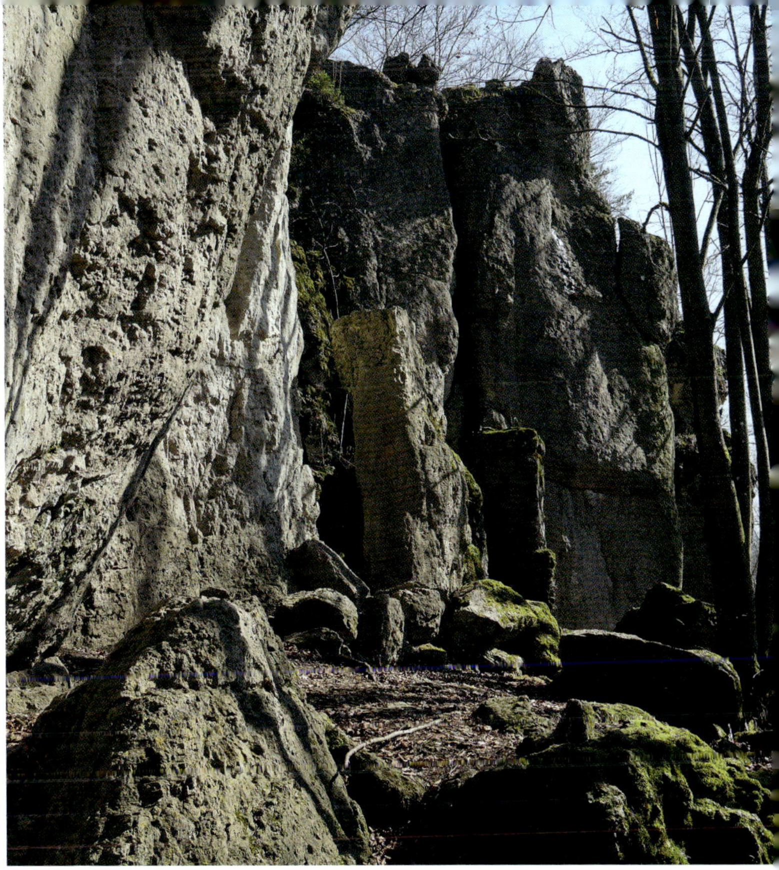

Touren in der Hersbrucker Schweiz

Von den Locher Felsen blickt man über die Königsteiner Polje (Karstsenke) zum Ossinger (o. li.). Die schroffen Maximiliansfelsen sind ein Dorado der Kletterer (o. re.). Vom Steinernen Gassl bietet sich ein Prachtblick auf den Happurger See (u. re.). Ein malerisches Felsentor schmückt die Türkenfelsen (u. li.).

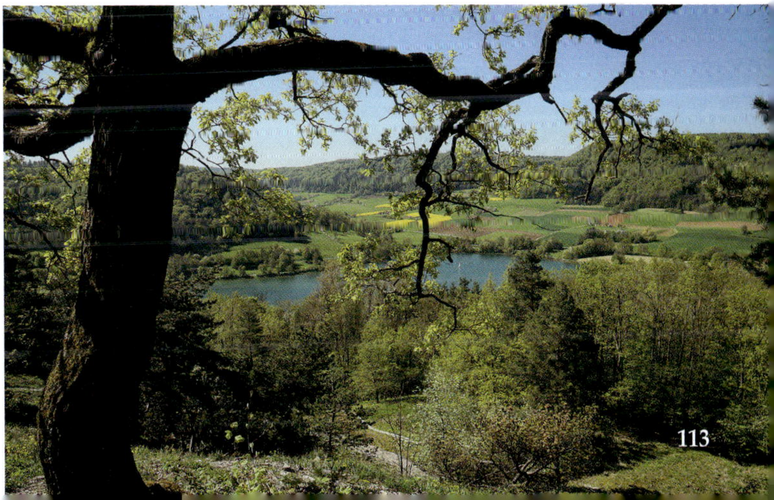

24

Höhlenwelten und Waldeinsamkeit

Vom Wirrenloch zum Plecher Höhlengebiet

Leicht | 16,5 km | 370 Hm | 5 Std.

Tourencharakter
Leichte, aber relativ lange Wanderung durch ausgedehnte Waldgebiete und reizvolle Waldtäler zu eindrucksvollen Höhlen und anderen spektakulären Karstformen. Durchgehend auf guten, nur mäßig steilen Wegen ohne große Anstiege.

Ausgangs-/Endpunkt
Parkplatz Geißbock an der Waldstraße Bernheck–Mosenberg (438 m) (GPS: 49.665395, 11.499798). Von der Bus-Hst. Bernheck hierher in 0:15 Std. entlang der Straße.

Anfahrt mit ÖPNV
Mo–Fr brauchbare Verbindung mit dem Bhf. Pegnitz (alle 1–3 Std.) mit Linie 380 oder 386 (Anruflinientaxi, 60 Min. vorher unter 09241/26 97 anmelden), Sa/So nur mit dem Anruflinientaxi

Höchster Punkt
Büchelberg (505 m)

Gehzeiten
Zum Wirrenloch 0:25 Std. – Glaserdenkmal 1 Std. – Polsterweiherhöhle 0:30 Std. – Felsenloch 0:40 Std. – Raumhöhle 0:35 Std. – Saalburggrotte 0:25 Std. – Fleischhöhle 0:35 Std. – Kuckucksloch 0:40 Std. – Rückweg 0:10 Std. (nicht eingerechnet: Besichtigung der Höhlen)

Beste Jahreszeit
Ganzjährig reizvoll, von Ende Oktober bis Anfang April sollte allerdings aus Gründen des Fledermausschutzes auf die Besichtigung der tieferen Höhlenteile (v. a. beim Wirrenloch) verzichtet werden.

Einkehr
Keine

Karte
ATK25 F11 Auerbach i. d. OPf.

Das riesige Waldgebiet des Veldensteiner Forstes verbirgt an seinem Westrand eine Fülle von Höhlen ganz unterschiedlichen Charakters. Der Plecher Höhlenweg verbindet fünf von ihnen, unsere Route fügt noch drei weitere, besonders spektakuläre hinzu.

Unsere Wanderung führt über die außergewöhnliche Spalthöhle des Wirrenlochs zum Karstwunder der Polsterweiherhöhle, folgt dann dem Höhlenweg und erreicht über das eindrucksvolle Kuckucksloch wieder den Ausgangspunkt.

Zum Wirrenloch Am Parkplatz finden wir den Ww. zum Wirrenloch und wandern mit Grünwimpel auf breitem Weg Richtung N. Bei der ersten Wegteilung bleiben wir linkshaltend am Waldrand, überqueren eine große Freifläche und erreichen wieder den Rand eines Waldes, in dem sich erste zerklüftete Felsen zeigen. Wenig später führt uns Grünwimpel nach rechts in den Wald zu einem bizarren Felszirkus und auf kurzem

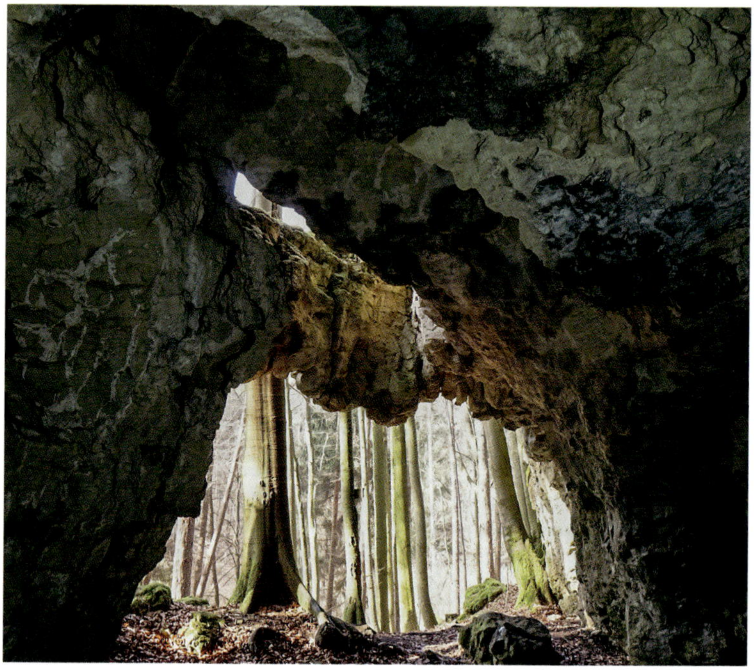

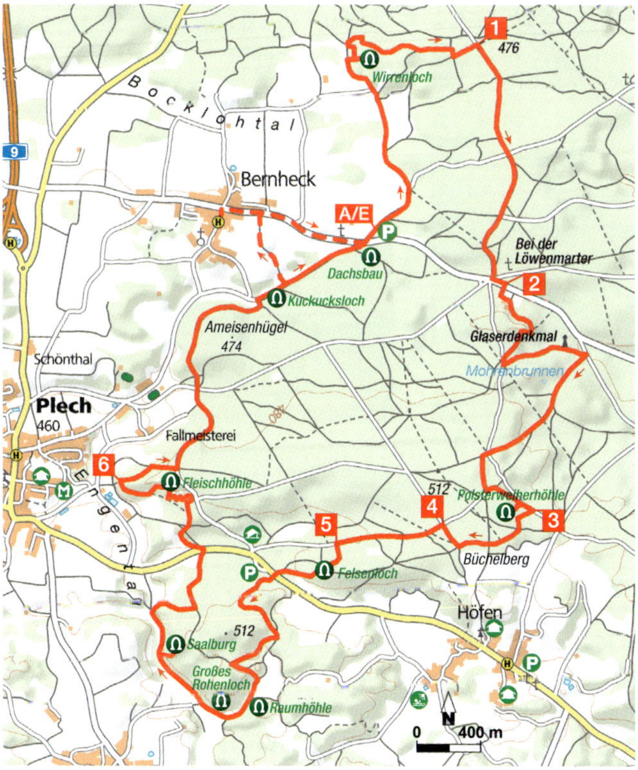

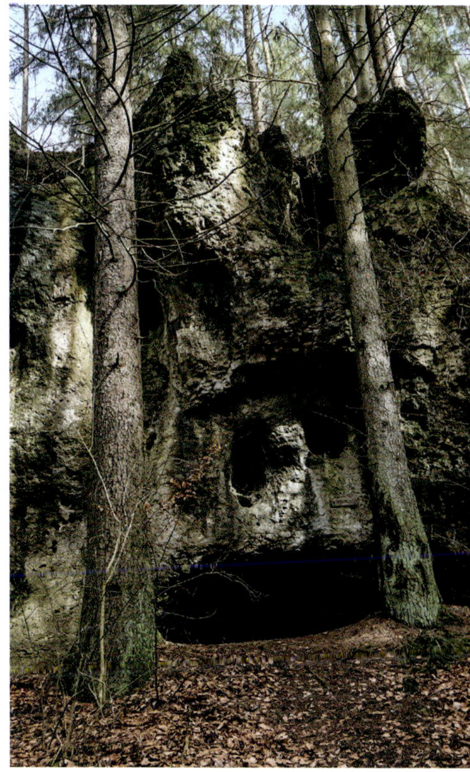

Malerische Felslöcher machen das Portal des Wirrenlochs unverwechselbar.

Stichweg hinauf zum originell durchlöcherten Portal des Wirrenlochs. Im Inneren staunt man nicht wenig: Der imposante, leicht versinterte Hauptgang verläuft – ein wohl singulärer Fall – genau im rechten Winkel zum Eingang.

Übers Glaserdenkmal zur Polsterweiherhöhle Wieder auf dem Hauptweg, führt uns Grünwimpel (später auch Blaupunkt) an zerklüfteten Felsgruppen entlang, dann nach rechts bergauf und auf gewundenen Pfaden durch den Wald. Bald erreichen wir eine Forststraße und biegen rechts mit Gelbstrich auf sie ein ❶. An einer großen Wegkreuzung verlassen wir alle Wandermarkierungen und gehen mit dem Radweg BT 20 geradeaus weiter. So erreichen wir bald die Waldstraße nach Mosenberg, halten uns kurz links und zweigen dann rechts auf einen Forstweg ohne Mk. ab ❷, der uns nach links zu einigen Waldhütten führt.

Bei einer grün gestrichenen Hütte steigen wir auf breitem Weg nach rechts leicht bergan. Bald mündet er in einen Schotterweg, der uns nach links zum Denkmal für den 1838 ermordeten Förster Glaser hinableitet. Kurz danach folgt eine große Kreuzung: Wir steigen auf dem ersten rechts abzweigenden Weg mit Nr. 8 bergan, passieren die Felsgruppe Dachsbau und treffen nach einer Kuppe auf die Mk. Gelbpunkt; mit ihr biegen wir links auf einen anderen Forstweg ab. Bei Einmündung in einen Schotterweg geht es nochmals nach links und zum Hammergrünfelsen hinab, in dem sich die Polsterweiherhöhle befindet. Der in zwei Etagen gegliederte Hohlraum mit fünf Öffnungen zählt zu den eindrucksvollsten Karstgebilden weit und breit.

Linke Seite: Die Raumhöhle fesselt mit ihrer Fels-Architektur.

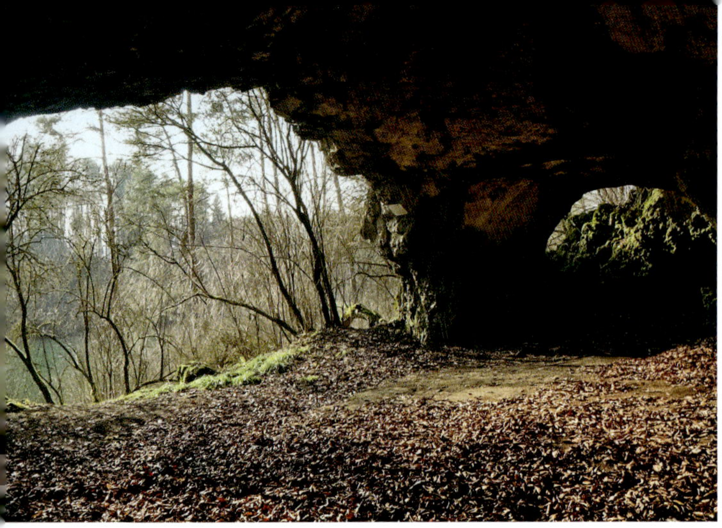

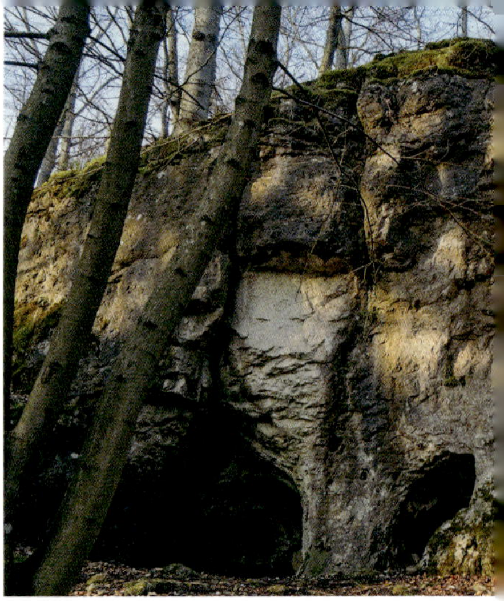

Das Große Rohenloch beeindruckt durch seine Dimensionen.

Zum Felsenloch Wir gehen auf dem markierten Weg noch etwa 100 m weiter und zweigen dann spitzwinklig rechts auf einen begrünten Forstweg ab ❸, der, immer nahe am Waldrand, am Südhang des Büchelbergs entlangführt. Erst bei Vereinigung mit Weg Nr. 8 biegen wir rechts ab und wandern tiefer in den Wald hinein. Bei der großen Wegkreuzung ❹ halten wir uns links und folgen dem Schotterweg bergab. Kurz nach einer tiefen Doline treffen wir auf die Gelbwimpel-Mk. des Plecher Höhlenwegs, der wir nun für längere Zeit folgen ❺. Sie führt uns nach links auf schmalem Pfad steil zu einem Bergrücken empor und dann rechtshaltend zum Felsenloch. Dank einer neu gebauten Brücke kann man direkt in den Abgrund der Schachthöhle blicken, in der reiche Funde (s. Info) gemacht wurden.

Höhlenweg zur Saalburggrotte Der Höhlenweg führt uns nun bergab und erreicht, an einer pittoresken Felsgruppe vorbei, die Straße Plech-Neuhaus. Kurz vorher teilt sich der Weg (zwei Varianten mit gleicher Mk.): Wir gehen links Richtung Raumhöhle, überqueren die Straße und steigen auf der Forststraße gegenüber zu einer felsigen Kuppe auf. Jenseits geht es in weiten Kurven wieder abwärts, dann führt uns Gelbwimpel auf schmalerem Weg nach links zu einer schönen Waldwiese hinab. An ihrem Ende leitet uns ein Ww. links in den Wald und zur Raumhöhle empor, die mit ihren großen Felsbögen beeindruckt (wer Lust hat, kann auch die malerische Felsgruppe oberhalb erkunden). Von der Höhle wandern wir auf gutem Pfad bergab, dann linkshaltend auf einem Fahrweg in ein reizvolles Trockental hinab. Hier zweigen wir rechts auf den Talweg ein und stehen bald vor einem weiteren großen Naturdenkmal: Ein Stichweg führt uns rechts zum imposanten Portal des Großen Rohenlochs empor. Vor uns öffnet sich ein 40 m tiefer Raum mit mehreren Seitengrotten und ansehnlicher Versinterung.

Geheimnisvolle Schachthöhlen

Schachthöhlen beeindrucken nicht nur den heutigen Wanderer, sondern übten als abrupter Zugang zu einer finsteren Unterwelt schon auf die Menschen der Vorzeit große Faszination aus. So wurden hier im Felsenloch bei Plech Skelettreste von 49 Menschen und dazu Schmuck und Keramik aus einer Periode geborgen, die sich von etwa 1800–400 v. Chr. (Bronze- bis Eisenzeit) erstreckt. Die sehenswerten Fundstücke können im Pfalzmuseum Forchheim besichtigt werden. Ähnliche Funde wurden auch im Dietersbergschacht bei Egloffstein gemacht. Heute deutet die Forschung die Schachthöhlen nicht mehr als Opferstätten, sondern als Begräbnisplätze.

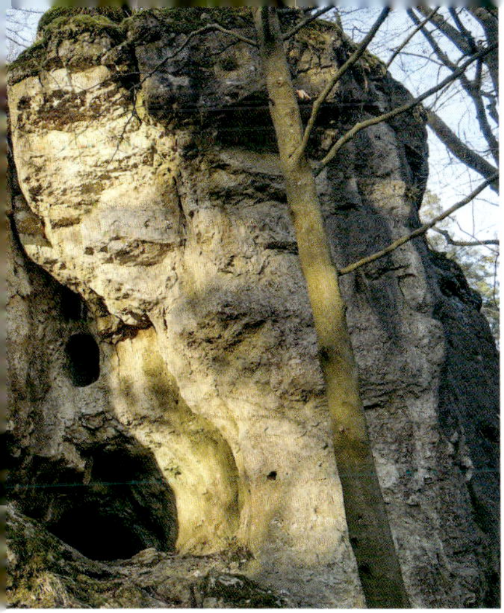

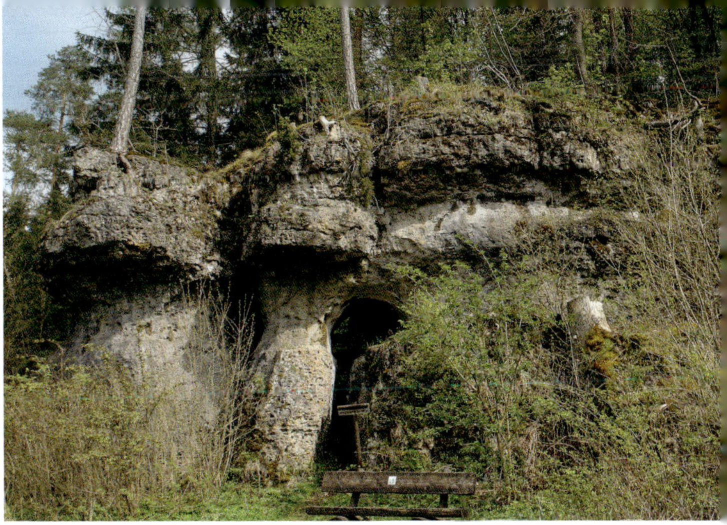

Mit Gelbwimpel wandern wir weiter, immer am rechten Rand des Tales entlang, bis bei einer Bank nach rechts der Stichweg zur Saalburggrotte abzweigt: Über Stufen steigen wir zu einer gewaltigen Felsenburg mit Pfeilern und Türmen auf; in der Mitte öffnet sich der Eingang zur kleinen Grotte, deren zwei Räume durch ihren Sinterschmuck beeindrucken.

Lochfels und Fleischhöhle Nach dem Abstieg auf gleicher Route wandern wir noch etwas weiter durch das malerische, beidseits von Felsgruppen gesäumte Tal. Schließlich führt uns der Höhlenweg nach rechts steil den Hang hinauf, passiert die zerklüftete Nordseite der Saalburg und mündet dann in eine Forststraße, die uns nach links zur Straße Plech-Neuhaus hinabführt.

Hier geht es kurz nach links, dann leitet uns Gelbwimpel am Waldrand empor und durch den Wald zu einer Wegteilung. Wir biegen scharf links ab und erreichen bald eines der ungewöhnlichsten Naturdenkmäler: den kreuz und quer von Tunnelgängen durchzogenen Lochfels. Kurz danach führt der Weg zur geheimnisvollen Spalte der Fleischhöhle hinauf (Erkundung nur für Höhlenerfahrene zu empfehlen).

Rückweg über das Kuckucksloch Der Höhlenweg leitet uns noch weiter in einen Felskessel empor, passiert das malerische Felsgelände der Plecher Klippen, eine Reihe kleinerer Höhlen sowie einen bizarr überhängenden Felsen und führt dann abwärts zu einer Wegteilung ❻. Hier verlassen wir die gewohnte Mk. und steigen nach rechts mit Gelbpunkt und Gelbraute bergan. Bei Einmündung in einen Schotterweg halten wir uns links und wandern zur Ernsthüll, einem idyllisch gelegenen Weiher, hinunter.

Bei der nächsten Wegteilung finden wir schon den Ww. Richtung Wirrenloch und steigen geradeaus mit Grünpunkt u. a. den Ameisenhügel hinauf. Jenseits geht es wieder sanft abwärts, dann wandern wir halb rechts am Waldrand entlang. Bald folgt der letzte Höhepunkt: das Kuckucksloch mit seiner Durchgangshöhle in Form eines Schlüssellochs. Von hier erreicht man geradeaus am Waldrand entlang den Parkplatz bzw. mit Blaupunkt nach kurzer Strecke links abzweigend die Bus-Hst. in Bernheck.

Mitte: Die Vielzahl der Felsgänge macht den Lochfels zu einem einmaligen Karstgebilde.

Rechts: Das Kuckucksloch mit seiner Durchgangshöhle ist der letzte Glanzpunkt der Tour.

25

Riesenpilz und Höhlenmystik

Vom Rabenfels zum Windloch

Leicht 14,5 km 290 Hm 4:15 Std.

Tourencharakter
Wanderung durch Wald und felsige Täler zu einigen der spektakulärsten Felsgebilde und einer der stimmungsvollsten Höhlen der Alb. Teils auf Forststraßen, teils auf guten Wegen mit nur mäßiger Steigung, nur vor der »Folterkammer« kurzer Steilanstieg.

Ausgangs-/Endpunkt
Waldgasthof Hohe Tanne (432 m). Beim Haus viele Parkplätze (GPS: 49.668550, 11.606775), Zugang von der Hst. »Abzw. Hohe Tanne« der Buslinie 452 in wenigen Minuten entlang der Zufahrtsstraße

Anfahrt mit ÖPNV
Mo–Fr gute Busverbindung mit Linie 452 (alle 1–2 Std.) mit dem Bhf. Neuhaus a. d. Pegnitz bzw. mit Auerbach i. d. OPf., Sa Nachmittag kein Verkehr, So nur vom 1.5–1.11. mit Linie 339

Höchster Punkt
Kuppe beim Windloch (493 m)

Gehzeiten
Zu den Parasolfelsen 1 Std. – Rabenfels 0:15 Std. – »Folterkammer« 0:10 Std. – »Riesenpilz« 0:45 Std. – Weidachstube 0:45 Std. – Windloch 0:20 Std. – Hohe Tanne 1 Std. (nicht eingerechnet: Besichtigung der Höhlen)

Beste Jahreszeit
Ganzjährig begehbar, in den bewaldeten Felsgebieten der zweiten Streckenhälfte bieten Frühjahr und Spätherbst bessere Sicht.

Einkehr
Waldgasthof Hohe Tanne, Tel. 09643/13 07, unterwegs keine

Karte
ATK25 F11 Auerbach i. d. OPf.

Im nördlichen Sackdillinger Forst hat die Natur große Kunstwerke geschaffen: Während der Kapuzenturm des Rabenfels weithin bekannt ist, verbergen sich gewaltige Felsdurchgänge und Spalten, der wohl größte Pilzfelsen und eine faszinierende Höhle abseits der markierten Wege.

Unsere Tour führt vom Bekannten zum Unbekannten: Nach Parasolfelsen und Rabenfels kommen wir auf vergessenen Pfaden in die bizarre Felswildnis der »Folterkammer«, zum »Riesenpilz« und in die mystische Höhlenwelt des Sackdillinger Windlochs.

Zu den Parasolfelsen Wenige Meter südlich des Gasthauses Hohe Tanne treffen wir auf den Eichkatzlweg (Mk. Eichhörnchen), dem wir bis zum Rabenfels folgen. Teils auf dem Forstweg, teils auf schmalen Pfaden dringen wir in den schönen Mischwald vor. Bald teilt sich der Weg ❶: Das Eichkatzl führt uns nach rechts auf bald schmalerem Pfad in stetem Auf und Ab zur ersten Attraktion. Vor uns öffnet sich die enge Betterlingshöhle; steil, aber problemlos kann man in einen schönen, leicht versinterten Raum hinabsteigen.

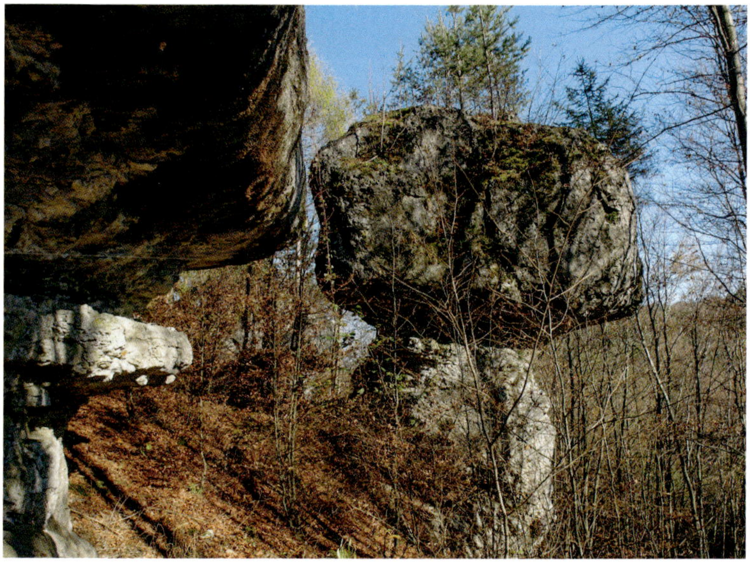

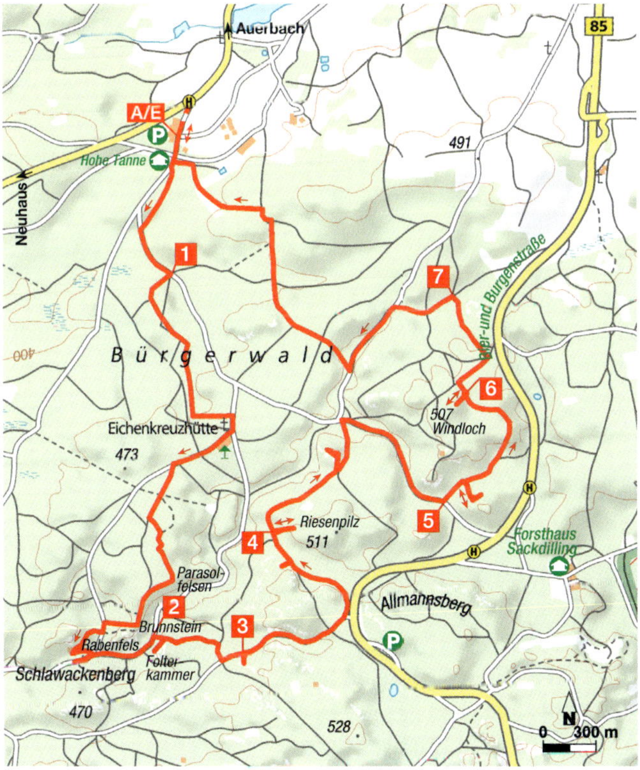

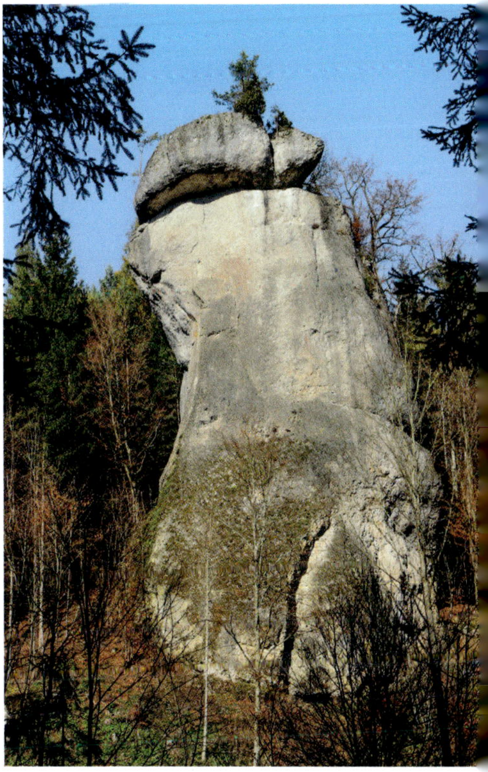

Der Rabenfels bildet das Schaustück des stillen Nestelgrunds.

Vor der Höhle biegt der Weg scharf nach links und mündet bald in eine Forststraße. Sie führt uns nach rechts zum Eichenkreuz (Kruzifix) mit Schutzhütte, wo wir auf den Forstweg rechts abzweigen. Wenig später biegen wir mit dem Eichkatzl links auf einen Pfad ein, der uns in längerer Waldwanderung zu den imposanten Felspilzen der Parasolfelsen führt. Es lohnt, weglos zur bizarren Talseite des zweiten Pilzes abzusteigen.

Zum Rabenfels Auf dem Eichkatzlweg wandern wir weiter die Hangkante entlang, dann bergab und passieren die zerklüfteten Brunnsteinfelsen. Weiter absteigend erreichen wir eine Forststraße, folgen ihr 50 m nach links und steigen dann nach rechts auf schmalem Pfad zur Blockhütte an der Bergseite des Rabenfels auf. Von hier geht es in einer Kehre steiler bergab, dann stehen wir staunend vor der riesigen Talwand des Turms und bewundern die einmalige Form mit dem kapuzenartigen Gipfelblock. Sein Bild begleitet uns bis hinab zur Forststraße im Nestelgrund. Nicht nur Fotografen sollten noch 200 m nach rechts talab gehen, wo sich eine klassische Ansicht des Riesen bietet.

»Folterkammer« und Riesenspalte Wir kehren dort um und wandern den Nestelgrund aufwärts. Wo der Weg zur Maximiliansgrotte abzweigt, gehen wir mit dem Eichkatzl auf dem Forstweg geradeaus weiter, etwa 190 m später biegen wir aber rechts auf eine begrünte Waldschneise ein ❷ und steigen steil zu dem Massiv empor, das von Kletterern »Folterkammer« genannt wird. Die Erkundung schenkt

Linke Seite: An den Parasolfelsen erkennt man, wie Felsschichten gleich mehrere Pilzfelsen entstehen ließen.

großartige Eindrücke: Nach rechts gelangen wir zu einem gigantischen Felsdurchgang, imposanten Steilwänden und in bizarres Versturzgelände.
Zur bauchigen Wand am Nordende zurückgekehrt, umrunden wir diese auf der linken Seite und steigen zu einer Höhle empor, an deren Rückwand sich ein Durchschlupf öffnet. Wir durchqueren diesen, steigen leicht linkshaltend durch den Wald bergauf und treffen bald auf einen Fuhrweg, auf dem wir sanft aufwärts wandern. Er mündet schließlich in eine Forststraße, über die wir nach rechts zu einer Wegkreuzung aufsteigen.
Hier biegen wir links auf den Weg mit der Mk. 11 ein. Kurz danach gilt es, eine besondere Attraktion nicht zu verpassen ❸: Nach rechts führt eine Schneise zu einem vom Fahrweg aus sichtbaren großen Massiv empor. In seiner Mitte führt eine riesige, am Ende verzweigte Spalte (A 514) in den Fels hinein; die Szenerie im Innern erinnert an enge Canyons in Utah. Links des Massivs schließt sich ein malerischer Felsengarten an.

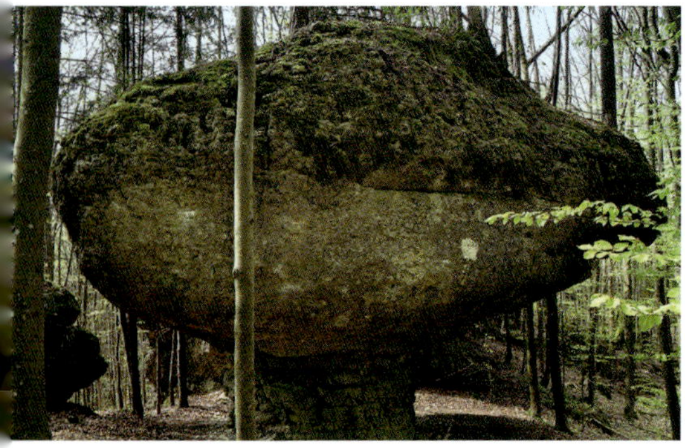

Form und Größe machen den Riesenpilz einzigartig.

Zum Riesenpilz Wir folgen weiter dem Weg Nr. 11 und gelangen, an imposanten Felsen vorbei, zu einer Wegteilung: Hier biegen wir links in eine Forststraße ein, die als Fahrradroute Nr. 1 gekennzeichnet ist. Sie verläuft kurz parallel zur B 85, dann leicht durch Wald bergab; nach links lohnt ein Abstecher auf Pfadspuren zu einem bizarr überhängenden Fels.
100 m weiter folgt eine Verzweigung bei einem Jägerstand. Wir wählen den rechts ansteigenden Fahrweg, verlassen ihn aber nach wenigen Metern wieder und steigen scharf rechts durch eine Schneise empor ❹. Leicht rechtshaltend erreichen wir ein verstecktes Naturwunder: einen Felspilz, dessen Dimensionen alle anderen übertreffen. In den Felsen links des »Riesenpilzes« verbirgt sich ein ungewöhnlich niedriges Felsentor.

Naturwunder Windloch Zurück auf dem Forstweg, steigen wir rechtshaltend, an imposanten Wänden vorbei, zu einer Anhöhe empor, dann mit Nr. 1 nach links leicht bergab (ein links abzweigender Pfad ermöglicht einen Abstecher zum Massiv der Roten Kante). Auf dem Hauptweg weiter absteigend, erreichen wir ein Waldtal mit einer Kreuzung: Hier biegen wir mit Grünstrich u. a. rechts auf die Forststraße Richtung Sackdilling ein.
Nach längerer Talwanderung zweigen wir links auf einen ansteigenden Forstweg ab, der links an einem Baum mit einem grünen Pfeil gekennzeichnet ist ❺. Bei der ersten Anhöhe sollte man den Abstecher zur Felsgruppe Weidachstube nicht versäumen: Wir gehen rechts durch eine Schneise zum Massiv hinüber, das durch einen großen Turm, eine wilde Schlucht und einen romantischen Felsdurchgang begeistert.
Wieder auf der Forststraße, steigen wir steil zu einer Kuppe auf, dann in weiten Kurven sanft bergab. Wo sich eine kerzengerade Strecke anschließt, heißt es aufgepasst: Etwa 60 m ab Beginn der Gerade zweigt links ein unscheinbarer Pfad ab ❻, der uns zum malerischen, von zwei Pfeilern flankierten Eingang des Windlochs führt.

Der Besuch der Höhle (mit ausreichend Lichtquellen!) zählt zu den schönsten Erlebnissen: Man steigt unter wie von Zyklopenhand aufgeschichteten Blöcken steil hinab; linker Hand öffnet sich die Eiskammer mit schönen Versinterungen. Geradeaus erreicht man die gewaltige Latène-Halle, die durch das Deckenfenster, das eigentliche Windloch, in mystisches Licht getaucht wird. Jenseits des Windlochs schließt sich eine sehenswerte kleine Halle an, am Ende der Haupthalle führt ein nur mit Seil befahrbarer jäh abstürzender Schacht (Vorsicht!) in die tieferen Höhlenteile.

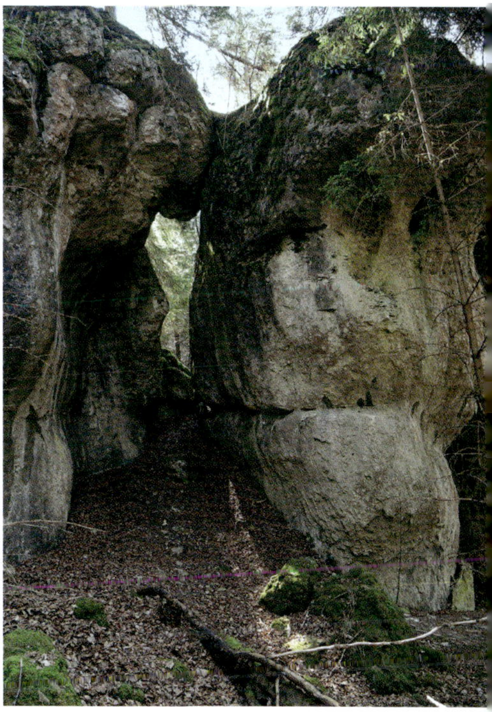

Der riesige Felsdurchgang ist eine der Attraktionen im Massiv der Folterkammer.

Durch Felsentäler zurück Zurück auf dem Hauptweg, gehen wir weiter zur Einmündung in eine noch breitere Forststraße und biegen rechts auf sie ein. Bei einer dreieckigen Wegteilung halten wir uns links und wandern, an zerklüfteten Felsen vorbei, bergab. Im Talgrund angelangt, gehen wir kurz am Gegenhang empor und treffen auf einen begrünten Fahrweg ❼, der uns nach links durch das felsgeschmückte Waldtal führt.

Bald erreichen wir eine Forststraße, auf der wir linkshaltend mit Rotstrich ein von vielgestaltigen Felsgruppen gesäumtes Tälchen durchwandern. Bei einer Wegtafel biegen wir scharf rechts auf den Grünstrich-Weg Richtung Hohe Tanne ab. Der zunächst schmale Weg mündet nach steilem Anstieg in eine Forststraße.

Bei einer großen Verzweigung gehen wir rechts bergab und biegen dann nochmals rechts in einen schmaleren Weg ein, der wieder ansteigt. Mit Grünstrich wandern wir, bei Abzweigungen stets linkshaltend, ein Stück über eine Forststraße, dann in einen Grund hinab und erreichen im Gegenanstieg die bekannte Wegteilung bei der Hohen Tanne und nach rechts Parkplatz oder Haltestelle.

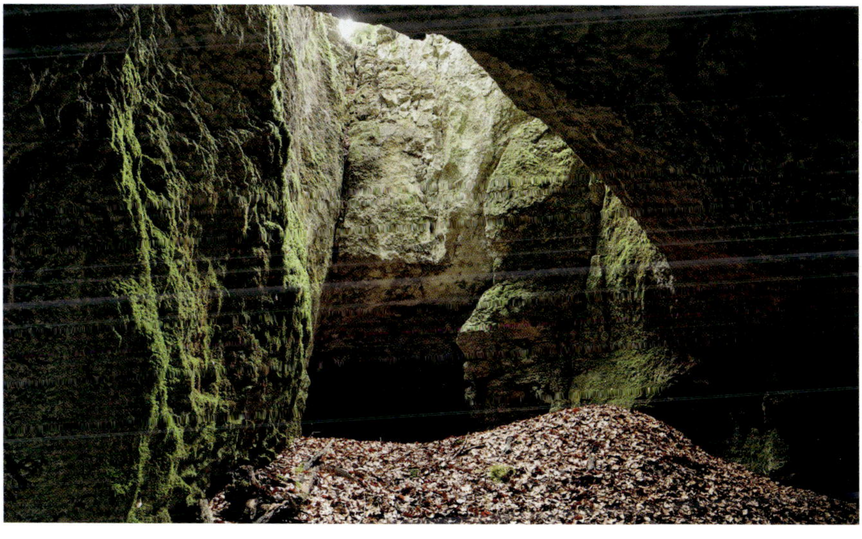

Das durch das Deckenloch einfallende Licht verzaubert die Haupthalle des Windlochs.

26

Wunderwelt Karst

Keule, Maximiliansfelsen und Steinerne Stadt

Mittel | 16 km | 460 Hm | 5 Std.

Tourencharakter
Wanderung zu eindrucksvollen Felsburgen und -kuppen, Felsengärten und Grotten in dicht bewaldetem Gebiet mit häufigen, meist sanften Auf- und Abstiegen. Nur kurze steile bzw. weglose Passagen.

Ausgangs-/Endpunkt
Parkplatz an der Waldstraße knapp 1 km östl. von Lehnershof (409 m) (GPS: 49.643372, 11.584964). Zufahrt: von der Straße Neuhaus a. d. Pegnitz–Auerbach nach dem Ort Lehnershof (ca. 200 m vor der Magdalenenkapelle) rechts abbiegen und bis Ende der Teerdecke fahren; dort großer Parkraum links der Straße. Zugang von der Bus-Hst. Lehnershof: geradeaus durch den Ort und bis zum Waldrand, dann halb links durch den Wald in ca. 12 Min. zum Parkplatz

Anfahrt mit ÖPNV
Vom Bhf. Neuhaus mit Buslinie 452: Mo–Fr alle 1–2 Std., Sa Nachmittag kein Betrieb, So nur vom 1.5.–1.11. mit Linie 339

Höchster Punkt
Hollederberg (540 m)

Gehzeiten
Zur Keule 0:45 Std. – Maximiliansfelsen 0:25 Std. – Östliche Brentenfelshöhle 0:25 Std. – Hollederberg 1:10 Std. – Weißingkuppe 0:50 Std. – Zwei Brüder 0:35 Std. – Rückweg 0:50 Std.

Beste Jahreszeit
Frühjahr und Spätherbst (wenn das Laub ausgedünnt ist), im Sommer sehr schattig

Einkehr
Nur bei Abstecher von Wegpunkt 6 zum Gasthof Grottenhof (10 Min. westl. mit Grünpunkt)

Karte
ATK25 F11 Auerbach i. d. OPf.

An kaum einem anderen Ort in Mitteleuropa konzentrieren sich so viele bizarre Karstfelsen, oft zu Felsketten aneinandergereiht, auf engem Raum wie im Südteil des Sackdillinger Forstes. Schier unbegrenzt ist der Formenreichtum der Türme, Tore, Höhlen und Wände.

Unsere Tour führt abseits markierter Routen zum Felsenlabyrinth Birkenschlag mit der einmalig geformten Keule, zu den gewaltigen Maximiliansfelsen und zur mystischen Brentenfelshöhle. Über Exkursionspfad und Steinerne Stadt kehren wir zurück.

Felszirkus Birkenschlag Vom Parkplatz wandern wir mit Rotpunkt u. a. auf dem Forstweg nach SO in einen idyllischen Wiesengrund hinab, wenden uns bei der Parkbucht für Kletterer nach rechts, überqueren den Grund und gehen linkshaltend zum Waldrand hinüber. Kurz nach Eintritt in den Wald biegen wir links auf den Weg Nr. 11 ein ❶. Auf ihm geht es mäßig bergauf, vorerst stets geradeaus. Den querenden Rotkreuz-Weg lassen wir unbeachtet, etwa 200 m später folgt jedoch die entscheidende Abzweigung ❷: Bei einem Kiefern-Hochwald biegen wir rechts auf einen Forstweg ohne Mk. ein, der uns durch ein Waldtal, dann steiler bergan führt.

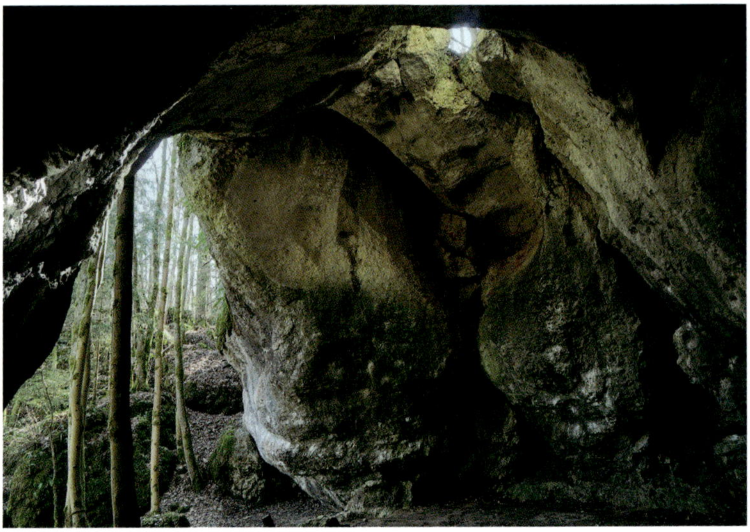

Bald wird rechts eine bizarre Felsgruppe sichtbar. Hier biegen wir rechts ab, steigen weglos zum ersten größeren Turm empor und dann links an ihm vorbei in einen Felskessel. Vor uns taucht die spektakuläre Gestalt der Keule auf. Wir gehen nun ein kurzes Stück zurück und erreichen rechtshaltend den Felszirkus Birkenschlag: Ein malerisches Labyrinth aus Türmen und Spalten lädt zur Erkundung ein; besonders eindrucksvoll ein mehrfach durchlöcherter Turm am Ostrand.

Zu den Maximiliansfelsen Über die vor diesem Turm gelegene Waldwiese kehren wir nach links zum Forstweg zurück und steigen weiter bergan zu einer Kuppe. Wo der Weg wieder abwärtsführt, treffen wir am Beginn einer Linkskurve auf die entscheidende Abzweigung ❸: Wir biegen spitzwinklig rechts in einen begrünten Fahrweg ein und wandern durch einen verwunschenen Grund zwischen zerklüfteten Felsen sanft bergab. An einem überhängenden Turm vorbei erreichen wir zuletzt einen Parkplatz mit Informationstafel für Kletterer. Von hier leitet nach links ein breiter Weg zu den Maximiliansfelsen empor.
Vor dem monumentalen Krottenseer Turm halten wir uns rechts und steigen auf Pfadspuren zum Hauptmassiv auf. Bei der Kante am rechten Ende biegen wir nach links, gehen zwischen Massiv und Turm hindurch und umrunden die Felsburg im Uhrzeigersinn: So lernen wir neben den Südwänden auch die Schluchten der Nordseite kennen. Besonders fasziniert der Durchgang zwischen der scharfen Ostkante und dem schlanken Maximiliansturm. Dort findet sich auch der Weiterweg: Wir steigen weglos zum Fuß des Turms hinunter und erreichen auf Pfadspuren bald die Forst-

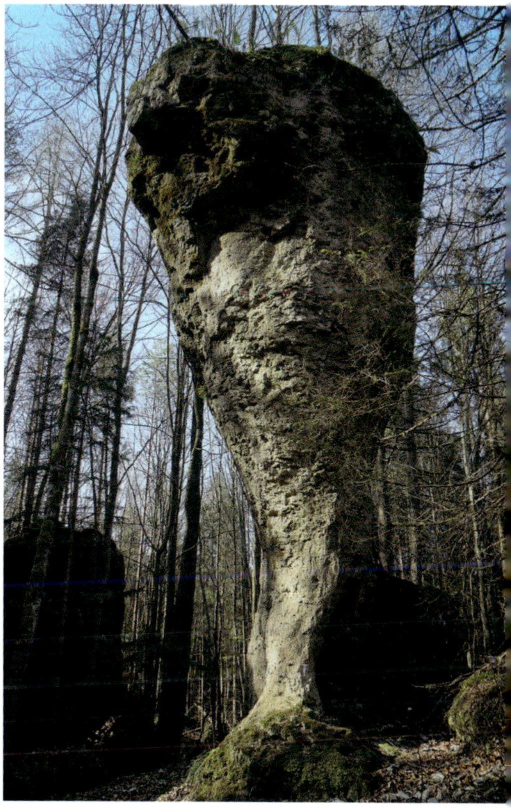

Die Keule fasziniert durch ihre Form.

Linke Seite: Die Östliche Brentenfelshöhle zeigt beeindruckende Dimensionen.

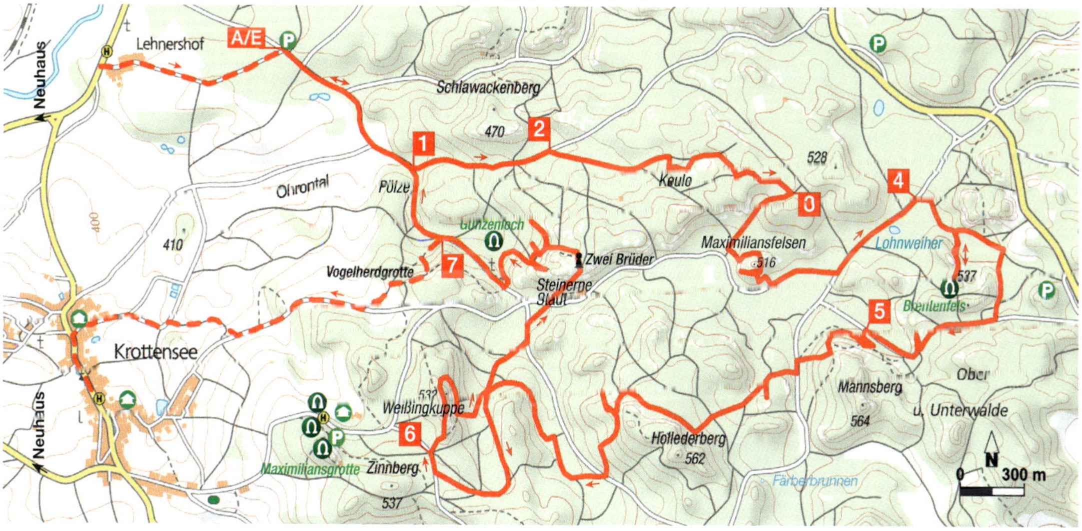

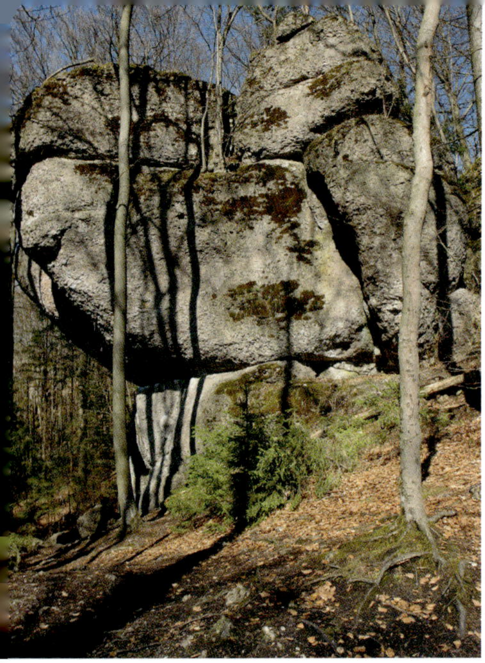

straße im Tal, auf die wir nach links einbiegen (man kann auch zum Kletterer-Parkplatz zurückkehren und dann links dieselbe Forststraße angehen).

Zur Östlichen Brentenfelshöhle Wir folgen der Straße nun ein Stück Richtung Sackdilling (bald tritt die Mk. Rotstrich hinzu). Bald nach dem rechts im Wald versteckten Lohnweiher folgt die nächste Abzweigung ❹: Wir biegen rechts auf einen Forstweg mit Fahrverbotsschild ab. Schon 2 Min. später müssen wir aufpassen: Gegenüber einem doppelten Jägerstand zweigt ein Pfad nach rechts ab. Auf ihm geht es an einem Feld entlang, dann rechts in den Wald und später linkshaltend in einen Felskessel empor, wo ein weiterer Höhepunkt auf uns wartet: die Östliche Brentenfelshöhle, eine gewaltige Felsenhalle mit markantem Deckenfenster.

1991 wurde die damals schwierigste Kletterroute der Welt am Waldkopf eröffnet.

Das große Felsentor am Mannsberg verbirgt sich heute abseits des Wanderwegs.

Auf dem Exkursionspfad Zum Forstweg zurückgekehrt, steigen wir rechtshaltend weiter bergan. Bald tritt die Mk. Gelbstrich des Exkursionspfades hinzu, der wir nun folgen. Mit ihr geht es erst geradeaus, dann zweimal rechts auf schmalem Pfad, später wieder auf einem Forstweg an den Abstürzen des Brentenfels entlang. Sein Westende mit klammartigen Felsspalten und kleinen Türmen lohnt einen Abstecher (weglos nach rechts).

Danach taucht links das Massiv des Mannsbergs auf. Da der alte Exkursionspfad anfangs unpassierbar ist, folgen wir noch ein Stück der Mk. Gelbstrich und der Forststraße, biegen aber bei einer Fichtengruppe ❺ links in den Wald ab und treffen bald auf Pfadspuren, die uns nach links (!) zu den imposanten Nordabstürzen führen. An ihnen gehen wir weglos rechts entlang. Wild zerklüftete Felstürme und ein gewaltiger Kessel mit Felsentor fesseln das Auge. Zuletzt steigen wir weglos zum Westende des Massivs empor, queren auf gleicher Höhe durch den Hang und treffen auf einen Forstweg, der uns nach rechts steil zur Gelbstrich-Mk. hinabführt. Sie leitet uns kurz auf der Forststraße nach links, dann rechts auf schmalem Pfad bergan.

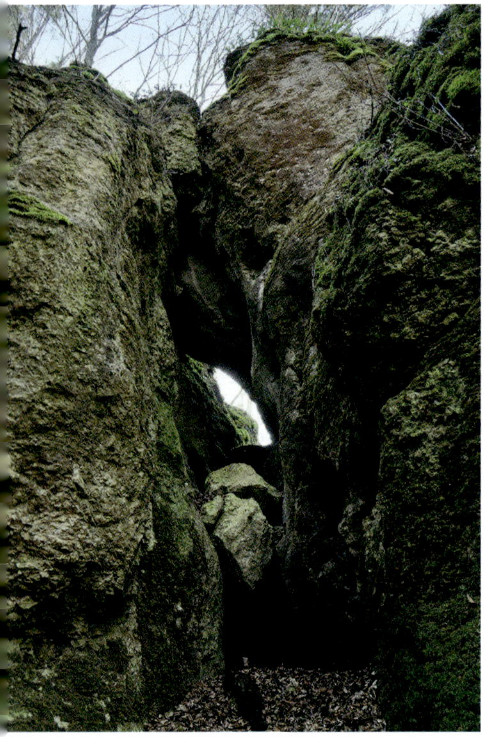

Dort, wo von rechts ein unbefestigter Fahrweg einmündet, lohnt ein Abstecher: Nach links gelangen wir auf Pfadspuren zu einem Massiv mit malerischem Abri rechts, eindrucksvollem Felskessel in der Mitte und von engen Spalten getrennten Türmen. Die Mk. Gelbstrich leitet uns nun zu den Ostabstürzen des Hollederbergs hinauf, über eine Senke hinweg und zum Kamm empor. Hier lädt rechts des Weges ein fantastisches Labyrinth aus pilzförmigen Felsen zur Erkundung ein. Der Mk. folgend, wandern wir danach steil abwärts, durch eine malerische Felsgasse hindurch. Nach Überquerung einer

Forststraße geht es rechts bergab, dann linkshaltend am Hang entlang.

Zur Weißingkuppe Bei der nächsten Kreuzung biegen wir links in einen Schotterweg ein, der, sporadisch mit Nr. 11 markiert, in weitem Bogen bergan führt. Bei Einmündung in einen anderen Forstweg halten wir uns rechts und treffen bald auf den Karstkundlichen Wanderpfad (Grünpunkt), dem wir nun folgen ❻. Rechtshaltend wandern wir zum Fuß der Weißingkuppe, über Stufen zu den bizarren Felsen hinauf, dann links durch eine Felsengasse. An ihrem Ende lohnt ein Abstecher: Scharf rechts an den Felsen entlang gelangt man zu einem schönen Felsentor. Der Hauptweg führt uns zum Kamm der Weißingkuppe, dann an ihren Ostabstürzen entlang und zur bekannten Kreuzung hinab.

Meine Tour-Variante

Wer mit öffentlichen Verkehrsmitteln unterwegs ist, kann auf dem Rückweg ab Wegpunkt 7 weiter dem Karstkundlichen Pfad (Grünpunkt) nach Krottensee folgen und dort in den Bus einsteigen: Der Weg führt zur Vogelherdgrotte empor, durch diese hindurch, dann ein Stück auf einer schmalen Teerstraße abwärts, bald aber rechts abzweigend durch einen malerischen Grund nach Krottensee. Im Ort biegen wir links auf die Dorfstraße ein und kommen nach wenigen Minuten zur Haltestelle. Allerdings sollte man dann unbedingt schon am Morgen einen Abstecher zu den Pölzen machen (nur 100 m südlich von Wegpunkt 1).

Steinerne Stadt und Rückweg Die Mk. Grünpunkt leitet uns nun links auf der Forststraße abwärts, dann rechts durch den Wald und, einen Fahrweg kreuzend, steil zum Spitzen Turm empor. Nun ist es nur noch ein kurzer Anstieg zum Zentrum der Steinernen Stadt mit dem Doppelfelsen der Zwei Brüder. Hier wendet sich der Weg nach links und führt an den zerklüfteten Nordabstürzen entlang.

Bei einem Felsen mit auffallendem Loch in der Wandmitte lohnt ein Abstecher nach rechts: Er führt uns in weitem Bogen zu einer Felskette hinüber, dann auf Pfadspuren nach links zu bizarren Felstürmen wie Totenkopf und Zinkenstein.

Wieder auf dem Hauptweg, steigen wir steil zu einer Kuppe auf, von wo uns ein Stichpfad (Blaupunkt) nach rechts, an den Türmen Glocke und Glockenschlegel vorbei, zu einem schönen Aussichtspunkt führt. Mit Grünpunkt geht es nun leicht bergab, doch schon bald erwartet uns ein spektakulärer Abstecher: Nach links leitet ein Pfad zum Riesenüberhang des Waldkopfs empor, über den die lange Zeit schwierigste Kletterroute der Welt führt.

Die Mk. führt uns nun steil abwärts in ein malerisches Felsentälchen, dann zu einer Forststraße empor und auf ihr rechts bergab zu einer Abzweigung ❼: Wer die imposante Durchgangshöhle der Vogelherdgrotte noch nicht kennt, kann nach links in 350 m steil zu ihr aufsteigen (Grünpunkt). Wir gehen jedoch mit Rotpunkt weiter auf der Forststraße talwärts. Links am Weg ein letzter Höhepunkt: der riesige Doppelfelsen der Pölze mit bizarren Überhängen. Bald ist die vom Morgen bekannte Wegteilung erreicht: Linkshaltend kehren wir durch das Tälchen zum Parkplatz zurück.

Auch an der Weißingkuppe muss man die Route verlassen, um dieses Tor zu bewundern.

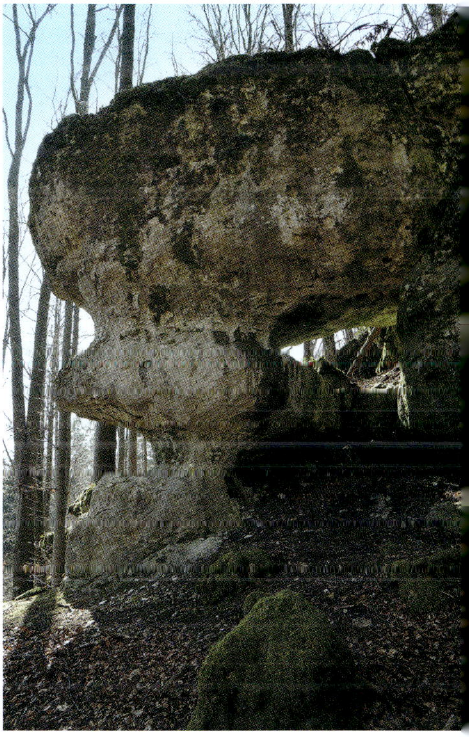

27

Felsenburg und Urzeitwohnung

Steinberg, Kühloch und Breitenstein

Mittel 11 km 420 Hm 4 Std.

Tourencharakter
Tour über mehrere Bergkuppen mit spektakulären Felsketten, Türmen und Höhlen und schöner Fernsicht. Meist gute Wege und Steige mit einigen steilen Passagen.

Ausgangs-/Endpunkt
Königstein (489 m), Parkplatz an der Straße nach Mitteldorf nach dem Ortsendeschild auf der rechten Seite (GPS: 49.609222, 11.637061); hierher von der Bus-Hst. am Marktplatz zunächst nach O am Lebensmittelmarkt vorbei, dann rechts in die Gaißacher Straße abbiegend (mit Blaustrich markiert)

Anfahrt mit ÖPNV
Mo–Fr Busverbindung vom Bhf. Hersbruck (r. Pegnitz) mit Linie 446/498 alle 1–3 Std., Sa Nachmittag kein Verkehr, So nur vom 1.5.–1.11. ab Bhf. Etzelwang mit Linie 499

Höchster Punkt
Kapelle Breitenstein (612 m)

Gehzeiten
Zu den Locher Felsen 0:20 Std. – Teufelsstuhl 0:15 Std. – Steinberg Süd (Felsklamm) 1 Std. – Kühloch (mit Rundweg) 0:35 Std. – Steinberg Hauptwand 0:30 Std. – Kapelle Breitenstein (über Felsengarten) 0:40 Std. – Johanneskapelle 0:30 Std. – Abstieg 0:10 Std. (nicht eingerechnet: Höhlenbesichtigung)

Beste Jahreszeit
Ganzjährig reizvoll (außer bei Schneelage), in den Waldgebieten am Steinberg und Kühlochberg bieten Frühjahr und Spätherbst bessere Sicht auf die Felsgebilde.

Einkehr
Kapellenschänke Breitenstein, Tel. 09665/95 48 13

Karte
ATK25 F11 Auerbach i. d. OPf.

Als gigantische Felsenburg mit kilometerlangen bizarren Abstürzen auf allen Seiten steht der Steinberg bei Königstein unter den Kuppen der Alb einzig da. Das benachbarte Kühloch zählt als steinzeitliche Wohnhöhle zu den ältesten Siedlungsplätzen der Oberpfalz.

Die Wanderung führt von den aussichtsreichen Locher Felsen über Steinberg und Kühloch zum kaum bekannten Felsengarten bei Breitenstein und über die Königsteiner Hausberge Thorstein und Kühberg zurück.

Locher Felsen und Teufelsstuhl Vom Parkplatz wandern wir an der Straße durch Mitteldorf hindurch und biegen ca. 50 m nach Ortsende rechts auf den Felsensteig (Blaustrich) ab, dem wir im ersten Teil der Tour folgen. Er führt uns zum Wald hinüber und dann zu einem Sattel empor.
Hier sollte man nicht versäumen, den malerischen Locher Felsen einen Besuch abzustatten – das fast waldfreie Gelände bietet zu allen Jahreszeiten großartige Blicke. Man geht dazu nach links durch das Eingangstor ❶ (wegen der Weidetiere unbedingt wieder schließen!) und steigt leicht

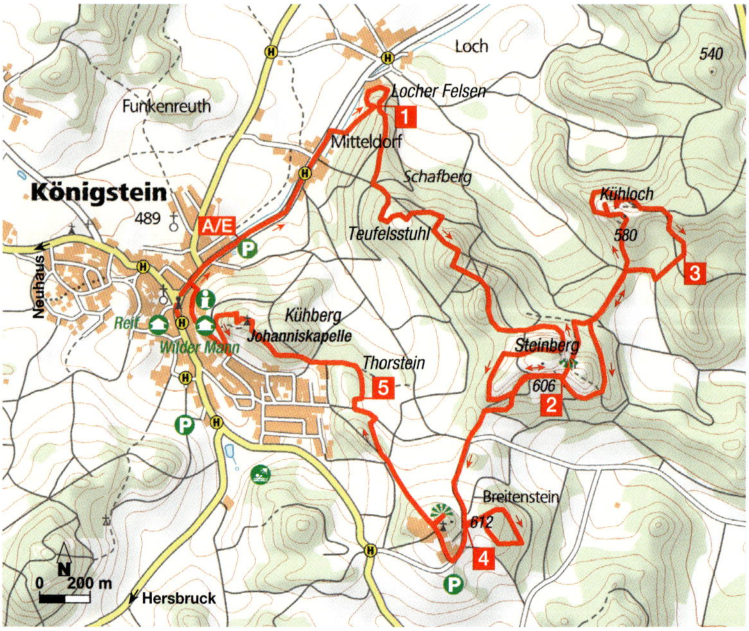

linkshaltend steil zum Gipfel auf: prachtvoll der Blick auf den Ossinger und die Königsteiner Polje. Anschließend kann man das bizarre Massiv auf Steigspuren gegen den Uhrzeigersinn umrunden: Höhepunkte sind ein Felsentor im O, eine tiefe Spalte im N und eine kleine Höhle im W, von der man in steilem Anstieg zum Eingang zurückkehrt.

Besuch der Kapelle Breitenstein

Neben der prachtvollen Lage und Aussicht ist die im 12. Jahrhundert erbaute Kapelle, die einst zur Burg Breitenstein gehörte, auch kunsthistorisch sehr interessant. Sie bildet die einzige erhaltene zweigeschossige Doppelkapelle der Oberpfalz aus der Epoche der Romanik. Die Bausubstanz ist noch weitgehend original, die Innenausstattung stammt teilweise aus dem 18. Jahrhundert.

Von hier geht es mit Blaustrich steil durch Wald empor, bei einer Wegteilung links und dann unter bizarren Überhängen zum breiten Massiv des Teufelsstuhls hinauf.

Felsensteig über den Steinberg Wir überqueren nun eine Senke und gelangen zu einer Verzweigung: Der Felsensteig führt hier rechts steil in Kehren empor zu einem Felsturm, der mit seiner wild gezackten Silhouette begeistert. An bizarren Felsen vorbei geht es weiter bergan, dann über den felsigen Kamm. Bald leitet der Steig nach links zu den Nordabstürzen des Steinbergs hinunter, die mit ihren zerklüfteten Türmen und tiefen Spalten einen der Höhepunkte der Tour bilden.
Bei einem Turm mit auffallendem Gipfelkopf lasse man sich durch Markierungsreste nicht verleiten, nach rechts aufzusteigen: Der Weg führt vielmehr links zum Fuß des Turms hinunter, dann durch malerisches Trümmergelände an einem imposanten Felskessel vorbei und steigt erst am Ende der Felsreihe steil an. Über Kehren gelangen wir, bei einer Gabelung rechtshaltend, auf das Gipfelplateau des Steinbergs. Am anderen Ende geht es durch eine Rinne, dann über Kehren steil hinunter zur West- und Südseite.

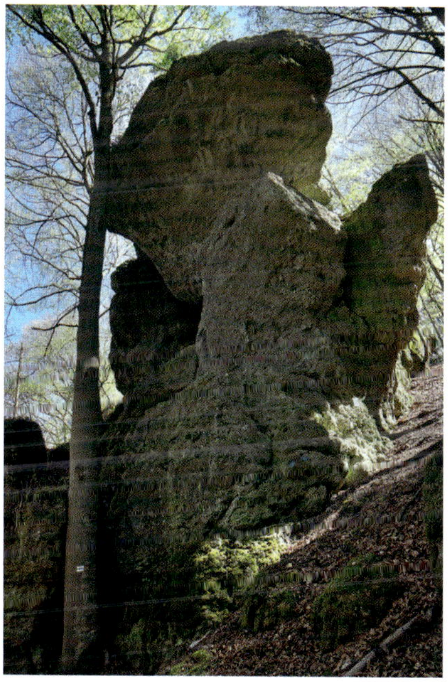

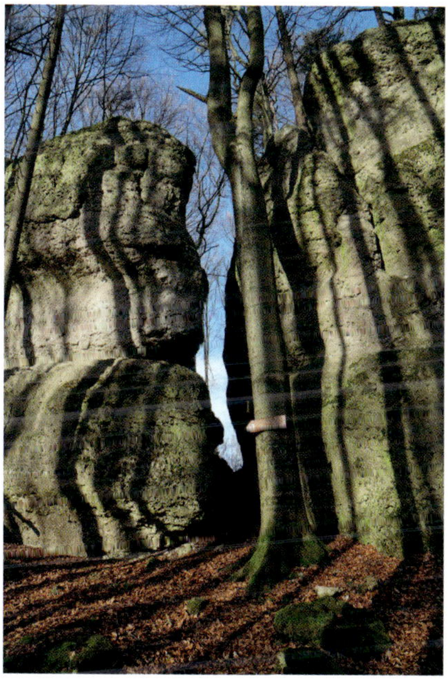

Die Felsenburg des Steinbergs zeigt zahlreiche Naturwunder wie den bizarren Turm im Norden (li.) und den Felsdurchgang im Süden (re.).

Bei einem kleinen Felsturm biegen wir scharf nach links und wandern in stetem Auf und Ab am Fuß der Felskette entlang; eindrucksvolle Überhänge fesseln das Auge. Nach längerer Strecke tritt die Mk. Rotring hinzu. Es folgt ein pittoresker Abschnitt mit Rastbank unter den Felsen und einem Abstieg über Holztreppen, dann stehen wir vor einer packenden Szenerie: Vor uns öffnet sich ein schmaler Durchgang in der Felsfront, so als hätte ein Riese mit dem Beil eine Kerbe geschlagen ❷.

Zum Kühloch Hier verlassen wir den Felsensteig und wandern mit Rotring nach links durch die Schlucht hindurch. Jenseits geht es durch Felsgelände bergab; links die kleine Nördliche Steinberghöhle, die einen Abstecher lohnt. Kurz danach kommt Blaustrich wieder hinzu. Der Weg überquert eine Senke mit Unterstandshütte und führt steil zur Kuppe des Kühlochbergs hinauf, zuletzt nach links an den Felsen entlang.

Dann stehen wir vor einer dreifachen Wegteilung: Um alle Schönheiten kennenzulernen, muss man die markierte Route (die rechts direkt zur Höhle hinabführt) hier verlassen. Zunächst lohnt auf dem mittleren Steig ein Abstecher zum Gipfel; die Aussicht ist zwar beschränkt, dafür beeindruckt der schachtartige obere Eingang des Kühlochs. Danach wählen wir den (aus Sicht des Anmarsches) linken Pfad, der uns steil an Felsen und kleinen Höhlen vorbei bergab führt. Er mündet in den Rotring-Weg, auf dem wir linkshaltend noch ein Stück absteigen.

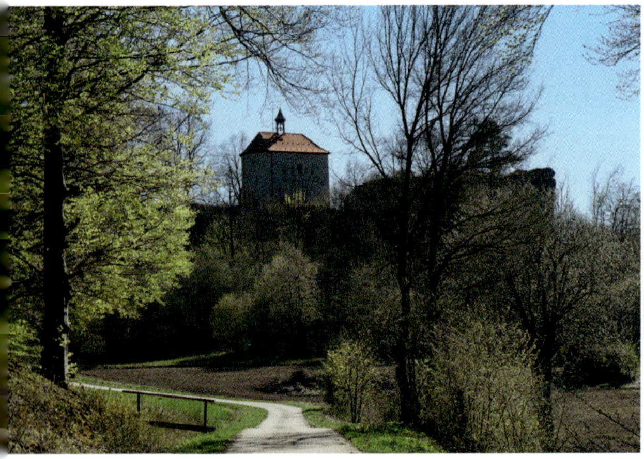

Die Kapelle Breitenstein auf hohem Felssockel dominiert die Landschaft.

Nach einem auffälligen Felsen rechts am Weg biegen wir rechts auf einen Pfad ab und erreichen ein imposantes Massiv mit kleiner Höhle am Fuß und Tunnelhöhle in der Wandmitte. Vom Wandfuß steigen wir etwas ab und biegen dann rechts in den Weg Nr. 20 ein, der unter den Nordabstürzen des Hauptmassivs entlang und dann rechts zum Kühloch emporführt. Über den eindrucksvollen Hauptraum gelangt man in eine quer dazu verlaufende Kluft.

Nach Breitenstein Nach der Besichtigung steigen wir wieder ein Stück ab und folgen dann rechts dem Felsensteig (Blaustrich), der durch malerisches Felsgelände unterhalb der glatten Kühlochwände führt. Bald geht es nach rechts steil bergan, über eine Forststraße hinweg (nicht auf sie einbiegen!) und zur Kammhöhe hinauf. Jenseits folgt ein steiler Abstieg, danach ein ebenes Wegstück, dann treffen wir auf einen begrünten Fahrweg ohne Mk. ❸ Auf ihm geht es nach rechts zu einer Freifläche mit schönem Blick zum Steinberg.

Wir wandern rechtshaltend an ihr entlang und dann in den Wald hinein, wo wir wieder auf den markierten Weg stoßen. Mit Blaustrich und Rotring wandern wir auf bekannter Route, am Unterstand vorbei, nach links, bis wir im Aufstieg zum Steinberg eine Wegteilung erreichen. Hier biegen wir mit Blaustrich links ab und gelangen auf schmalem Steig zur Hauptwand des Steinbergs, die durch ihre mächtigen

Überhänge beeindruckt. Von hier geht es rechts zum bekannten Felsspalt empor.

Wir folgen nun mit Blaustrich der vertrauten Route unter den Südabstürzen, ignorieren die Abzweigung von Rotring und verlassen den Steig erst bei der nächsten Wegteilung: Ein breiter Weg ohne Mk. führt uns links zum Waldrand hinunter. Bald treten wieder Rotring und Nr. 18 hinzu, mit denen wir nach rechts am Waldrand entlang und dann bei der Kreuzung geradeaus auf befestigtem Feldweg zur Kapelle Breitenstein vor uns aufsteigen; wundervoll die Aussicht zum Ossinger und ins Oberpfälzer Bergland.

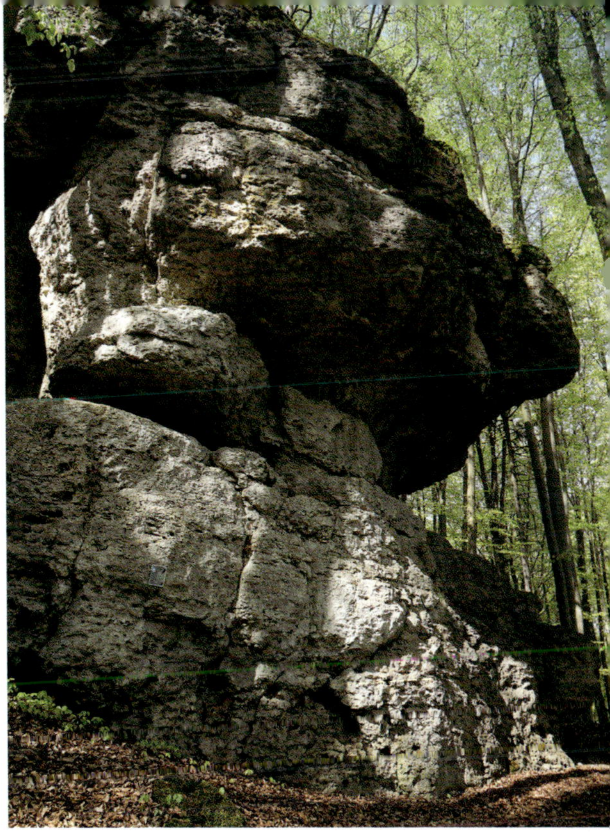

Imposante Überhänge prägen die Felsgruppe des Thorsteins.

Im Breitensteiner Felsengarten Am Ortseingang von Breitenstein ❹ biegen wir mit Nr. 9 und 15 scharf links ab. Mit Nr. 15 nochmals links abzweigend, erreichen wir einen malerischen Felsengarten mit bizarren kleinen Türmen. Wir folgen der Mk. noch ein Stück abwärts bis zur Einmündung in einen breiteren Weg; hier biegen wir scharf rechts auf einen Forstweg ab, der uns, an schönen Felsen vorbei, steil zur Kammhöhe hinauf und nach rechts zum bekannten Weg und zum Ortseingang zurückführt.

Über Thorstein und Johanneskapelle zurück Wir durchqueren den Ort nach S, biegen bei einem Parkplatz scharf rechts ab und wandern zum Fuß der Kapelle Breitenstein (s. Tipp) empor. Mit Rotring, 18 u. a. geht es nun steil bergab; großartig die Blicke zu Steinberg und Ossinger. Bei Einmündung in einen breiteren Weg wandern wir kurz nach links zu einem Sattel, dann rechts über die Wiese zum eindrucksvoll überhängenden Thorstein hinüber. Wir gehen rechts am Massiv entlang und dann zum Waldrand ❺ zurück, wo wir auf die Mk. 17 treffen, die uns an der zerklüfteten Nordseite entlangführt.

Der Felsengarten bei Breitenstein beeindruckt mit originellen Formen.

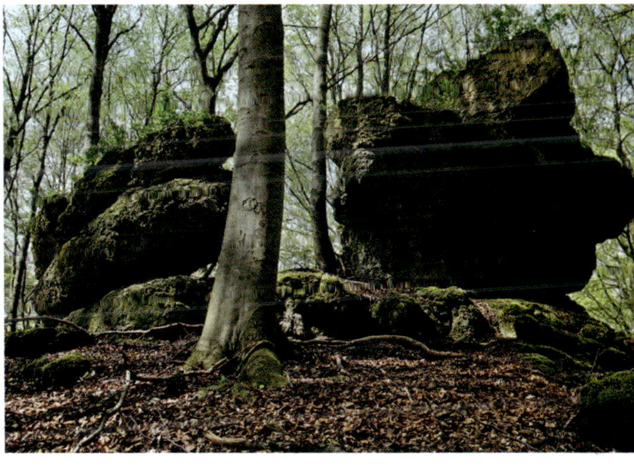

Kurz danach stoßen wir wieder auf Rotring und steigen mit ihm steiler bergauf. Bald geht es am Hang entlang, dann erneut stärker ansteigend durch eine romantische Felsgasse zum Gipfel des Kühbergs mit der Johanneskapelle; nach N bietet sich ein weiter Ausblick. Rotring führt uns nun steil bergab, dann scharf nach rechts über verschiedene Hangwege und über Treppen ins Zentrum von Königstein hinunter. Von hier gelangt man links zum Marktplatz mit der Haltestelle oder rechts über die Gaißacher Straße zum Parkplatz.

28

Felswildnis und Höhlenzauber

Vom Hirtenberg durch die Hartensteiner Oberberge

Mittel 13 km 400 Hm 4:15 Std.

Tourencharakter
Wanderung durch die Kuppenalb zu einem großen Aussichtspunkt, imposanten Felszinnen und großartigen Höhlen. Überwiegend auf guten Wegen, bei den Höhlen anspruchsvollere Passagen durch teils felsiges Steilgelände.

Ausgangs-/Endpunkt
Hartenstein Zentrum (Kirche, 498 m, dort Bus-Hst.). Parkplatz an der Straße Güntersthal (Velden)–Hartenstein auf der linken Seite ca. 200 m unterhalb des Zentrums (GPS: 49.597616, 11.526086)

Anfahrt mit ÖPNV
Mo–Fr und So Busverbindung von Bhf. Hersbruck (r. Pegnitz) mit Linie 440 alle 1–3 Std., Sa auf der Hinfahrt nur Rufbus (am Vortag: 09665/950 44)

Höchster Punkt
Hirtenberg (563 m)

Gehzeiten
Zum Hirtenberg 0:20 Std. – Hainkirche 0:35 Std. – Zimmerberg Ostseite 0:25 Std. – Katzenlöcherwände 1 Std. – Weißenstein 0:20 Std. – Petershöhle 0:40 Std. – Hexenküche 0:35 Std. – Rückweg 0:20 Std. (nicht eingerechnet: Besichtigung der Höhlen)

Beste Jahreszeit
April und Oktober (auch März und November, wegen Fledermausschutz jedoch keine Besichtigung der Petershöhle); im Sommer abseits vom Hirtenberg durch dichte Belaubung beeinträchtigte Sicht

Einkehr
Unterwegs keine

Karte
ATK25 F11 Auerbach i. d. OPf.

Bei Hartenstein erreicht die Kuppenalb ihren östlichen Höhepunkt: Wilde Felszinnen schmücken fast alle Gipfel und die einzigartige Höhlengalerie der Hainkirche, die Petershöhle und die Hexenküche gehören zu den spektakulärsten Naturwundern weit und breit.

Beginnend mit dem Hirtenberg, einem der schönsten Aussichtsgipfel der Frankenalb, durchstreifen wir das wilde Felsland der Hartensteiner Oberberge, dessen eindrucksvollste Naturdenkmäler meist abseits der markierten Wege liegen.

Zum Hirtenberg Im Ortszentrum von Hartenstein gehen wir die Straße Richtung Grünreuth nach SO empor und treffen bald auf die Mk. Nr. 4 zum Hirtenberg. Wenig später führt sie links zum Wald empor; hoch über uns sehen wir das Gipfelkreuz. Es folgt ein sanfter Aufstieg bis zu einer Kehre ❶ mit schönem Tiefblick auf eine zerklüftete Felsgruppe. Hier wendet sich der Weg scharf nach links und führt über Stufen empor, dann über den Rücken zum felsigen Gipfel: prachtvoll die Aussicht auf Ort und Burg Hartenstein und die Bergkämme von Burg Hohenstein bis zum Fichtelgebirge.

Höhlenwunder Hainkirche Zur Kehre zurückgekehrt, biegen wir links auf einen Steig ohne Mk. ab, der erst leicht fallend, dann eben eine felsige

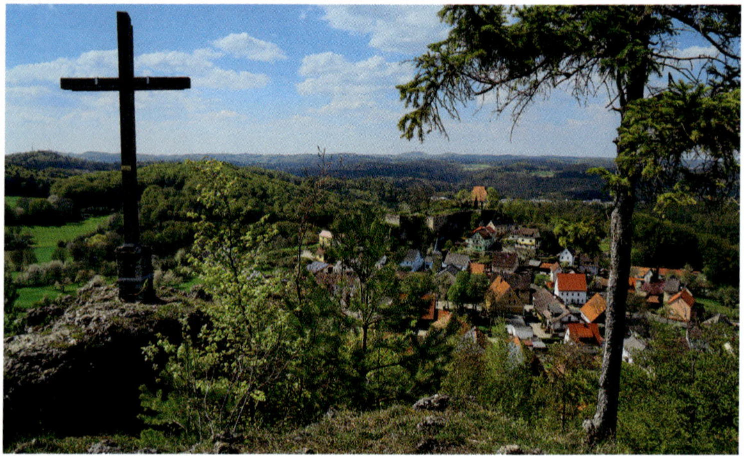

Flanke quert. Bei Einmündung in eine Forststraße halten wir uns links und treffen bald auf Rotpunkt, Grünkreuz und Blaustrich: Sie leiten uns an einigen Kreuzwegstationen entlang, dann nach links, an der imposanten Rabesberger Wand vorbei, steil zur Kapelle Frauenberg hinauf. Nach leichtem Abstieg folgt eine Wegteilung: Wir biegen hier mit mehreren Markierungen rechts ab.

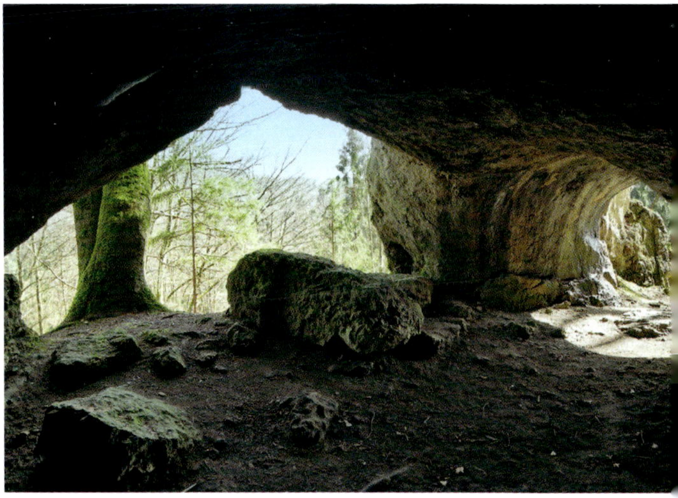

Sieben Eingänge machen die Hainkirche zu einem einzigartigen Karstgebilde.

Schon 10 m später geht es mit Rotpunkt und Nr. 5 noch einmal nach rechts und steiler, zuletzt auf einem Forstweg, in ein Tälchen hinunter. Rechts erblickt man das gewaltige Felsmassiv, in dem sich die Hainkirche verbirgt. Kurz nach zwei Bäumen links und rechts, die jeweils beide Markierungen tragen, finden wir den Aufstiegsweg ❷: Deutliche Pfadspuren führen nach rechts in den Wald, dann linkshaltend durch den Hang und schließlich in Kehren zum Massiv empor.

Zuletzt gelangt man links an der Wand entlang und über einen felsigen Absatz in der Steilflanke (Vorsicht!) in den ersten Höhlenraum. Vor uns tut sich ein einmaliges Gebilde auf: eine 40 m lange Galeriehöhle mit sieben Eingängen, unterteilt durch niedrige Felsbögen, mit Seitenkammern, in denen sich noch Sinterschmuck findet.

Zur Felsenwelt des Zimmerbergs Zum Forstweg zurückgekehrt, steigen wir weiter ab und biegen dann mit Rotpunkt scharf links auf einen Schotterweg ein. Bei der nächsten Wegteilung gehen wir geradeaus, zweigen aber schon 20 m danach rechts auf einen Pfad ohne Mk. ab ❸ und steigen durch eine Schneise steil zu den zerklüfteten Nordwänden des Zimmerbergs auf.

Etwa 20 m unterhalb des Wandfußes finden wir einen ausgetretenen Pfad, der links durch den Hang führt und das Massiv nach O umrundet. Bald folgen die

Linke Seite: Vom Hirtenberg genießt man einen Prachtblick auf Burg Hartenstein und die Kuppen der Alb.

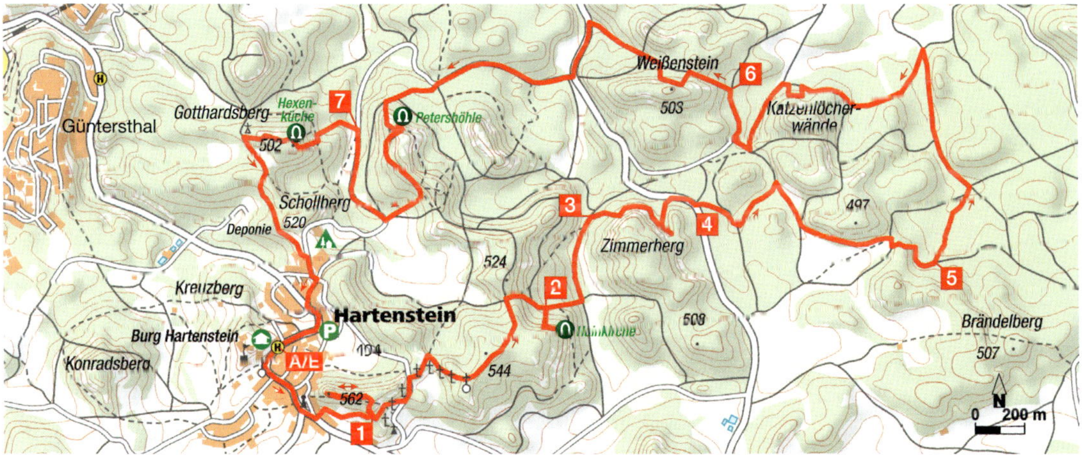

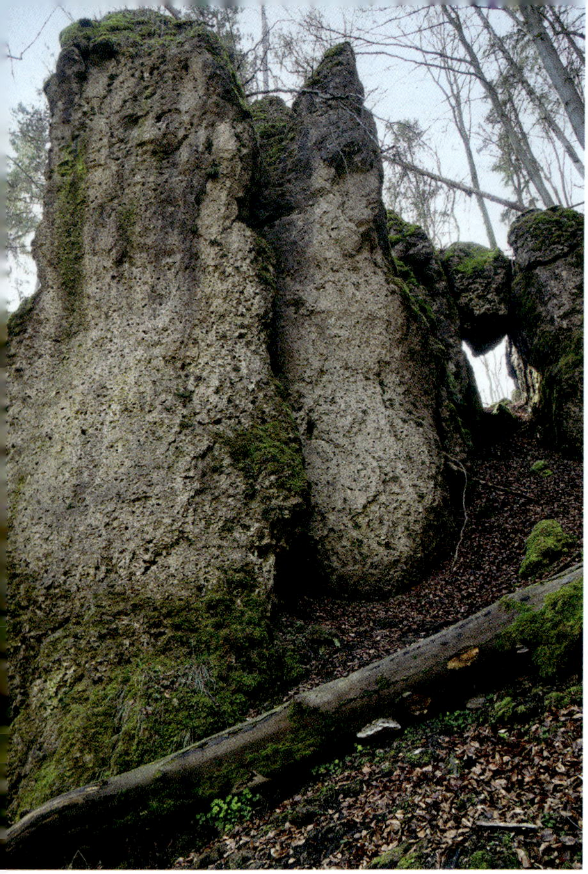

Schaustücke: eine Reihe gewaltiger Felstürme, zwei tonnenschwere Felsblöcke, die zwischen diesen eingeklemmt sind, und eine riesige Spalte im letzten Massiv. Für den Abstieg geht man zum Kessel mit dem ersten Klemmblock zurück und findet dort einen Pfad, der an begrünten Felsen vorbei zu einer geteerten Waldstraße hinabführt.

Katzenlöcher und Weißenstein Wir folgen der Teerstraße kurz nach rechts bis zu einer Kurve, von der zwei Schotterwege abzweigen ❹. Wir wählen den rechten der beiden (Fahrverbotsschild und Schild »Zimmerberg«), der uns, an einem Waldweiher vorbei, leicht bergab führt. Bei einer Wegteilung biegen wir mit der Mk. rotes Andreaskreuz scharf rechts auf einen begrünten Fahrweg ab. Die Mk. leitet uns bald nach links an einer weiten Freifläche entlang, dann durch Wald abwärts.

Bei Einmündung in einen Forstweg verlassen wir die Mk. und biegen nach links auf diesen ein ❺. An der nächsten Kreuzung halten wir uns links und wandern auf einem Forstweg länger geradeaus (nicht mit Rotpunkt abzweigen). Es folgt eine große dreieckige Abzweigung: Hier geht es scharf links auf breitem Weg bergan. Nach einer Kuppe tauchen vor uns die Wände des Katzenlöchergebiets auf. Nach einer Rechtskurve und am Ende eines auffälligen Grünstreifens zweigt links ein Pfad ab, über den wir steil zu einer Wegteilung am Fuß des Massivs aufsteigen.

Blickfang am Zimmerberg sind hohe Türme und tonnenschwere Klemmblöcke.

Nach links führt ein Stichpfad zum eleganten Noristurm empor, in der anderen Richtung erreichen wir den imposanten Felskessel der Bärnhofer Wand. Von hier steigen wir auf gutem Pfad, rechts an einem riesigen Vorblock vorbei, steil zur Forststraße ab. Wir schwenken nach links auf sie ein und folgen ihr stets geradeaus bis zu einer großen Wegteilung. Hier biegen wir rechts auf einen Schotterweg ab, 40 m später (beim Schild »Stadeltenne«) noch einmal rechts auf einen begrünten Weg ohne Mk., der uns nach N sanft bergan führt.

Bizarre Felsen flankieren den Eingang zum Felskessel am Weißenstein.

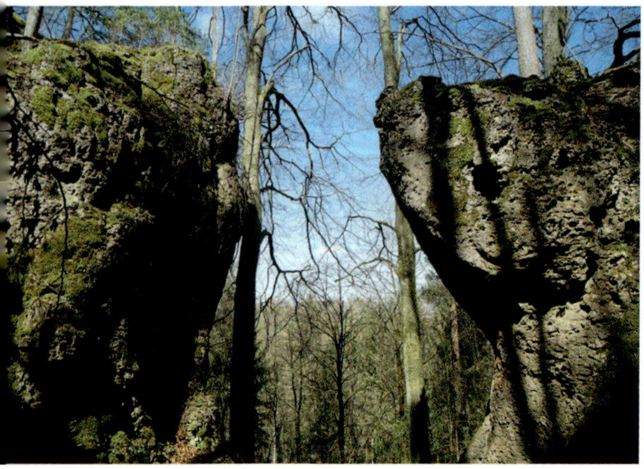

Bei einer großen Fichte mit der seltsamen Aufschrift »Grenze« folgt die nächste Abzweigung ❻. Wir steigen linkshaltend auf einem Forstweg, an bizarren Felstürmen vorbei, zu einer Kuppe empor. Kurz danach führt eine Schneise nach links zum Weißenstein hinüber. Wir wandern rechtshaltend an imposanten Türmen entlang und finden dann linker Hand den steilen Aufstieg in einen gewaltigen Felskessel, der durch seinen von hohen Felsen flankierten Eingang beeindruckt.

Zur Petershöhle Wir steigen vom Kessel in Falllinie den Hang hinab, treffen wieder auf den Forstweg und wandern links ins Tal hinunter; über uns wird die Felskette der Stadeltenne sichtbar. Der Weg mündet in eine schmale Teerstraße, der wir linkshaltend ein Stück folgen. Bald biegen wir rechts auf einen Schotterweg ab, an dem sporadisch die Mk. des Großen Höhlenrundwegs (Bär) erscheint.

Wenig später treten Blaupunkt und Blaustrich hinzu, und mit allen dreien steigen wir nach Querung einer Forststraße auf schmalem Weg zum Massiv der Petershöhle auf, dessen imposante Nordabstürze die Szenerie beherrschen. Zuletzt zweigt links ein Steig ab und führt steil durch den Hang, dann nochmals nach links zu einem Sattel empor, unter dem der Kessel mit dem Höhleneingang liegt. Über felsige Stufen gelangen wir an der linken Flanke zur Höhle hinab. Der Hauptraum und die links abzweigende Obere Etage zählen zu den schönsten Höhlenräumen der Alb.

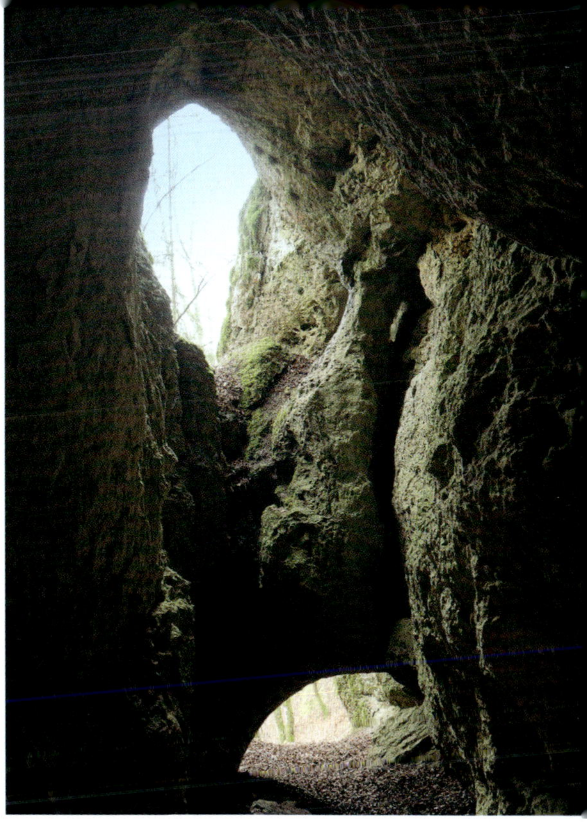

Die Hexenküche zählt zu den formschönsten Durchgangshöhlen der Alb.

Über die Hexenküche zurück Zum Sattel zurückgekehrt, steigen wir wieder ein Stück ab und biegen dann links auf den Blaupunkt-Weg ein. Er führt an bizarren Felsen mit kleinen Höhlen entlang, dann steil nach rechts ins Tal hinab. Dort zweigen wir rechts auf den abwärts führenden Fahrweg ein und folgen ihm, bis linker Hand ein Holzplatz mit kleineren Felsen auftaucht 7. Hier biegen wir links auf einen Forstweg ein, halten uns bei der ersten Verzweigung erneut links, dann rechts.

Wo ein weiterer Forstweg quert, gehen wir nach links, zweigen aber schon nach wenigen Metern rechts auf einen Pfad ab, der steil zum Massiv des Gotthardsbergs hinaufführt. Auf schwachen Pfadspuren gelangen wir in Kehren zu wild zerklüfteten Felsen und nach rechts zum letzten großen Höhepunkt: Wir durchqueren aufsteigend die fantastisch geformte Durchgangshöhle der Gotthardskirche oder Hexenküche. Vom oberen Ende steigen wir links zur Höhe auf und folgen dann einem deutlichen Pfad über den Kamm nach W. Über eine Forststraße gelangen wir zum Grünstrich-Wanderweg hinunter und biegen links auf ihn ein. Wir passieren die Felsen des Schollbergs und erreichen bald den Rand von Hartenstein. Von hier geht es, an der Jugendherberge vorbei, zum Parkplatz hinunter oder noch etwas bergauf zur Haltestelle.

Faszination Petershöhle

Die 1914 entdeckte Petershöhle stellt nicht nur ein großartiges Naturdenkmal dar, sondern auch eine der archäologisch bedeutendsten Höhlen der Frankenalb. Umfangreiche Ausgrabungen brachten nämlich neben Knochen von rund 2000 Höhlenbären auch Steinwerkzeuge der Neandertaler zutage, die sich zumindest vorübergehend in der Höhle aufhielten. Die aus der Lage einiger Bärenschädel abgeleitete Theorie, dass in der Höhle ein »Bärenkult« praktiziert wurde, wird heute von der Forschung weitgehend abgelehnt.

29

Vergessene Welt um die Hohe Zant

Riesentor, Blauberghöhle und Alte Bürg

Mittel | 10,5 km | 425 Hm | 3:30 Std.

Tourencharakter
Route durch ein Bergland mit beachtlichen Gipfelbildungen, imposanten Felsgruppen und großartigen Felsentoren und Höhlen, teils über aussichtsreiche Freiflächen, teils durch Wald. Mehrere größere Anstiege, meist auf guten, teilweise aber recht steilen Wegen.

Ausgangs-/Endpunkt
Eschenfelden (Dorfplatz, 464 m). Mehrere Parkmöglichkeiten (GPS: 49.579551, 11.616702). Von der Bus-Hst. Eschenfelden Rathausstraße ein kurzes Stück zurück in Richtung Hersbruck, dann links zum Dorfplatz

Anfahrt mit ÖPNV
Mo–Fr Busverbindung vom Bhf. Hersbruck (r. Pegnitz) mit Linie 446/498 (nach Königstein) alle 1–3 Std., Sa Nachmittag kein Angebot, So nur vom 1.5.–1.11. ab Bhf. Etzelwang mit Linie 499

Höchster Punkt
Hohe Zant (650 m)

Gehzeiten
Zum Langenstein 0:35 Std. – Holzberg (Riesentor) 0:40 Std. – Blauberghöhle 0:35 Std. – Zant 0:45 Std. – Alte Bürg (mit Abstecher zum Katzenloch) 0:35 Std. – Abstieg 0:20 Std. (nicht eingerechnet: Besichtigung der Höhlen)

Beste Jahreszeit
Ganzjährig reizvoll, in den bewaldeten Felsgebieten bieten Frühjahr und Spätherbst Vorteile.

Einkehr
Zanthütte (nur an den Wochenenden von Mai bis Anf. Oktober), Tel. 09665/327

Karte
ATK25 F11 Auerbach i. d. OPf.

Mit 650 m zweithöchster Gipfel der Frankenalb, erhält die Hohe Zant, obwohl vollständig bewaldet, öfter Besuch. Die größten Attraktionen der Gegend, wie die Felsentore am Holzberg oder die faszinierende Blauberghöhle, sind dagegen nur auf vergessenen Pfaden erreichbar.

Unsere Wanderung durch das malerische, abseits der Waldgebiete aussichtsreiche Bergland östlich von Eschenfelden führt neben den genannten Zielen zu den bizarren Felsgruppen des Langensteins und der Alten Bürg sowie zur kleinen Höhle Katzenloch.

Zum Langenstein In Eschenfelden treffen wir schon am Dorfplatz auf unsere Mk. Nr. 8. Sie leitet uns kurz die Straße nach Edelsfeld entlang, dann rechts zu einer Scheune, wo uns ein alter Ww. (das »Felsentor« liegt längst nicht mehr an der markierten Route) nach links aus dem Ort hinausführt. Bei der nächsten Wegteilung ❶ sind die Markierungen irreführend: Wir ignorieren die Abzweigung nach rechts zur Zant (ebenfalls Nr. 8) und gehen leicht linkshaltend auf dem (anfangs) geteerten Feldweg weiter. Kurz vor einer Kuppe biegen wir mit Nr. 8 rechts auf einen begrünten Fahrweg ab; großartig der Blick auf Eschenfelden und den Ossinger.
Bei Erreichen des Waldrands sehen wir über uns schon die Felsen des Langensteins mit dem Riglashofer Turm. Um zu ihm zu gelangen, stei-

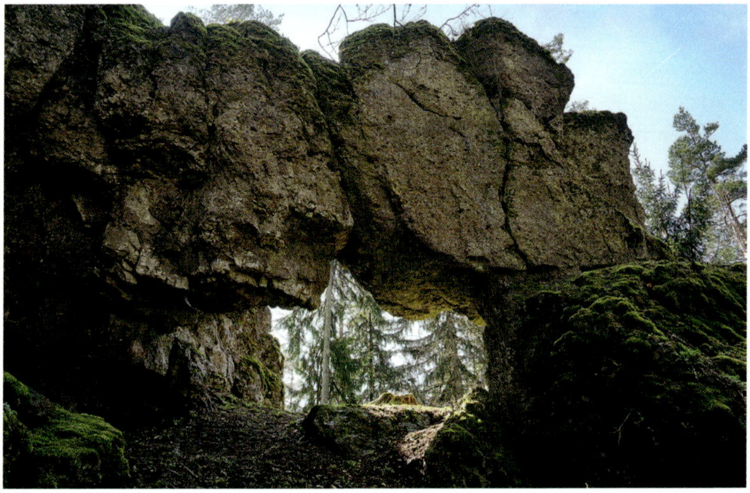

gen wir rechts mit dem Pendolino-Weg ❷ zu einem Sattel (schöne Aussicht) empor, dann bei einem gelben Metallstab scharf rechts auf Pfadspuren steil zum Massiv hinauf und, unter bizarren Felsen entlang, durch eine steile Rinne zum Kamm und über ihn zum Turm. Über die Rinne vor ihm kann man mit einiger Vorsicht zur eindrucksvollen Talwand absteigen. Von hier gelangen wir am Massiv entlang auf Pfadspuren zurück zum Sattel und auf bekannter Route zum Weg Nr. 8 hinab.

Geotop Holzberg Mit Nr. 8 geht es nun am Waldrand entlang, bei der nächsten Wegteilung geradeaus zu einem Sattel, dann abwärts in ein Tälchen. Bei einer Wegkreuzung verlassen wir die Nr. 8 und wandern geradeaus auf das Dörfchen Riglashof zu. Kurz vor dem Ort biegen wir bei einem Trafohäuschen scharf rechts auf einen Feldweg ohne Mk. ein ❸, der uns zu den Hängen des Holzbergs hinaufführt.

Wir folgen rechtshaltend noch ein Stück dem Waldrand, biegen dann nach links in den Wald hinein und gelangen, bei Verzweigungen immer linkshaltend, zuletzt steil zur felsigen Gipfelzone hinauf. Nach einem Sattel geht der Fahrweg in einen Steig über, auf dem wir nach links über Stufen mit Seilsicherung die Gnockhütte (Privatbesitz: Bitte respektieren Sie die Privatsphäre der Eigentümer!) erreichen. Von hier müssen wir nur noch linkshaltend die Gipfelfelsen umrunden, dann stehen wir staunend vor dem gewaltigen Riesentor; auch seine Nordseite bietet malerische Ansichten und einen schönen Rastplatz.

Nach der Rast gehen wir wieder die Stufen bei der Hütte hinab, aber dann nicht nach rechts zum Fahrweg, sondern folgen geradeaus einem Steig ohne Mk., der durch das kleine Felsentor der Haustüre hindurchführt. Der Weiterweg ist nicht zu

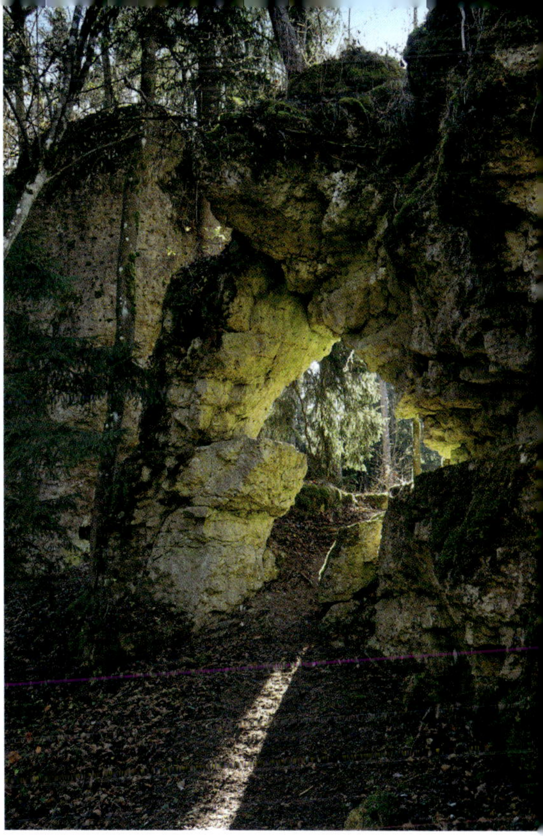

Das Felsentor der Haustüre bildet einen malerischen Durchgang.

Linke Seite: Das Riesentor am Holzberg beeindruckt nicht nur durch seine Dimensionen.

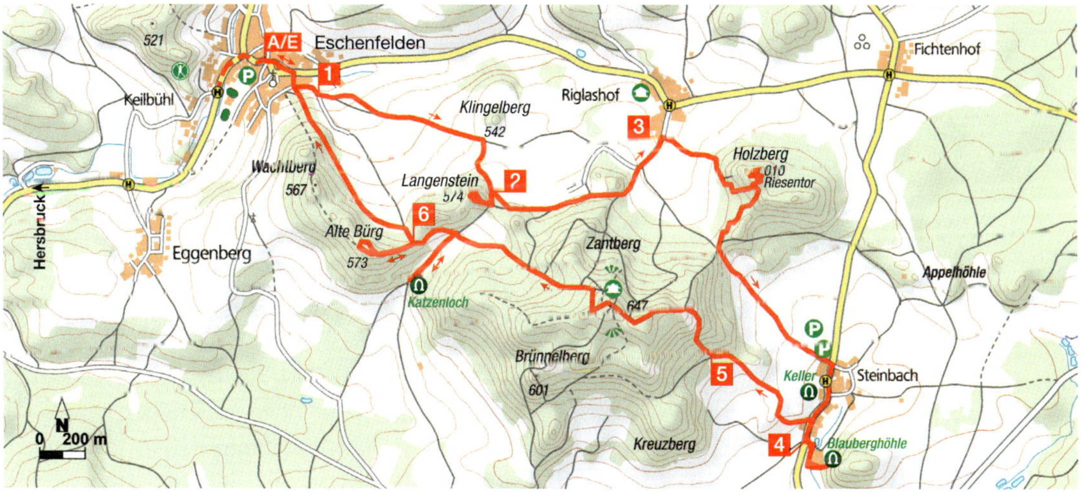

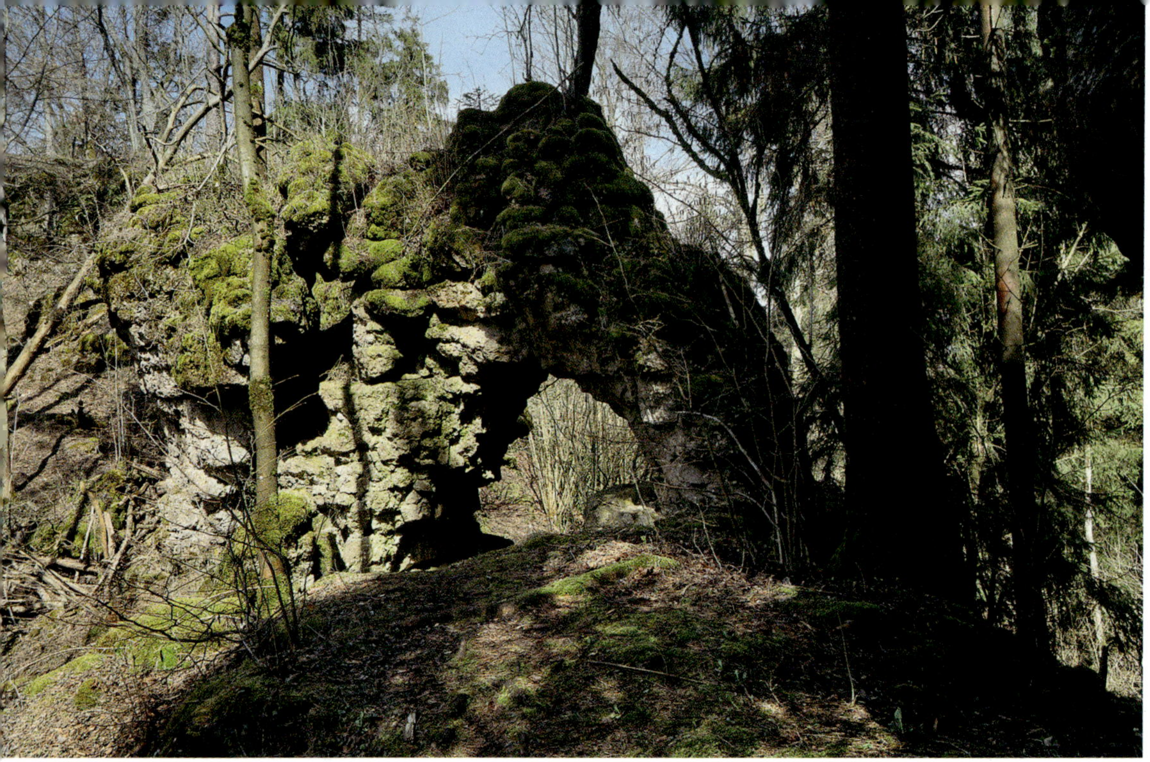

Der vergessene Pfad über den Holzberg führt durch die Haustüre hindurch.

verfehlen: Der Pfad führt an bizarren Felsen entlang, dann steiler durch Wald bergab, schließlich wieder über den Kamm zu einem Sattel mit prachtvoller Aussicht zum Ossinger und ins Sulzbacher Bergland.

Zur Blauberghöhle Vom Sattel wandern wir nach links mit Blauring auf breitem Fahrweg in den Ort Steinbach hinab, dann nach rechts auf der Dorfstraße zum südlichen Ortsrand. Etwa 50 m vor dem Ortsendeschild biegen wir links ab ❹, kurz danach rechts und wandern auf geteertem Weg vor dem Mühlengelände vorbei zum Waldrand. Am Hang über uns sehen wir bereits den Eingang der Blauberghöhle und steigen weglos schräg links zu ihr auf. Uns erwartet ein eindrucksvoller Raum mit leichtem Sinterschmuck, unterteilt von großen Felsbögen; über einen engen Gang kann man tiefer in den Berg vordringen.

Der alte Weg zur Hohen Zant Zur Dorfstraße zurückgekehrt, gehen wir wieder ein Stück in den Ort hinein und zweigen dann links auf den Weg Nr. 8 ab. Ein Feldweg führt uns über Wiesen empor; malerisch der Blick auf Zant und Holzberg und zurück ins Sulzbacher Bergland. Am Waldrand treffen wir auf eine Wegteilung ❺: Hier verlassen wir die Mk. und biegen rechts auf den alten, landschaftlich schöneren Aufstieg zur Zant ein (alte Mk. Blaustrich).

Er führt uns steil zu einem markanten Felsmassiv und rechts an ihm entlang über z. T. noch erkennbare Kehren zu einem Sattel empor. Nun geht es links durch ein Felsentälchen aufwärts, dann nach rechts unter zwei Felsköpfen entlang, zuletzt in einem Linksbogen (deutlich sichtbare Mk.) zur Kammhöhe. Hier treffen wir auf einen breiteren Wanderweg, auf dem wir linkshaltend den Gipfel mit der im Sommer bewirtschafteten Hütte erreichen.

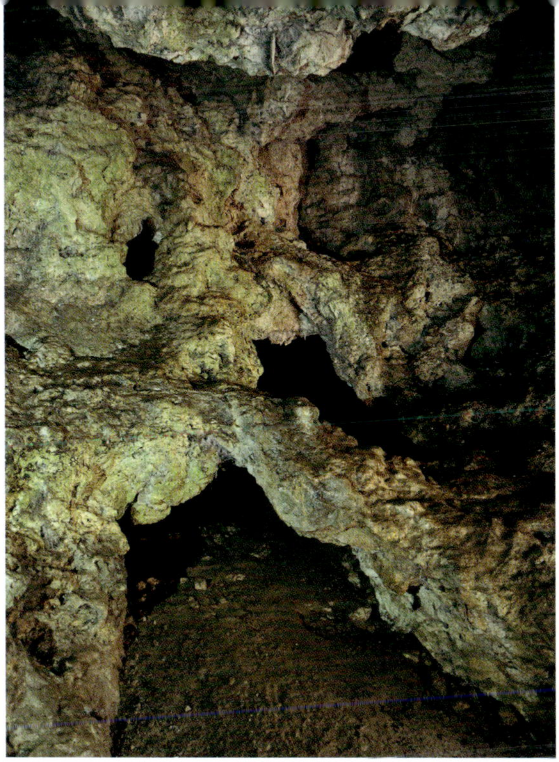 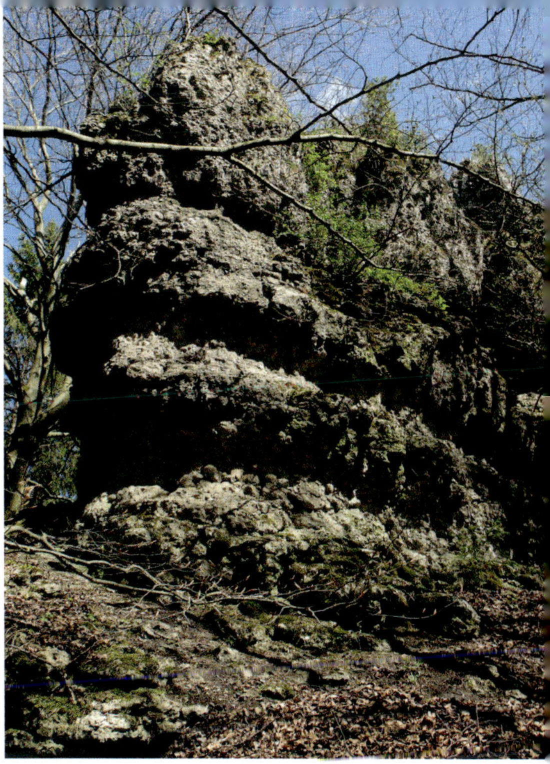

In der Blauberghöhle faszinieren die bogenförmigen Zwischendecken (li.), auf der Alten Bürg die geschichteten Felsen oberhalb der ehemaligen Burg (re.).

Über das Katzenloch zur Alten Bürg Unser Abstiegsweg führt uns mit Nr. 8, Grünkreuz u. a. zunächst nach W über den Kamm, dann steiler durch die Nordflanke, zuletzt auf breitem Fahrweg zur freien Senke des Katzenlochs. Um die Namensgebung zu ergründen, biegen wir bei der großen Wegteilung mit Grünkreuz und Nr. 7 nach links ab. Wir folgen dem Weg abwärts bis zum Ende des großen Ackers auf der linken Seite, zweigen dann links ab und steigen am anderen Ackerrand wieder etwas empor: Schon stehen wir vor der pittoresken kleinen Spalthöhle des Katzenlochs.

Zur Wegteilung zurückgekehrt, wandern wir mit Nr. 8 u. a. in Richtung Eschenfelden bis zu einer Kuppe empor. Hier treffen wir auf eine vierfache Wegteilung ❻: Wir wählen den zweiten Weg von links, der zunächst als Fahrweg den Hang emporführt. Nach kurzer Strecke wechseln wir linkshaltend auf deutliche Pfadspuren über, auf denen wir am Grat schnell an Höhe gewinnen. Bald taucht das zerklüftete Felsmassiv der Alten Bürg auf, das einst eine bedeutende Wehranlage aufwies, von der nur Spuren erhalten sind.

Von hier konnte man früher über den Wachtbergkamm nach Eschenfelden gelangen, doch ist dieser Weg zugewachsen und praktisch unpassierbar. Es empfiehlt sich daher, das Felsmassiv über die Nordseite zu umrunden; am Ostende gelangt man so rechtshaltend wieder auf den Anstiegsweg und zur großen Wegteilung hinab.

Der Rückweg ist nicht mehr weit: Wir zweigen mit allen Markierungen nach links vom Forstweg ab, wandern am Waldrand mit schönem Blick zum Ossinger, dann durch Wald bergab. Nach leichtem Gegenanstieg geht es immer geradeaus (nicht mit Forstweg nach links!) abwärts, dann steiler hinunter zu der vom Aufstieg bekannten Scheune und zurück ins Ortszentrum.

30 Felszinnen über der Pegnitz

Falkenberg, Wacht und Düsselbacher Wand

Mittel | 11,5 km | 297/300 Hm | 3:45 Std.

Tourencharakter
Streckenwanderung zu einigen der spektakulärsten Aussichtspunkte und imposantesten Felsgruppen der Pegnitzalb. Überwiegend auf guten Wegen mit mäßiger Steigung, nur von der Kl. Wacht steiler, aber seilgesicherter Abstieg.

Ausgangspunkt
Hst. Artelshofen, Zum Pechwirt (361 m). Hierher vom Bhf. Hersbruck r. Pegnitz (Park-and-Ride) mit Buslinie 440 Mo–Fr und So alle 2–3 Std., Sa nur Rufbus (Vortag: 09665/950 44)

Endpunkt
Hst. Eschenbach-Mitte (358 m). Von hier mit Bus 446 zurück nach Hersbruck (Mo–Fr 14:27, 16:27 und 18:27), So mit Linie 440 (derzeit um 14:45 oder 17:45); Sa 0:20 Std. weiter mit Grünstrich zum Bhf. Hohenstadt.

Anfahrt
Mit Zug oder Kfz. zum Bhf. Hersbruck r. Pegnitz, weiter mit Bussen wie beschrieben

Höchster Punkt
Bei der Sattelbodenhütte (545 m)

Gehzeiten
Zum Falkenberg 0:25 Std. – Gr. Wacht 1:05 Std. – Kl. Wacht 0:20 Std. – Vorra 0:15 Std. – Düsselbacher Wand 0:40 Std. – Eschenbacher Geißkirche 0:40 Std. – Eschenbach 0:20 Std.

Beste Jahreszeit
Ganzjährig reizvoll (außer bei Schnee), bes. schön im Herbst

Einkehr
Pizzeria Toni oder Café Inselblick in Vorra

Karte
ATK25 F11 Auerbach i. d. OPf.

Hohe Felsriffe schmücken die Hänge des Pegnitztals zwischen Artelshofen und Eschenbach. »Dort oben muss es wunderschön sein«, denkt der Zugreisende im Tal. Der Wanderer kann dies nur bestätigen und, oft abseits markierter Wege, Stille und atemberaubende Tiefblicke genießen.

Unsere Tour führt von der Aussichtskanzel des Falkenbergs über die Felsburg der Großen Wacht zur Kleinen Wacht, einem vergessenen Wanderziel mit grandiosem Blick und einmaliger Felskulisse. Nicht minder spektakulär ist die Szenerie auf der Düsselbacher Wand. Über die aussichtsreiche Eschenbacher Geißkirche steigen wir wieder ins Tal ab.

Zum Falkenberg In Artelshofen gehen wir, mit Blick auf das schmucke Ensemble aus Fachwerkhäusern und Schloss, von der Haltestelle ein Stück nach N und biegen dann rechts in den Meinfelder Weg ein. Mit 3, Rot- und Grünkreuz steigen wir erst auf breitem Fahrweg, dann links auf einen Steig abzweigend empor zum Falkenberghaus des Alpenvereins. Die Markierungen begleiten uns bis zur nächsten Hangstufe ❶, dann biegen wir links ab und wandern 100 m eben am Hang dahin, bis eine Schneise nach rechts den steilen Aufstieg zum felsigen Bergkamm ermöglicht. Über ihn erreichen wir linkshaltend die vorderste Felsspitze des Falkenbergs: atemberaubend der Tiefblick auf Artelshofen und die Fernsicht bis zur Burg Hohenstein.

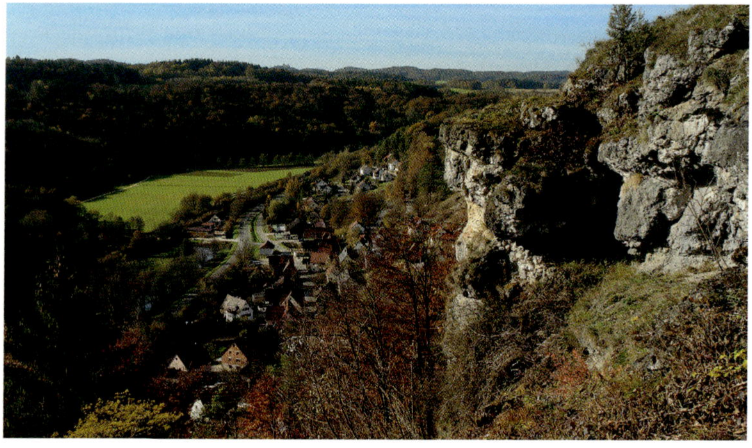

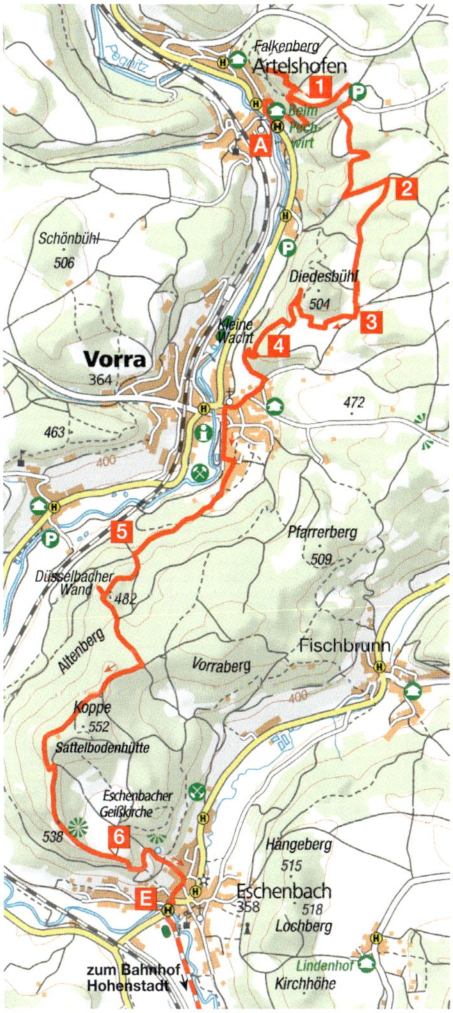

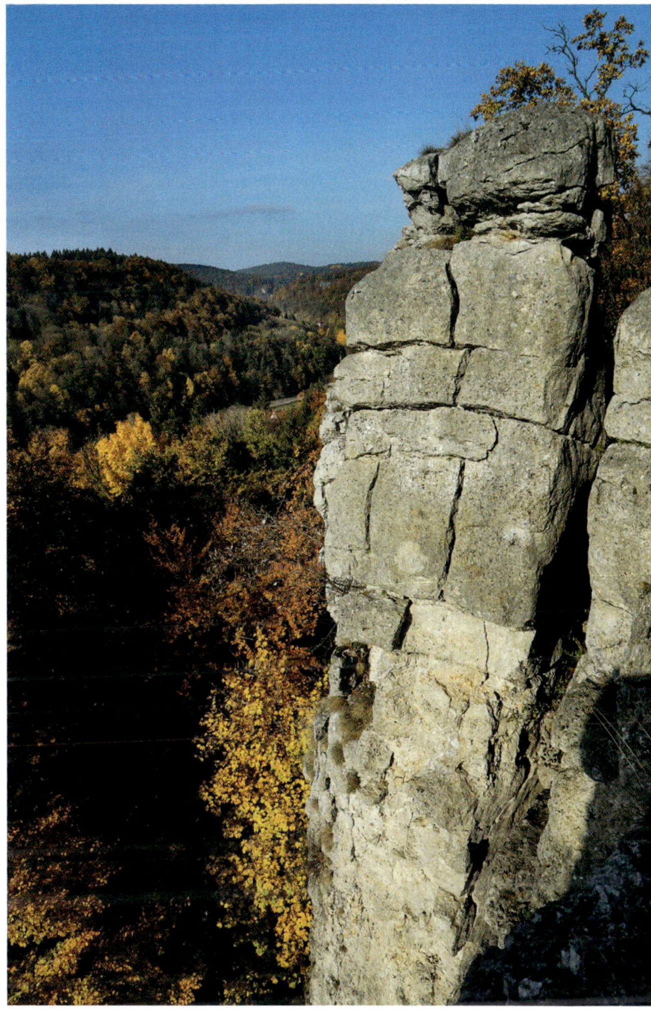

Auf der Kleinen Wacht bietet sich ein Prachtblick auf den Hauptturm und zurück zum Falkenberg.

Zur Großen Wacht Zum Falkenberghaus zurückgekehrt, wählen wir nun den breiten Fahrweg, der uns zum Rand der Hochfläche hinauf und dann in weitem Rechtsbogen abwärts führt. Bei Eintritt in den Wald (gegenüber dem Schild »14 % Gefälle«) biegen wir mit Nr. 3 links ab. Der breite Weg führt an einer Wiese entlang, dann in einer Rechtskehre in den Wald hinein. Bei einer Wegteilung zweigen wir mit Grünstrich links ab und wandern an einer umzäunten Wiese bergauf. 80 m nach ihrem Ende biegen wir spitzwinklig rechts auf einen Forstweg ohne Mk. ein ❷, der sanft bergab führt.

Bei Erreichen einer Waldwiese (mit Scheune) halten wir uns links und steigen an ihrem Rand empor, zuletzt an einem großen Holzlager vorbei. Kurz darauf vereinigt sich unser Schotterweg mit einem von links kommenden Weg. 50 m danach ❸ biegen wir rechts auf einen begrünten Weg ab und wandern am Waldrand entlang; ein Feld zwingt zu einem kleinen Bogen, dann kehren wir zum Waldrand zurück. Der Fahrweg geht zuletzt in einen breiten Fußweg über, der in den Wald hinein und direkt zum formenreichen Massiv der Großen Wacht führt: Spalten, eine Halbhöhle

Linke Seite: Vom Falkenberg blickt man auf Artelshofen und zur Burg Hohenstein.

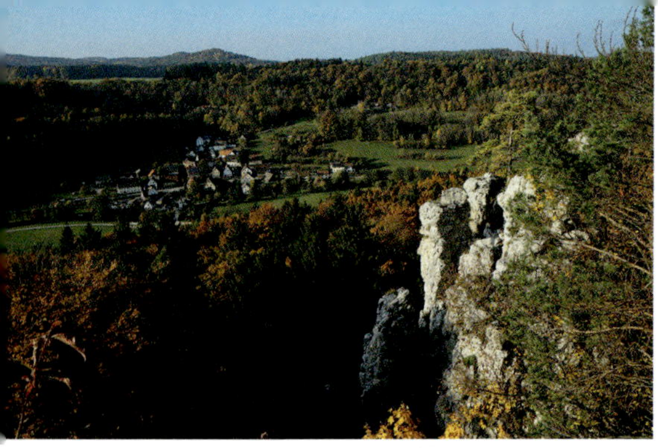

mit Strudellöchern und eine kreisrunde kleine Höhle am linken Ende fesseln das Auge.

Über die Kleine Wacht nach Vorra Zum Südende des Massivs zurückgekehrt, stoßen wir auf Reste der alten Grünpunkt-Mk. und wandern mit ihr, an bemoosten Blöcken vorbei, leicht abwärts. Bald geht der Pfad in einen Fahrweg über, dem wir aber nur etwa 40 m folgen. Links an einer Kiefer sehen wir die Grünpunkt-Mk., etwa 10 m später biegen wir vor einem begrünten Felsklotz schräg rechts in den Hang ab und wandern bergab, indem wir auf die Waldwiese vor uns zusteuern.

Am Gipfelkreuz der Düsselbacher Wand findet man einen malerischen Rastplatz.

Ein Gewirr aus Türmen prägt die Szenerie auf der Düsselbacher Wand.

Noch vor der Wiese steigen wir in einer Rechtskehre weiter ab und treffen wieder auf die Mk. Ein deutlicher Pfad führt uns nun unterhalb der Wiese entlang, dann am Gegenhang empor. Zuletzt mündet er in einen breiten Weg, auf dem wir, der Hangkante folgend, zum Gipfel der Kleinen Wacht gelangen. Schon hier bietet sich ein schöner Ausblick, der sich aber noch steigern lässt: Bei der Ruhebank wählen wir den Pfad, der nach S an der Felskante entlangführt. Bei der ersten Wegteilung sollte man unbedingt rechts zu einer Felskanzel hinabsteigen: Ein großartiger Blick über den gewaltigen Turm ins Tal und hinaus bis zum Falkenberg erwartet uns.

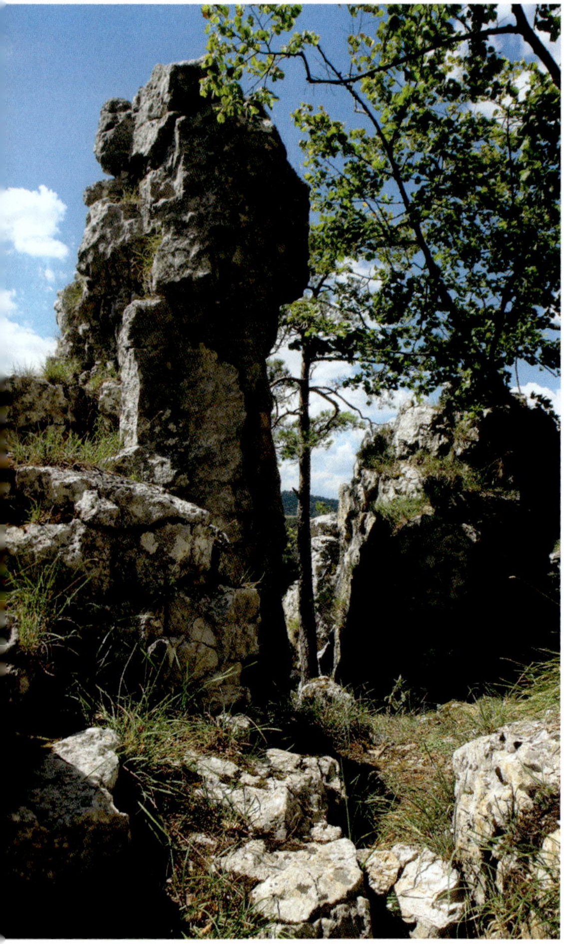

Wir folgen nun weiter dem Hauptpfad nach S und steigen über eine kleine Senke ❹ zum Südgipfel des Massivs hinauf, der mit einem Prachtblick auf Vorra aufwartet. Von hier gehen wir nur bis zur Senke zurück und biegen dort rechts auf einen Steig ab, der uns an einem Maschendrahtzaun entlang über mehrere durch Seile entschärfte Steilstufen bergab führt. Im Rechtsbogen gelangen wir schließlich, zuletzt über Stufen aufsteigend, zum zentralen Felskessel der Kleinen Wacht. V. a. der abgesprengte Hauptturm bietet einen einmaligen Anblick.

Wir gehen nun am Massiv ein Stück zurück und finden rechts den Abstiegsweg, der uns über Stufen zu einem breiten Hangweg hinabbringt. Wir folgen diesem nach links und gelangen schließlich rechtshaltend auf geteertem Weg ins Zentrum von Vorra.

Zur Düsselbacher Wand Gegenüber der Kirche biegen wir links in den Fischbrunner Weg ein und wandern immer geradeaus (die etwas irreführende Wegetafel bei einer Abzweigung ignorierend) am Schlossgelände entlang. Nach dem Schulgebäude geht es mit Grünstrich u. a. links bergauf und dann rechts (Ww.

»Eschenbach«) zum Waldrand empor; prachtvoll der Blick zurück auf Vorra und Kleine Wacht.

Nach längerer Hangquerung im Wald teilt sich der Weg ❺: Wir biegen mit Rotring scharf links ab, steigen steil neben einem Graben empor und erreichen rechtshaltend, am Massiv des Lochfels vorbei, die Anhöhe. Hier führt ein Stichweg nach rechts zur Düsselbacher Wand.

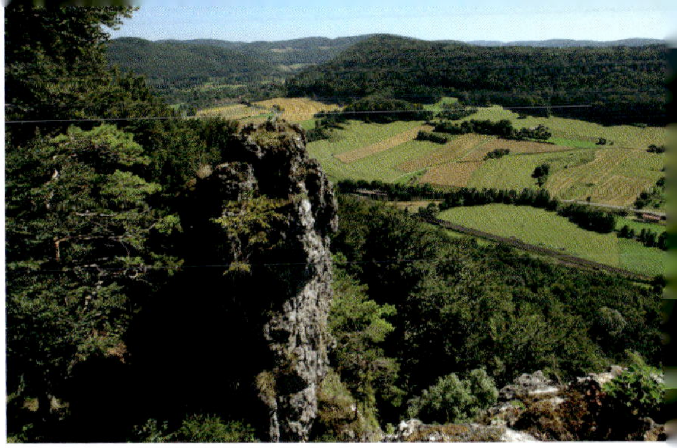

Die Eschenbacher Geißkirche ist eine grandiose Aussichtswarte über der Pegnitz.

Wer schwindelfrei ist, sollte sich nicht mit der Aussicht bei der Bank zufriedengeben, sondern bis zur vordersten Felskante vorgehen und dann nach links zum Gipfelkreuz: Der Blick über die wild gezackten Felstürme ins Tal gehört zu den spektakulärsten der Alb. Trittsichere sollten rechts des ersten Felskopfs ein Stück am Hang hinab und dann linkshaltend über einen schmalen Durchgang in die Gipfelzone aufsteigen: Ein wildes Felsenreich aus zahlreichen Türmen erwartet uns.

Über die Geißkirche nach Eschenbach Mit Rotring wandern wir nun im Linksbogen weiter bergan. Kurz nach Überschreiten der Kammhöhe biegen wir scharf rechts ab und erreichen, bei weiteren Verzweigungen immer rechtshaltend, aufsteigend eine schöne Felsenburg und die private Sattelbodenhütte. Nun führt uns Rotring in eine Senke hinunter und danach, erst links, dann rechts abzweigend, auf eine Kuppe. Von hier erreichen wir über den Kamm die Eschenbacher Geißkirche mit der Charlottenruhe: faszinierend die Aussicht über einen schlanken Felsturm hinweg auf das untere Pegnitztal.

Ein Stichweg führt nach links zum Rotring-Weg zurück, der zuerst als steiler Pfad, dann, nach Einmündung in einen Fahrweg ❻, sanfter talwärts führt, zuletzt am Wengleinpark vorbei. Am Dorfeingang halten wir uns mit allen Markierungen rechts, gehen wenig später aber ohne Mk. auf dem Schotterweg geradeaus weiter und kommen so direkt zur Haltestelle, wo uns der Bus nach Hersbruck zurückbringt.

Hinweis In der beschriebenen Form, d. h. ohne längere Anmarschwege und unter Benutzung verschiedener Buslinien für Hin- und Rückfahrt, lässt sich die Wanderung am besten ganz mit öffentlichen Verkehrsmitteln durchführen oder wenn man das Auto auf den günstigen Plätzen am Bhf. Hersbruck r. Pegnitz parkt. Wer nur eine Strecke mit ÖPNV fahren will, parkt am Bhf. Hohenstadt (GPS: 49.517336, 11.491828), fährt mit der Bahn bis Bhf. Vorra (stündlich) und gelangt mit Gelbstrich nach N in 20 Min. zum Startpunkt. Beim Rückweg muss man dann von der Hst. in Eschenbach mit Grünstrich (über die Pegnitz hinüber, dann links) etwa 20 Min. bis Bhf. Hohenstadt weitergehen.

Mein Erlebnistipp

Bei rechtzeitigem Aufbruch lässt sich die Wanderung gut mit einem Besuch des Wengleinparks verbinden: Am besten biegt man im Abstieg nach Eschenbach gleich bei Wegpunkt 6 links auf den Wengleinweg ein. Das frei zugängliche Naturschutzgelände präsentiert die einzelnen Landschaftsformen und Lebensräume der Hersbrucker Alb wie die Orchideenwiese, den felsigen Schluchtwald, den feuchten »Salamanderwald« und den als Weide genutzten Hutanger. Informative Schautafeln erläutern Landschaftsgeschichte, Fauna und Flora. Näheres unter www.naturschutzzentrum-wengleinpark.de.

31

Felsige Höhen und schaurige Abgründe

Hirschbacher Höhlenweg, Pumperloch und Hammertor

Mittel | 17 km | 680 Hm | 5:15 Std.

Tourencharakter
Mittelschwere Tour mit vielen Auf- und Abstiegen zu zahlreichen Höhlen ganz unterschiedlichen Charakters, imposanten Felsentoren und einer großartigen Schachthöhle. Überwiegend auf schmalen, oft sehr steilen Steigen, im Schlussteil kurze weglose Passagen.

Ausgangs-/Endpunkt
Hirschbach, Ortszentrum (Dorfplatz/Alte Dorfstraße, 379 m). Bus-Hst. und mehrere Parkmöglichkeiten an der parallel rechts oberhalb der heutigen Durchfahrtsstraße verlaufenden Straße (GPS: 49.555897, 11.539361)

Anfahrt mit ÖPNV
Mo–Fr Busverbindung vom Bhf. Hersbruck (r. Pegnitz) mit Linie 446/498 alle 1–3 Std., Sa Nachmittag keine Fahrten, So nur vom 1.5.–1.11. ab Bhf. Etzelwang mit Linie 499

Höchster Punkt
Spalthöhle (Nr. 7, 560 m)

Gehzeiten
Zur Cäciliengrotte 0:35 Std. – Schloßberg 1 Std. – Dürrnberg 0:35 Std. – Starenfels 0:30 Std. – Pumperloch 0:30 Std. – Habichtfeld 1:15 Std. – Hammertor 0:25 Std. – Abstieg 0:25 Std. (nicht eingerechnet: Besichtigung der Höhlen)

Beste Jahreszeit
Ganzjährig reizvoll (außer bei Schneelage), in den bewaldeten Felsgebieten bieten Frühjahr und Spätherbst Vorteile.

Einkehr
Gasthöfe nur in Hirschbach

Karte
ATK25 F11 Auerbach i. d. OPf.

Anders als die Klettersteige im Westen bildet das Bergland östlich von Hirschbach ein stilles Wanderrevier. Dies gilt schon für den Ostteil des großartigen Höhlenwegs, völlig abseits aller Routen verbergen sich Naturwunder wie Pumperloch, Habichtfeld und Hammertor.

18 (nummerierte) Höhlen berührt der Höhlenweg auf unserer Tour, darunter die gewaltige Cäciliengrotte. Ebenso spektakulär sind jedoch die versteckten Karstgebilde wie der schaurig tiefe Schacht des Pumperlochs oder der riesige Bogen des Hammertors.

Zur Cäciliengrotte Vom Ortszentrum gehen wir kurz nach W zurück und biegen dann links in die Straße Am Schmiedberg ein. Hier treffen wir auf die Nr. 3 des Höhlenwegs, dem wir nun längere Zeit folgen. Er leitet uns zum Waldrand empor, links an ihm entlang, biegt kurz nach einer Doppelgarage scharf rechts ab und führt zügig bergan. Nach einer Steilstufe zweigt rechts ein Pfad ab ❶, der in Kehren zur flachen Halle der Schmiedberghöhle (1) hinaufführt. Ein zweiter Kehrenweg bringt uns

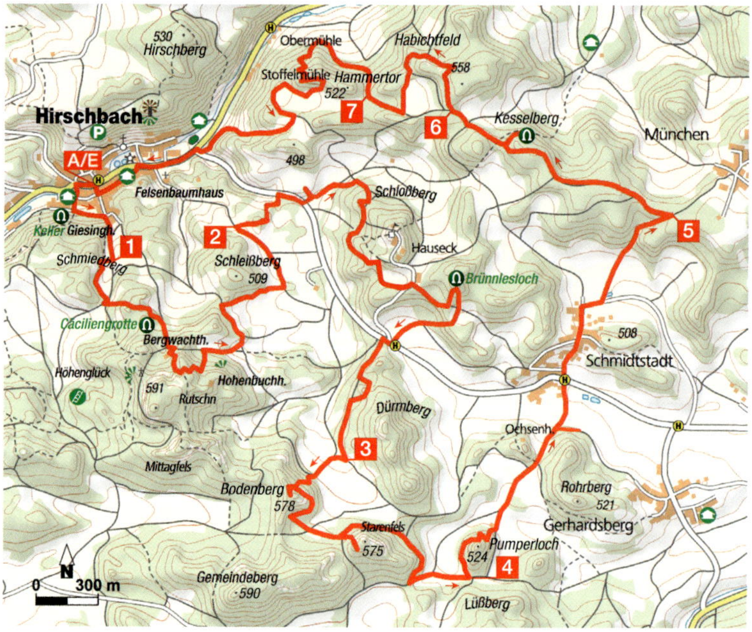

zur Hauptroute zurück; auf ihr geht es nach rechts zu einem Sattel mit schöner Aussicht hinauf.
Hier biegen wir links ab und steigen mit Nr. 3 steil zum Fuß eines Felsmassivs auf. Über Stufen und gebückt unter einem Block hindurch erreichen wir die kleine Meeresstrudelhöhle (2) mit malerischen Auswaschungen. Der Höhlenweg führt uns nun von ihrem Vorraum über Felsstufen empor, über einen Sattel, dann abwärts durch ein Tälchen, zuletzt an einer flachen Höhle (3) und einer Felsflucht entlang zum gewaltigen Tor der Cäciliengrotte (4). Vom Vorraum gelangt man über einen Felsriegel in die Haupthalle und kann dabei die Pracht der Höhle mit ihren pittoresken Deckendurchbrüchen genießen.

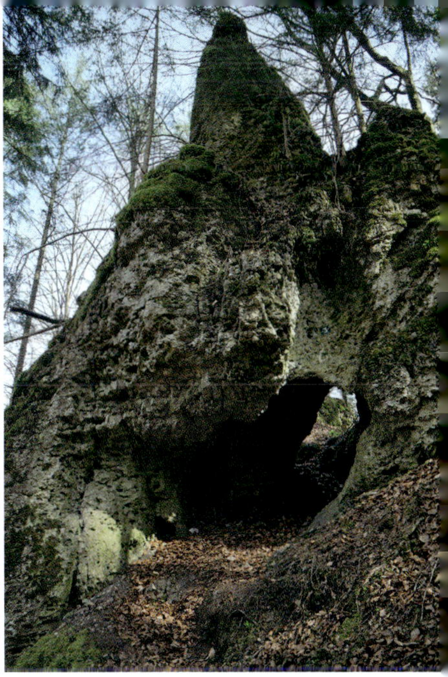

Der Höhlenweg führt durch mehrere Felsentore hindurch (hier Nr. 6).

Zum Schloßberg Nr. 3 quert nun den Hang, vereinigt sich mit anderen Wegen und leitet nach rechts steil zum massigen Turm des Prellsteins hinauf. Oberhalb halten wir uns scharf rechts, dann links und steigen, an einer zerklüfteten Felskammer (5) vorbei, steil bergan. Kurz vor der Anhöhe biegt Nr. 3 links ab, führt steil zu einem mannshohen Felsentor (6) hinunter und durch dieses wieder zu einer imposanten Spalthöhle (7) hinauf. Von hier wandern wir durch die Flanke, dann steil durch eine Rinne bergab. Mit einem breiten Weg geht es nun nach rechts abwärts, dann immer geradeaus. Zuletzt biegt Nr. 3 rechts ab und führt mit Prachtblick auf Schloß- und Dürrnberg am Waldrand entlang, dann linkshaltend über eine Wiese. An ihrem Ende ❷ zweigt rechts ein Pfad ab, auf dem wir, an einem Sendemast vorbei, zur Straße nach Schmidtstadt gelangen. Rechtshaltend wandern wir mit ihr an Magerrasen und Felsen (am rechten Ende die kleine Höhle Nr. 8) entlang und biegen dann links in einen Feldweg ein.

Beim Gang durch die Cäciliengrotte kann man fantastische Formen bewundern.

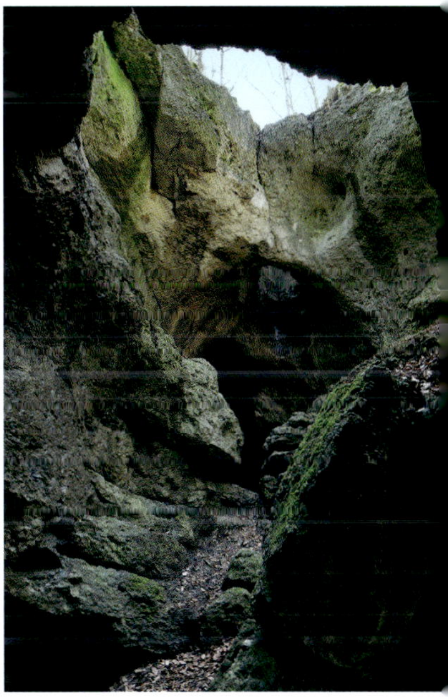

Wenig später führt ein Stichpfad (Mk. 3) links zur flachen, aber sehenswerten Höhle Nr. 9 hinauf. Auf dem Hauptweg geht es zum Waldrand hinüber, rechts in den Wald hinein und dann steil, am zerklüfteten Fuchsloch (10) vorbei, empor. Bald bauen sich die Schloßbergfelsen mit dem Felsentor imposant vor uns auf. Mit Nr. 3 durchqueren wir die Tunnelhöhle (11) in der Mitte, machen nach links einen Abstecher zur Halbhöhle Nr. 12, gehen dann am Massiv entlang zum Felsentor (13), durch dieses hindurch und im Bogen unterhalb durch den Hang.

Brünnlesloch und Dürrnberg Es folgt eine längere Hangquerung, dann ein steiler Aufstieg. Der Straße nach Hauseck folgen wir kurz nach links und biegen dann rechts auf einen Forstweg ein. Am Ende einer Wiese geht es auf steilem Pfad links zum Brünnlesloch (14) hinauf. Die große Höhle bietet eindrucksvolle Versinterungen, v. a. in der unteren Etage, zu der man vom Hauptraum nach links absteigt. Vom Höhlentor leitet uns Nr. 3 abwärts, über die Forststraße hinweg und durch Wald steil bergab, zuletzt am Waldrand rechts zur Straße

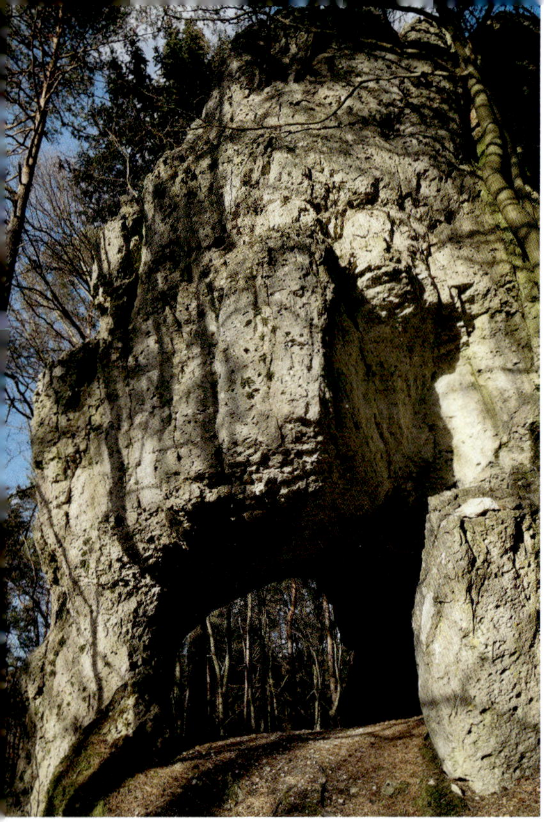

nach Schmidtstadt hinüber. 20 m weiter rechts geht es wieder in den Wald hinein und mit Nr. 1, 3 und 7 nach links. Bald biegt Nr. 3 links ab und führt uns zum Massiv der Dürrnberghöhlen (15 u. 16) hinauf. Links der Durchgangshöhle erwartet uns ein malerisches Gelände mit einer tiefen, aber niedrigen Höhle.

Bodenberg und Starenfels Wir durchqueren nun die zentrale Höhle, steigen jenseits wieder zum Hauptweg ab und folgen ihm nach links. Er führt bald auf die Wiesen des Schöpfentals hinaus. 50 m weiter zweigt Nr. 3 rechts ab ❸ und führt am anderen Talhang in Kehren zum Felskessel des Bodenbergs hinauf. Über Felsstufen gelangt man in die Bodenberghöhle (17), ein wildes Labyrinth aus riesigen Versturzblöcken.
Von hier geht es wieder kurz abwärts, dann rechts durch den Hang, schließlich links zu einer Wiese mit Prachtblick zum Dürrnberg hinab. Im gegenüberliegenden Wald zweigt Nr. 3 bald scharf rechts ab und führt in Kehren zum Starenfels empor, der mit seiner hohen Spalthöhle (18) beeindruckt.

Das Felsentor am Schloßberg zählt zu den Glanzpunkten des Höhlenwegs.

Zum Pumperloch Wir verlassen nun den Höhlenweg, steigen die Kehren wieder hinab bis zur Einmündung in Weg Nr. 2 und halten uns rechts. Bald vereinigt sich der Weg mit Nr. 1 und umrundet die Ostseite des Starenfels. Schließlich biegen wir mit Nr. 1 scharf links in einen Fahrweg ein und folgen ihm, über eine Freifläche hinweg, bis dorthin, wo der Wald beidseits wieder nahe heranreicht.
Hier zweigt, gegenüber einer Holzbank, ein Fahrweg nach links ab ❹. Auf ihm steigen wir ca. 150 m auf, dann rechts abbiegend auf Steigspuren zu den Gipfelfelsen empor. Oben können wir – mit Vorsicht – einen einmaligen Anblick genießen. Zu Füßen der Felsen öffnet sich ein riesiges rundes, etwa 15 m tiefes Loch: der Eingang zum Pumperloch. Auch die Felsgruppe links oberhalb mit ihrer zerklüfteten Durchgangshöhle beeindruckt.

Kaum jemand kennt die malerische Durchgangshöhle oberhalb des Pumperlochs.

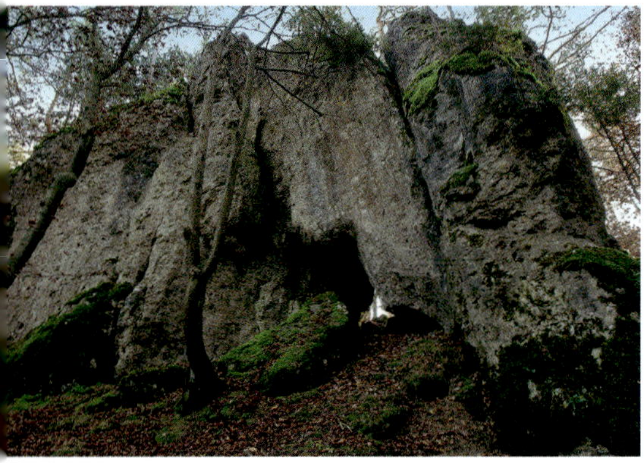

Höhenweg zum Habichtfeld Der Abstieg erfolgt teils weglos über den Nordhang, am besten zuerst rechts zum unteren Eingang des Pumperlochs, dann in Kehren zu einem Vorturm, danach kurz auf einem Weg nach rechts, zuletzt in Kehren zu einer Scheune am Waldrand hinab. Hier biegen wir links (N) auf einen Schotterweg ein. Von einer Kuppe geht es, von nun an mit Grünkreuz, Richtung Schmidtstadt hinab. Bei einer Bank kurz vor dem Ort lohnt ein Abstecher nach rechts (Feldweg) zur schönen Felsgruppe am Rohrberg.
Bald durchqueren wir Schmidtstadt, steigen mit dem

Ww. »München 1,4 km« steil zum oberen Ortsteil auf und folgen der Straße bis zu einer Baumgruppe. Hier biegen wir links ab und steigen über Wiesen, dann durch ein Waldtal zur Münchner Höhe auf. An der Wegteilung 5 halten wir uns mit Grünpunkt links, wandern stets über den Kamm weiter und überschreiten die Kuppe des Kesselbergs.
Beim Abstieg lohnt ein Abstecher zu den NW-Abstürzen: 10 m nach einem Felsturm biegen wir rechts ab und gelangen am Fels entlang zu bizarren Überhängen mit zwei zerklüfteten Spalthöhlen. Mit der Mk. geht es zu einer weiteren Kuppe hinauf, wo sich die Wege teilen 6: Grünpunkt führt links zu einer Wiese hinab, wir aber gehen auf einem Fahrweg ohne Mk. halb rechts weiter, überschreiten die Kammhöhe und erblicken links die Felsen des Habichtfelds. Um sie zu erreichen, steigen wir nach links steil in den Grund ab und im Linksbogen auf deutlichem Pfad zum Massiv hinüber. Vor uns baut sich ein großartiger Felskessel mit Überhängen und Spalten auf.

Über das Hammertor zurück Etwas unterhalb treffen wir auf einen breiten Waldweg und biegen nach links auf ihn ein. Er führt zu einer großen Wiese empor. Wir gehen an ihrem rechten Rand entlang, bis wir auf einen Fahrweg stoßen; auf ihn biegen wir scharf rechts ein. Nach 190 m halten wir uns bei einer Gabelung 7 rechts und wandern durch eine kleine Schlucht auf breitem Fahrweg abwärts. Später erblicken wir links oberhalb einen parallelen Weg und wechseln auf ihn über.
Bei einer Wegteilung wählen wir den links abzweigenden Forstweg, der uns, an der imposanten Klausener Wand vorbei (lohnender Abstecher), steil bergan führt. Über uns wird schon das Hammertor sichtbar. Wir gehen den Fahrweg bis zum Ende, dann auf einem Pfad nach links. Am besten wandert man noch 10 m über die Falllinie des Tors hinaus und steigt dann spitzwinklig rechts in den Hang hinein.

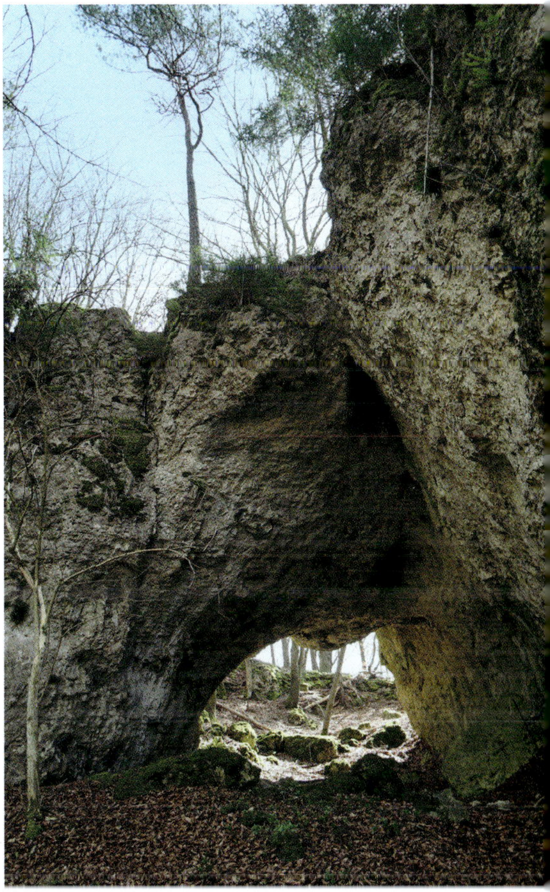

Das Hammertor (auch Hundskirche genannt) ist ein Naturwunder fernab aller Wege.

Es folgt ein wegloser Steilaufstieg, dann stehen wir im Kessel vor dem gewaltigen Felsentor. Wir durchqueren es und steigen rechtshaltend aus der bergseitigen Doline hinaus. Nun wandern wir ein Stück links über den Kamm, dann rechts über eine Schneise zu einer Wiese hinunter. Rechtshaltend geht es an ihr bergab, bis man am unteren Ende auf einen Fahrweg trifft, der nach links leicht ansteigend die Wiese umrundet.
Bei einem Sattel treffen wir auf die Mk. Grünring und steigen nach rechts ab. Kurz nach einer Informationstafel (über die Ziege) biegen wir links auf einen breiten Weg ohne Mk. ab, der uns zur Talstraße hinabbringt. Von hier sind es wenige Minuten ins Ortszentrum.

32

Seeblick und Doppelturm

Hohler Fels, Mühlkoppe und Zankelstein

Mittel | 17 km | 730/717 Hm | 5:30 Std.

Tourencharakter
Streckenwanderung mit beträchtlichen Höhenunterschieden zu einigen der spektakulärsten Aussichtspunkte und eindrucksvollsten Felsformationen der Frankenalb. Meist gute, teilweise aber sehr steil geführte Wege.

Ausgangspunkt
Happurg (Bahnhof, 346 m), Station der S 1 von Nürnberg Hbf. mit vielen Park-and-Ride-Plätzen (GPS: 49.500367, 11.467867)

Endpunkt
Pommelsbrunn (Bahnhof, 359 m), von dort mit der S 1 (stündlich) zurück nach Happurg

Anfahrt mit ÖPNV
Mit der S 1 stündlich von Nürnberg Hbf. nach Happurg bzw. zurück von Pommelsbrunn

Höchster Punkt
Kupfer (598 m)

Gehzeiten
Zur Hunnenschlucht 0:25 Std. – Steinernes Gassl 0:30 Std. – Hohler Fels (mit Erkundung) 0:40 Std. – Kupfer 0:30 Std. – Dom 0:50 Std. – Mühlkoppe 0:40 Std. – Pommelsbrunn 0:45 Std. – Zankelstein 0:45 Std. – Abstieg 0:25 Std. Wer den Zankelstein an einem anderen Tag besuchen will, kann von Wegpunkt 6 mit Mk. D direkt zum Bhf. Pommelsbrunn absteigen (Zeitersparnis ca. 1:30 Std.).

Beste Jahreszeit
Ganzjährig reizvoll (außer bei Schneelage), besonders schön im Frühsommer und Herbst

Einkehr
Gasthöfe in Pommelsbrunn

Karte
ATK25 G11 Hersbruck

Der Hohle Fels über dem Happurger Stausee mit seinen Felsentoren und Steilwänden zählt fraglos zu den spektakulärsten Schaukanzeln Deutschlands. Kaum Besuch erhalten die malerischen Wege an seinem Fuß und die faszinierenden Felswelten östlich und nördlich von ihm.

Wir besteigen den Hohlen Fels auf dem einsamsten und zugleich eindrucksvollsten Weg über die Hunnenschlucht und das malerische Bergsturzgelände des Steinernen Gassl, durchwandern die Felswildnis am Dom, besuchen die stille Aussichtsloge der Mühlkoppe und krönen die Tour mit dem einzigartigen Doppelturm des Zankelsteins.

Aufstieg über das Steinerne Gassl Vom Bahnhof Happurg wandern wir, stets geradeaus, auf dem Gehweg entlang der Straße in den Ort, passieren eine Gasse bei einem Haus mit rot-gelben Fensterläden und steigen mit Grünpunkt, GeO u. a. nach links eine steile Straße hinauf. Eine Hangstufe höher gehen wir nach links am Kriegerdenkmal vorbei und treffen auf den Weg zur Hunnenschlucht, der nach rechts emporführt. An

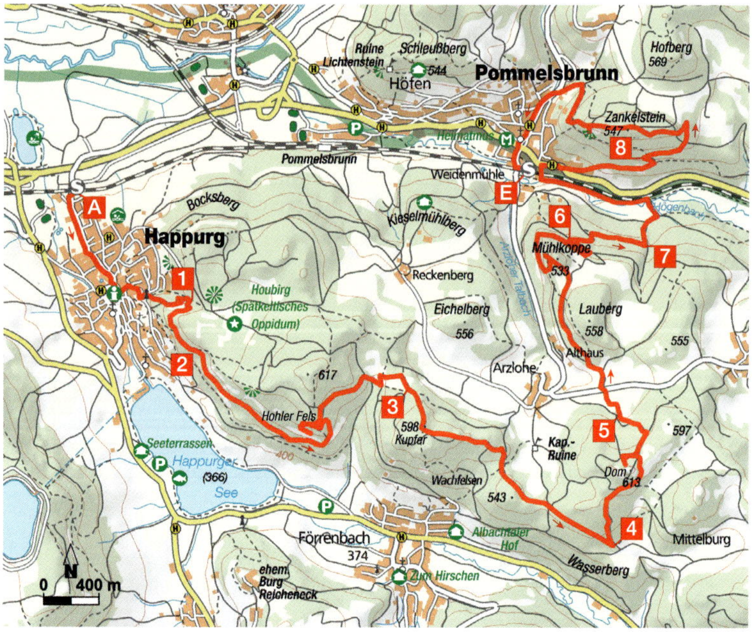

seinem Beginn bietet der Dokumentationsort über das KZ-Außenlager und das Leid der Zwangsarbeiter im Stollensystem des sogenannten Doggerwerks (geplante Flugzeugmotorenfabrik) Stoff zum Nachdenken.

Nach steilem Aufstieg erreichen wir einen der Stollengänge und links davon den Felskessel der Hunnenschlucht (Trampelpfad), eine der imposantesten Sandsteinformationen der Alb. Der Weg überquert nun einen Graben und leitet steil zu einer Wegteilung ❶ hinauf: Wir zweigen rechts ab und folgen nur noch dem Geologischen Lehrpfad (GeO), der uns oberhalb der Schlucht bergan und dann auf breitem Weg rechts durch den Hang führt, vorbei am Burgstall Hacburg.

Oberhalb des Brünnle (gefasste Quelle) mündet der direkte Aufstieg (Grünstrich u.a.) ein. Schon 3 Min. später biegen wir beim Ww. zum Steinernen Gassl mit Mk. Nr. 3 rechts auf einen schmalen Hangweg ab ❷. Auf ihm geht es eben durch Wald, dann zu einer Hangterrasse mit Prachtblick auf See und Förrenbachtal hinauf.

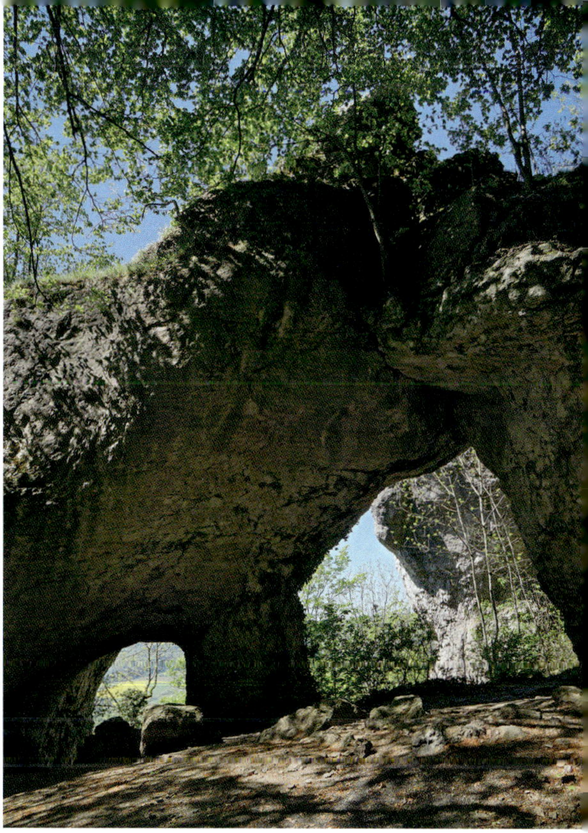

Durch das doppelte Felsentor am Hohlen Fels gelangen wir in malerisches Höhlengelände.

Es folgt ein kurzer Abstieg, dann steigen wir linkshaltend zu einem malerischen Bergsturzgelände mit riesigen Felstrümmern und wundervoller Aussicht empor. Wir wandern nun durch Wald bergauf, zweigen bei der nächsten Wegteilung links auf einen Pfad ohne Mk. ab und gewinnen schnell an Höhe. Vorerst ignorieren wir alle Abzweigungen nach links und folgen dem Hauptweg: Erst wo das Gelände flacher wird, biegen wir scharf links in einen mäßig steigenden Hangweg ein und stehen bald staunend vor dem doppelten Felsentor des Hohlen Fels.

Naturwunder Hohler Fels Hinter dem Tor öffnet sich eine große Höhle, in der Funde aus der Steinzeit gemacht wurden. Nach der Besichtigung gehen wir durch das Tor zurück und steigen mit Rotpunkt steil nach links empor. Auf halber Höhe sollte man nicht versäumen, auf deutlichem Pfad links auf den Bergrücken über dem Tor hinauszugehen: Der vorderste Kopf bietet einen atemberaubenden Blick auf See, Hauptfels und Höhle.

Über Steintreppen steigen wir weiter auf, können nach links auf gutem Steig den Gipfel des Hauptfelsen mit ähnlich prachtvoller Aussicht besuchen und gelangen dann zum höchsten Punkt: umwerfend der Tiefblick auf den Happurger Stausee. Leicht lässt sich auch ein Einblick in die 2020 freigestellte bizarre Felsenwelt unter uns gewinnen:

Ein wunderschöner Pfad führt durch das Bergsturzgelände des Steinernen Gassls.

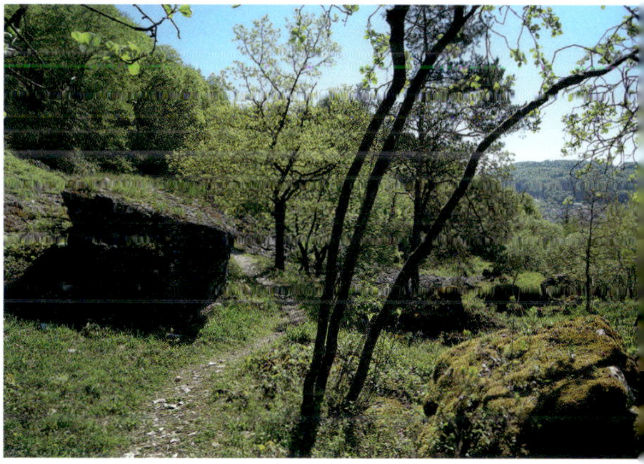

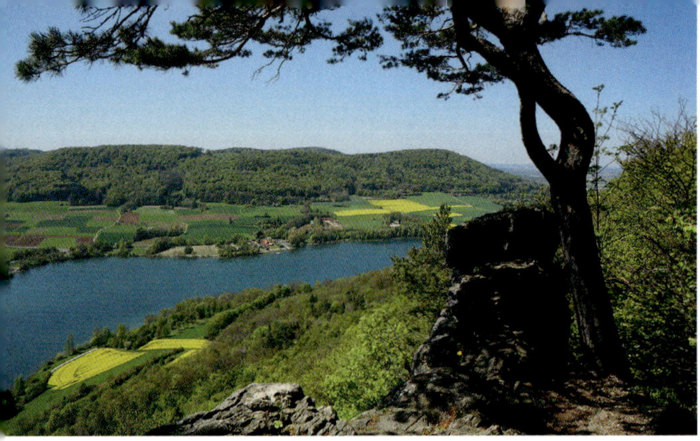

Vom nördlichen Rand der Gipfelkuppe führt ein deutlicher Pfad zu einem Vorturm hinunter. Dort wendet sich der Steig scharf nach links und leitet leicht fallend an der imposanten Felsfront entlang zum einzigartigen Ensemble aus Hauptfels und dem vorgelagerten Gmabrocken.

Höhenweg zum Dom Zurück am Gipfel, gehen wir links zum Wanderweg hinüber und folgen von nun an Grünstrich und Rot-Senkrecht (auf gelbem Grund) nach O. Mit ihnen geht es durch Wald bergab, an kleinen Lichtungen vorbei und dann wieder aufsteigend in den Wald hinein. Hier zweigen wir rechts auf einen Pfad ab ❸, der uns steil zur felsigen Kuppe des Kupfers emporführt. Durch einen Märchenwald voller bemooster Blöcke geht es sanft abwärts, dann mehrfach rechts abzweigend um den Talkessel von Arzlohe herum, zuletzt auf breitem Weg am Hang über dem Förrenbachtal entlang.

Vom Hohlen Fels bietet sich ein Prachtblick über den Happurger See nach Westen.

Schließlich erreichen wir eine dreifache Wegteilung ❹: Wir biegen hier scharf links auf den steil ansteigenden Domweg (D) ein. Bald schiebt sich die von riesigen Blöcken gebildete Felsburg des Doms ins Blickfeld. Der Weg leitet zu einem Sattel an seiner Nordseite hinauf, wo das pittoreske Felslabyrinth links zur Erkundung einlädt. Jenseits des Sattels folgt eine Wegteilung (nach links lohnt ein Abstecher zur Dom-Westseite mit schönem Felsturm): Wir halten uns rechts und folgen nun der Mk. D1.

Zur Mühlkoppe Mit D1 geht es erst sanft, dann linkshaltend steil bergab, zuletzt bei einer Kreuzung ❺ nach rechts an einer Holzlege vorbei. Wir überqueren eine Straße und wandern über die Hochfläche; prachtvoll der Blick auf den Talkessel von Arzlohe.

Linkshaltend erreichen wir den Waldrand, wo sich die Wege teilen: Wir wählen den rechten Weg mit Mk. D, der uns durch Wald, dann über eine Freifläche mit Blick zum Zankelstein, schließlich nach links steil zur Kuppe der Mühlkoppe emporführt. Jenseits gelangen wir zu einer Informationstafel über den Burgstall Altes Haus (Bank) und dann auf schmalem Pfad zur schroffen Felsklippe hinab, einer stillen Aussichtskanzel hoch über Arzlohe, Hohenstadt und Pommelsbrunn.

Von der Mühlkoppe blickt man auf Houbirg, Hohenstadt und Pommelsbrunn.

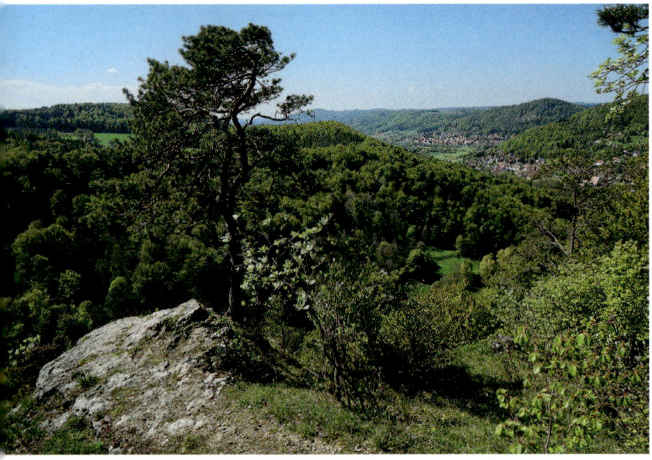

Abstieg nach Pommelsbrunn Von der Bank steigen wir mit Mk. D steil nach S ab, halten uns dann rechts und queren die Hänge unterhalb der Felsen. Bei der Wegtafel (Achtung: falsche Richtungspfeile) wandern wir mit D und M geradeaus weiter, zuerst eben durch die Flanke, dann steiler bergab. Bei Einmündung in einen Forstweg halten wir uns links, zweigen aber bald mit H und M spitzwinklig rechts auf einen Pfad ab ❻, der uns zu einer Wegteilung hinabführt: Hier wählen wir die Mk. D und wandern geradeaus durch den Hang weiter.

Über eine Kuppe gelangen wir in einen romantischen Graben ❼ und biegen hier links auf einen Pfad ohne Mk. ein, der steil bergab führt. Am Waldrand wandern wir mit Gelbpunkt u. a. kurz nach rechts. Bei einer Bank biegen wir mit Grünring scharf links ab, überschreiten den Högenbach und schwenken links auf einen Teerweg ein, der parallel zur Bahn durch das idyllische Tal führt. Kurz vor der S-Bahn-Station gehen wir durch einen Tunnel nach rechts zur Hauptstraße. Hier halten wir uns rechts und finden schon nach 80 m gegenüber den halb rechts emporführenden Juraweg mit der Mk. blaues Z (– Zankelstein).

Heimstatt der Kelten: Houbirg

Der Hohle Fels liegt an der Südwestecke der Houbirg, mit 617 m einem der markantesten Berge am Rande des Pegnitztals. Von daher zog er schon in früher Zeit das Interesse der Menschen auf sich. Die Kelten errichteten um 500 v. Chr. auf seiner Hochfläche eine große Höhensiedlung (Oppidum), deren Ringwälle stellenweise noch gut zu erkennen sind. Der lohnende Rundwanderweg Grünpunkt führt um diese Anlage herum. Andere Keltensiedlungen befanden sich auf Schloßberg (s. Tour 12) und Heidelberg (s. Tour 16).

Zankelstein-Rundweg Mit ihr geht es, bei einer Wegteilung linkshaltend, steil in den Wald hinauf, dann auf einer Hangterrasse entlang. Bald tritt das rote Z hinzu: Wir wandern mit beiden geradeaus weiter, dann steiler in einer Linkskehre empor. Bei der Verzweigung unterhalb kleinerer Felsen ❽ halten wir uns rechts und steigen mit dem roten Z erst steil, dann sanft zu einem Sattel an der Ostseite des Berges auf. Hier biegt der Weg scharf nach links und führt zum Kamm empor.

Über den felsigen Rücken erreichen wir den letzten Höhepunkt: Ein Stichweg führt bei einer Bank links zum Zankelstein (2019 freigestellt) hinunter. Die zwei schlanken Türme mit dem eingeklemmten Block in der Mitte bilden ein einzigartiges Naturwunder.

An der Bank vorbei steigen wir nun zu einem Sattel neben der schroffen Pommelsbrunner Bastei (nur für Schwindelfreie zugänglich) auf. Vorbei an mehreren Felskanzeln, die seit der Baumfällung wieder prachtvolle Aussicht bieten, geht es nun mit dem roten Z steil bergab, dann nach rechts durch den Hang und in einer Linkskehre nach Pommelsbrunn hinunter. Linkshaltend kommen wir zur Hauptstraße und jenseits zum Bahnhof, von wo uns die S-Bahn nach Happurg zurückbringt.

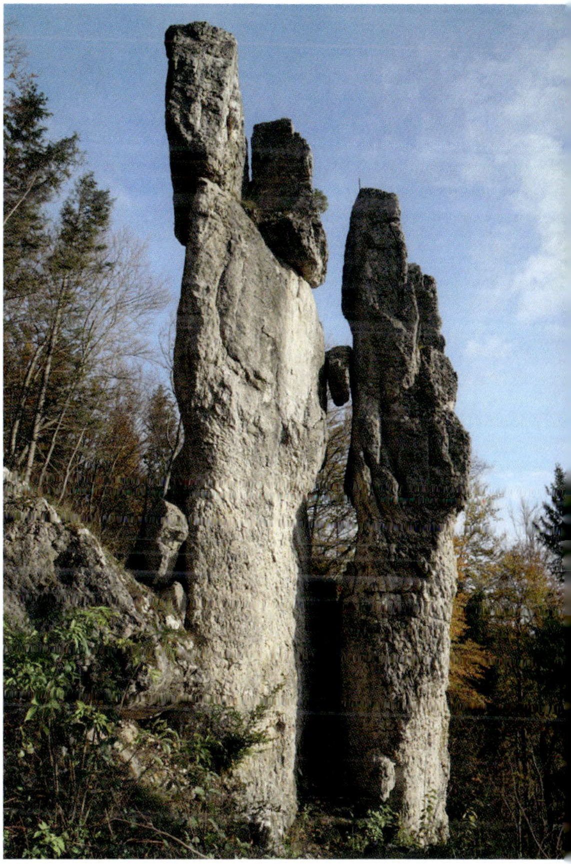

Der Doppelturm des Zankelsteins zählt zu den schönsten Felsen des Frankenjuras.

33

Ritterburg und Orchideenwald

Schottenloch, Türkenfelsen und Lichtenegg

Leicht | 16 km | 450/483 Hm | 4:30 Std.

Tourencharakter
Streckenwanderung mit vielen Glanzpunkten (Höhle, Felsentore, Burgruine mit Fernsicht) auf guten, stellenweise recht steilen Wegen

Ausgangspunkt
Regelsmühle, Hst. (410 m) der Buslinie 334 von Hersbruck r. Pegnitz (Mo–Fr frühe oder etwas späte Verbindung, Sa und So günstig; für So Gruppen ab 4 Pers. am Vortag unter 09665/950 44 anmelden) bzw. Parkplatz am Schottenloch, 400 m nördl. der Hst. (GPS: 49.454776, 11.556997)

Endpunkt
Bhf. Hartmannshof (377 m), von hier stdl. (jeweils :51 Uhr) mit RE nach Hersbruck r. Pegnitz

Anfahrt
Mit Zug oder Pkw zum Bhf. Hersbruck r. Pegnitz (Park-and-Ride), weiter mit Bus und Rückkehr mit Zug (s. o.). Pkw-Benutzer können am Schottenloch parken, bei der Rückfahrt am Bhf. Hersbruck vom RE in den Bus 334 umsteigen und bis Regelsmühle fahren (Mo–Fr stdl., Sa/So seltener, teils Rufbus).

Höchster Punkt
Türkenfelsen (607 m)

Gehzeiten
Bis Schottenloch Talschluss 0:50 Std. – Wurmrausch 1 Std. – Abstecher Osterloch (u. zurück) 0:35 Std. – Türkenfelsen 0:20 Std. – Ruine Lichtenegg 0:35 Std. – Hartmannshof 1:10 Std.

Beste Jahreszeit
Ganzjährig reizvoll, bes. Ende Mai/Anfang Juni: Frauenschuh-Blüte

Einkehr
Alter Schloss-Wirt in Lichtenegg

Karte
ATK25 G11 Hersbruck

Die Burgruine Lichtenegg bildet nicht nur ein malerisches Zeugnis vergangener Zeiten, sondern auch einen Aussichtspunkt ersten Ranges. Im Bergland südlich davon erwarten uns unberührte Täler, bizarre Felskämme, eine versteckte Höhle und der wohl schönste Orchideenwald der Alb.

Unsere Tour führt vom wildschönen Schottenloch, dessen bizarrer Talschluss abseits der markierten Wege liegt, über die Hochfläche und das verborgene Osterloch auf den mit Felsen und Felsentoren geschmückten Kamm der Türkenfelsen und der Steinernen Krone. Über Lichtenegg gelangen wir hinab ins Högenbachtal.

Ins Schottenloch Von der Haltestelle Regelsmühle gehen wir auf der Straße Richtung Hersbruck etwa 400 m bis zum Parkplatz auf der rechten Seite. An seinem Ende biegen wir mit Rotring rechts in den Wanderweg zum Schottenloch ein, der uns zunächst am Bach entlang, dann steil zur Hochfläche hinaufführt; prachtvoll der Blick auf die Wallfahrtskirche Heldmannsberg.
Bei einem Jägerstand biegen wir scharf rechts ab und wandern auf bequemem Weg zum Talgrund hinunter, der vom schroffen Grat des Bärenfelsen überragt wird. Über schöne Wiesen wandern wir talein, auf Steinen

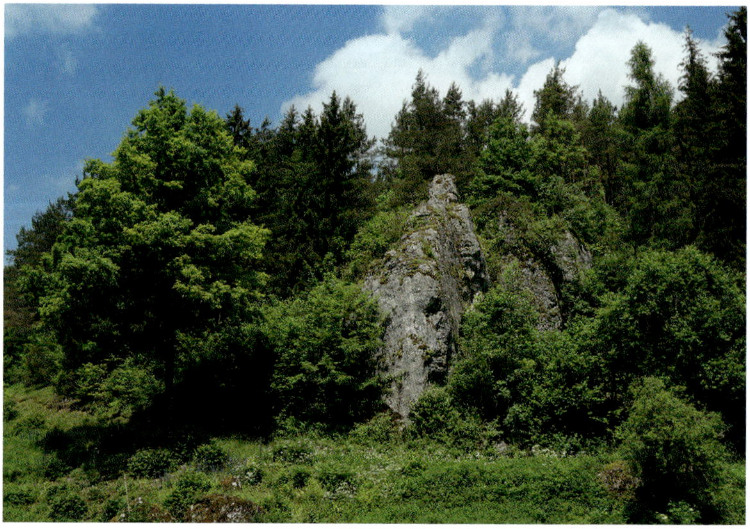

über den Bach und an einem Weiher mit Rastplatz vorbei. Bald öffnet sich der Blick auf den weitgehend waldfreien Talkessel unterhalb von Heldmannsberg.

Kurz danach betreten wir den Wald und gelangen nach ca. 300 m zu einer Wegteilung ❶: Hier verlassen wir Rotring (der rechts bergan führt) und gehen auf dem Forstweg geradeaus weiter. Er bringt uns zum eindrucksvollen Talschluss des Schottenlochs, einem Engpass zwischen bizarren Felsen. V. a. die Türme auf der linken Seite mit ihrer klammartigen Spalte lohnen den kurzen Abstecher.

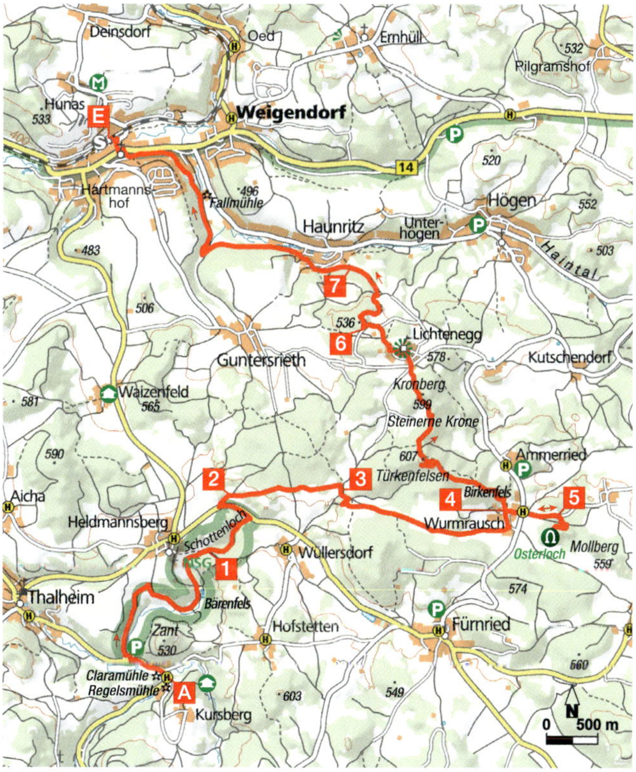

Höhenweg nach Wurmrausch Der Hauptweg mündet bald in eine Straße, der wir nach links für etwa 300 m folgen, bis rechts eine Abzweigung sichtbar wird (Kennzeichen: zwei zweigeteilte Birken). Wir biegen hier rechts ab, halten uns bei den Birken nochmals rechts und wandern Richtung Waldrand. Etwa 20 m vor diesem heißt es aufgepasst: Wir biegen hier rechts auf einen schmaleren, begrünten Fahrweg ab ❷, der zunächst am Waldrand entlangführt. Er leitet uns danach durch Wald zu einer Wiese, an deren Ende wir uns rechts halten, dann mit schöner Fernsicht am Rande freier Flächen entlang. Wo ein befestigter Weg quert, wandern wir geradeaus auf dem begrünten Forstweg weiter durch den Wald, später über eine Wiese, wo wir auf einen Schotterweg treffen.

Linke Seite: Über dem Eingang zum Schottenloch wacht der Bärenfelsen. Unten: Das Portal des Osterlochs zeigt eine ungewöhnliche Form.

Auf ihm gehen wir nach rechts zu einer Wandertafel hinüber und zweigen dort mit Gelbstrich links auf schmalem Pfad in den Wald ab ❸. Er führt uns über eine Kuppe, dann rechts zu einem befestigten Weg hinunter, auf den wir linkshaltend einbiegen. Kurz danach verlassen wir die Mk. (sie zweigt rechts ab), wandern geradeaus auf dem Fahrweg weiter und steigen durch das Waldtal In der Breit mit sanfter Steigung zu einer Kuppe auf; bald danach zeigen sich die Häuser von Wurmrausch.

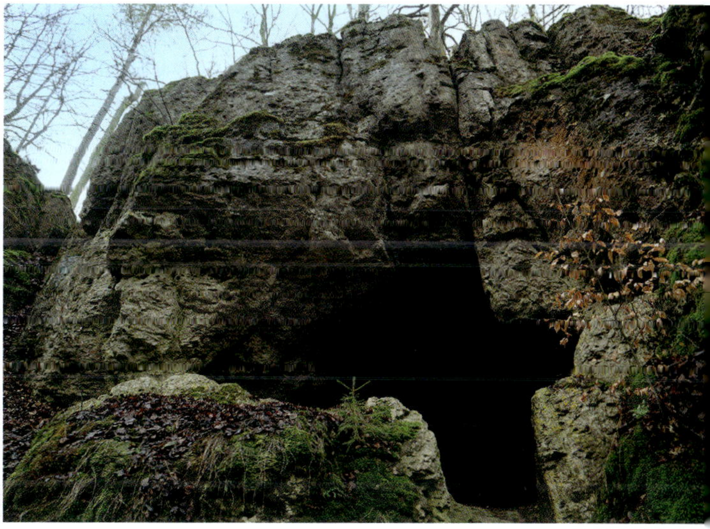

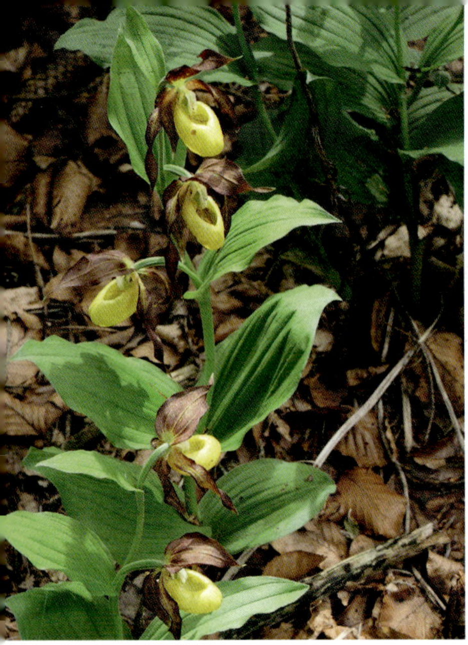

Abstecher zum Osterloch Am Ortseingang wandern wir nach links über die erste Querstraße in den nördlichen Ortsteil, wo sich die Wege teilen ❹: Geradeaus führt der Orchideenweg bergauf, den wir als Nächstes begehen werden, davor empfiehlt sich allerdings ein Abstecher zum Osterloch.

Dazu gehen wir auf dem geteerten Weg nach rechts, überqueren die Hauptstraße und folgen der Mk. des Birglandwegs Richtung Dollmannsberg. Auf schmaler Teerstraße überschreiten wir eine Kuppe und biegen dann am Beginn einer Leitplanke rechts auf einen Forstweg ein ❺. 100 m später zweigt eine Fuhre spitzwinklig rechts ab: Auf ihr geht es ein Stück aufwärts, dann steigen wir linkshaltend in Kehren zum bereits sichtbaren Tor des Osterlochs auf. Die kleine Höhle mit ihrem gewundenen Hauptgang beeindruckt durch ihre vielfältigen Formen. Auf gleicher Route kehren wir zur Wegteilung am Rande von Wurmrausch zurück.

Der Frauenschuh ist die Königin unter den Orchideen der Alb.

Schroffe Türme und enge Durchgänge prägen die Türkenfelsen.

Auf dem Orchideenweg nach Lichtenegg Wir folgen nun dem Orchideenweg mit der Nr. 34, der uns über Wiesen, dann linkshaltend durch Wald steil zur Höhe des Birkenfels bringt. Wir wandern nach links über den felsigen Kamm und erreichen eine Kuppe, auf der sich zur rechten Zeit ein einmaliger Anblick bietet: Ende Mai/Anfang Juni blühen hier große Bestände des Frauenschuhs. Die Pracht setzt sich auf dem folgenden Bergrücken fort, wo zum Schutz der Orchideen sogar Rundwege mit Begrenzungen angelegt sind. Größte Rücksicht auf die empfindlichen Pflanzen sollte selbstverständlich sein.

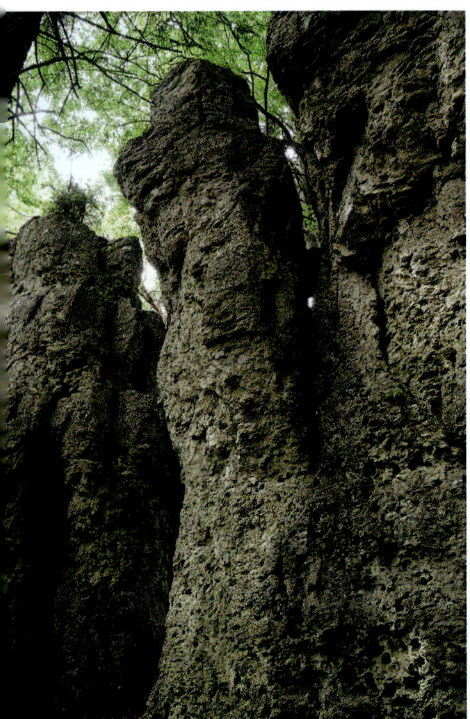

Wenig später erreichen wir mit Nr. 34 ein anderes Naturwunder: Eine links abzweigende Variante führt zum langen Massiv der Türkenfelsen hinauf, die mit einem großen Felsentor, malerischen Durchbrüchen und schroffen Türmen begeistern. Kurz danach macht Nr. 34 einen markanten Rechtsknick, quert eine Senke und führt an zwei Türmchen vorbei über den Kamm zum bizarren Massiv der Steinernen Krone: malerisch der Felsdurchgang zur zerklüfteten Nordseite und der schlanke Hauptturm. Es folgt ein steiler Abstieg in ein Tälchen, dann geht es, bei Verzweigungen stets linkshaltend, wieder bergan zu einer markanten Kuppe: Hier zweigt Nr. 34 scharf rechts ab und führt uns steil zum Waldrand hinunter, wo sich ein Prachtblick auf die Ruine Lichtenegg auftut.

Linkshaltend gelangen wir in das gleichnamige Dorf und über die Hauptstraße zum Fuß des Burgbergs. Hier steigen wir rechts zum Gasthof Alter Schlosswirt auf, dann direkt durch den Gastgarten auf gutem Stufenweg empor zur Ruine. Es lohnt, über Treppen den höchsten Punkt zu besteigen: Der Rundblick über das zuvor besuchte Bergland und die Hersbrucker Alb bis zum Ossinger begeistert jeden.

Über das Högenbachtal nach Hartmannshof Wir steigen wieder hinab und finden in Fortsetzung der letzten Treppe einen ausgetretenen Pfad, der über Wiesen zum Fuß des Burgbergs hinabführt. Hier biegen wir rechts in einen anfangs gepflasterten Weg ein; bald treffen wir auf die Mk. Rotkreuz, die uns bis zum Ziel leiten wird.

Mit ihr geht es zunächst steil durch Wald abwärts, dann auf gepflastertem Fahrweg noch einmal nach links bergauf, bis rechts der eigentliche Abstiegsweg abzweigt ❻. Auf ihm erreichen wir eine Wegteilung ❼ über Haunritz. Man kann hier mit Blauring rechts in den Ort absteigen, vorbei an den Gehegen der Lama-Zucht: ein hierzulande ungewöhnlicher Anblick. Unsere Route führt jedoch nach links an der Flanke unter großen Felsen entlang; prachtvoll der Blick zum Turm des Alten Fritz am Gegenhang.

Schließlich leitet auch Rotkreuz steil durch den Ort bergab, zuletzt auf einem geteerten Fußweg. An seinem Ende beginnt schräg links ein schöner Hangweg, der uns durch Wald talaus und dann in ein Seitental hineinführt, in dem starke Karstquellen sprudeln. Hier biegen wir scharf nach rechts und wandern nach Hartmannshof hinaus. Über Wohnstraßen kommen wir zur Hauptstraße hinunter, überqueren diese und erreichen über die erste Seitenstraße rechts den Bahnhof, von wo uns der Zug nach Hersbruck zurückbringt.

Mein Kulturtipp

Wer die Tour nicht zu spät begonnen hat, kann zum Abschluss das Museum Urzeitbahnhof im Obergeschoss des alten Bahnhofsgebäudes in Hartmannshof besuchen. Die interessante Ausstellung dokumentiert die Geschichte der Region von der Altsteinzeit bis zu den Kelten überwiegend anhand von Funden aus der nahen Höhlenruine Hunas. Aktuelle Öffnungszeiten unter www.vorgeschichtsmuseum-urzeitbahnhof.de.

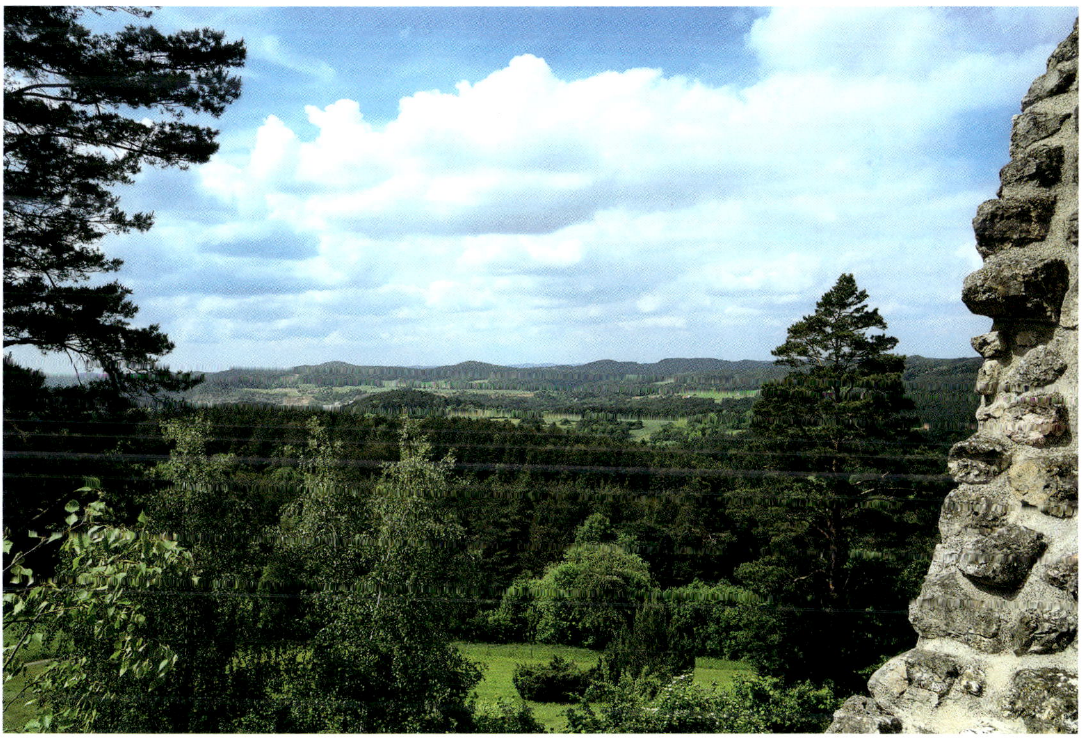

Von der Ruine Lichtenegg schweift der Blick weit über die Kuppen der Hersbrucker Alb.

Für jeden Tag die richtige Tour

			km	Höhenmeter	Zeit	Einkehr	Kinder	Kultur	Winter	Höhle/Felsentor	Bus/Bahn
1	●	Über Burglesau, Würgau und Stübig	15 km	530/530	4:45 Std.			●		●	
2	●	Bärental, Görauer Anger, Burg Niesten	17 km	390/390	5:00 Std.		●	●	●	●	
3	●	Fünf Täler um Krögelstein	18,5 km	300/300	5:30 Std.		●	●	●	●	
4	●	Rundtour um Frankendorf	10 km	400/400	3:30 Std.			●			
5	●	Werntal, Kühstein, Felsental	16 km	440/440	4:45 Std.	●	●	●	●		●
6	●	Steingraben, Fuchslöcher, Polsterhöhle	12 km	210/210	3:45 Std.					●	●
7	●	Lochautal, Plankenstein, Wiesenttal	13 km	240/240	4:00 Std.	●	●	●	●		●
8	●	Promenadenweg, Wackelstein	9,5 km	330/330	3:15 Std.	●	●	●	●	●	●
9	●	Gaiskirche, Sieghardtstor	10,5 km	280/280	3:15 Std.	●	●			●	●
10	●	Hummerstein, Kirchenweghöhle	14,5 km	520/520	4:45 Std.	●		●		●	●
11	●	Zwecklersgraben, Mehlbeerensteig	10 km	410/410	3:30 Std.					●	●
12	●	Heinrichsgrotte bis Behringersmühle	11,5 km	470/460	4:00 Std.	●		●		●	●
13	●	Windloch, Hätzerkirche, Dohlenloch	13 km	390/390	4:15 Std.	●		●		●	●
14	●	Winterleite, Jägersteig, Burkartsstein	12 km	210/210	4:30 Std.	●	●		●	●	●
15	●	Rötelfels-Quergang	4 km	150/150	1:45 Std.						●
16	●	Altes Schloß, Schiessenfels, Heidelberg	15,5 km	440/440	5:00 Std.	●	●	●		●	●
17	●	Geißkirche, Gesteinig, Löwentor	9 km	190/190	3:15 Std.	●	●		●	●	●

Nr.		Tour	Länge	Höhenunterschied hinauf/hinab	Gehzeit	Einkehr	kindergeeignet	Sehenswürdigkeit	wintergeeignet	Höhle (Lampen nötig)	ÖPNV
18	●	Föhrenstein, Wasserstein, Förstelstein	9 km	280/280	3:00 Std.		●		●	●	●
19	●	Burgstein, Katzenkopf, Hölzerberg	11 km	370/370	3:45 Std.	●	●	●			●
20	●	Frauenhöhle, Spiegelfelsen, Kugelspiel	13,5 km	490/490	4:45 Std.	●	●	●		●	●
21	●	Vom Gr. Mönch nach Großenohe	11 km	420/420	3:45 Std.	●	●	●			●
22	●	Pitztal, Steinkirche, Leienfels	14 km	460/460	4:30 Std.	●		●		●	●
23	●	Höllenstein, Langer Berg, Geißleite	15 km	460/460	4:45 Std.	●	●	●	●	●	●
24	●	Wirrenloch, Plecher Höhlengebiet	16,5 km	370/370	5:00 Std.		●	●	●	●	●
25	●	Vom Rabenfels zum Windloch	14,5 km	290/290	4:15 Std.		●			●	●
26	●	Keule, Maximiliansfelsen, St. Stadt	16 km	460/460	5:00 Std.	●	●		●	●	●
27	●	Steinberg, Kühloch, Breitenstein	11 km	420/420	4:00 Std.	●	●	●		●	●
28	●	Hirtenberg, Hartensteiner Oberberge	13 km	400/400	4:15 Std.			●		●	●
29	●	Riesentor, Blauberghöhle, Alte Bürg	10,5 km	425/425	3:30 Std.	●		●		●	●
30	●	Falkenberg, Wacht, Düsselbacher Wand	11,5 km	297/300	3:45 Std.	●	●	●		●	●
31	●	Hirschbacher Höhlenweg, Hammertor	17 km	680/680	5:15 Std.					●	●
32	●	Hohler Fels, Mühlkoppe, Zankelstein	17 km	730/717	5:30 Std.	●		●		●	●
33	●	Schottenloch, Lichtenegg	16 km	450/483	4:30 Std.	●	●	●	●	●	●

Piktogramme erleichtern den Überblick

- Länge
- Höhenunterschied hinauf/hinab
- Gehzeit
- Einkehr
- kindergeeignet
- Sehenswürdigkeit
- wintergeeignet
- Höhle (Lampen nötig)
- ÖPNV

PS: Begegnungen

30 Jahre des Wanderns auf der Frankenalb bedeuten eine Fülle schöner Begegnungen mit Menschen, aber auch mit Tieren: Vor wenigen Jahren stieg ich gerade zum vordersten Felskopf am Hohlen Fels hinüber, als ein durchdringendes Zischen ertönte. Ich erschrak mindestens so sehr wie der Urheber dieses Lautes und sah, wie wenige Meter vor mir ein Uhu seine Flügel ausbreitete und in den tiefer gelegenen Wald hinabsegelte. Unvergesslich werden mir auch ein Siebenschläfer, der keck hinter einem Tropfstein hervoräugte, oder die drei Feuersalamander bleiben, die wir bei Frankendorf gerade auf ihrer Suche nach einem Winterquartier antrafen.

Lieblingsplätze

Wer das Buch aufmerksam gelesen hat, wird schon einige von ihnen kennen: Plätze, deren Entdeckung für mich ein überwältigendes Erlebnis war und an denen ich bei jeder Wiederkehr wunderschöne Stunden verbrachte. Dazu zählen die Gaiskirche (B 140), für mich das größte oberirdische Naturwunder der Frankenalb, die Hätzerkirche im Püttlachtal, die Aussichtskanzel beim Katzenkopf über Leutenbach, das erst bei den Recherchen für dieses Buch entdeckte Hammertor bei Hirschbach und viele andere.

Naturschutz

Bei aller Entdeckerlust gilt stets ein Prinzip: Der Mensch sollte sich beim Besuch in der empfindlichen Natur so verhalten, dass keine dauerhaften Spuren seiner Anwesenheit zurückbleiben – nur eine schnell vergängliche Wegspur im Buchenlaub. Und wo immer es geht, sollte man durch Benutzung öffentlicher Verkehrsmittel auch die eigene CO_2-Spur vermeiden.

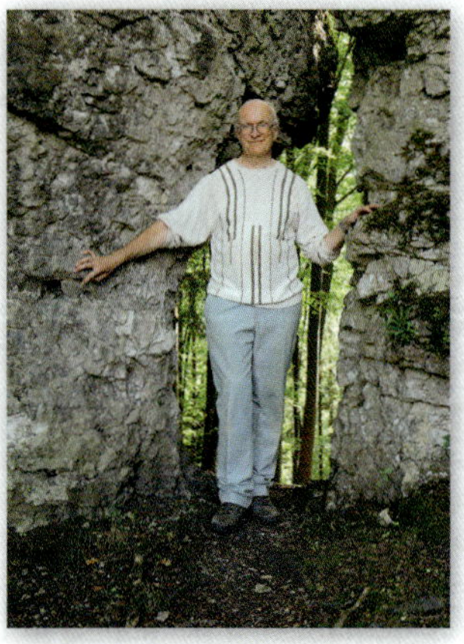

Bernhard Pabst

Zauber der Jahreszeiten

Man kann aus den 33 Touren dieses Bandes leicht 66 oder 99 machen: indem man sie zu verschiedenen Jahreszeiten begeht. Das veränderte Licht, die ganz anderen Farben, die unterschiedliche Vegetation lassen sie immer wieder zu einem völlig neuen Erlebnis werden. Auch den Winter sollte man nicht vergessen: In längeren Schnee- und Frostperioden verwandeln sich die offenen Höhlen und Felstunnel der Alb in magisch schöne Eispaläste.

Bernhard Pabst

Register

Impressum

Verantwortlich: Stefanie Krüger
Lektorat: Michaela Zelfel
Layout: BUCHFLINK Rüdiger Wagner
Umschlaggestaltung: ZERO Werbeagentur
Repro: Cromika/LUDWIG:media
Kartografie: Bruckmann Verlag GmbH, Heidi Schmalfuß
Herstellung: Alexander Knoll
Printed in Slovenia by Florjancic

★★★★★

Sind Sie mit diesem Titel zufrieden? Dann würden wir uns über Ihre Weiterempfehlung freuen.
Erzählen Sie es im Freundeskreis, berichten Sie Ihrem Buchhändler, oder bewerten Sie bei Onlinekauf.
Und wenn Sie Kritik, Korrekturen, Aktualisierungen haben, freuen wir uns über Ihre Nachricht an Bruckmann Verlag, Postfach 40 02 09, D-80702 München oder per E-Mail an lektorat@verlagshaus.de.

Unser komplettes Programm finden Sie unter www.bruckmann.de

Empfehlung der Redaktion Sie sind auf der Suche nach weiterführender Literatur? Dann empfehlen wir Ihnen den Titel »Entdeckertouren Fränkische Schweiz« von Bernhard Pabst. Oder Sie werfen einen Blick in die Zeitschrift »Bergsteiger«. Hier werden Sie bestimmt fündig.

Bildnachweis: Alle Aufnahmen stammen von Bernhard Pabst
Umschlagvorderseite: Herbstzauber an der Brückneranlage (Tour 12)
Umschlagrückseite: Die Schottersmühlhöhle (Tour 9)

Die Deutsche Nationalbibliothek verzeichnet diese Publikation in der Deutschen Nationalbibliografie; detaillierte bibliografische Daten sind im Internet über http://dnb.d-nb.de abrufbar.

5. überarbeitete Auflage

ISBN 978-3-7654-5205-5